馬場敏幸 編
Toshiyuki Baba

Economic
Development
and Industrial
Technology
in Asia

アジアの経済発展と産業技術

キャッチアップから
イノベーションへ

ナカニシヤ出版

まえがき

　本書は，産業発展と産業技術のキャッチアップ・イノベーションに着目して編纂した書である．特にアジアの工業化と裾野産業（サポーティング・インダストリー）に着目して編纂したところに本書の特色があると考えている．

　アジアの経済発展には様々な形態があるが，工業化をベースとした経済発展が一つの典型である．特に，外資誘致と技術導入により輸入代替工業化をはかり，産業によっては輸出志向工業化へと転換して経済発展していくケースが多い．

　ここで重要かつボトルネックとなるのが技術キャッチアップである．基盤産業がない中，いかに技術を持つ外資を誘致，技術導入し，産業育成するのか．そして賦与された諸条件，政治・経済環境の下，どのようなスタイルで工業化を進め，持続的経済発展を成し遂げるのか．今日，模範例はたくさんあり，ふり返ってみると方法論は簡単であったようにも思える．しかし，理念だけではなかなか一筋縄ではいかなかったのである．第二次世界大戦が終了し，自立国家として経済発展を行おうとしたアジア各国は，当初さまざまな試行錯誤を重ねた．思うような成果が得られないことも多かった．やがて，経済環境，企業戦略，技術進歩などの変化，政策などでの各国努力もあり，自国の状況に応じてうまく工業化を成功させ，経済発展に舵を切る国が増えていった．

　キャッチアップを進め，経済発展に成功しつつある国が増えた今日，次の段階として重要となるのがイノベーション志向への転換である．アジアでは類似の発展形態の国が増え，発展への道筋も確立してきた．それが顕著になったのが1980年代後半から1990年代前半にかけてである．世界銀行から「東アジアの奇跡」と称された時代である．

　一方で，追う側が，追われる側となり，差別化，高付加価値化，新規需要開拓などを行う必要性に迫られた．しかし，ようやくキャッチアップを果たしつつあった段階では，うまく対処することが出来なかった．これが1997年に起こった「アジア経済通貨危機」の大きな要因の一つとなった．

　やがて2000年代に入り，アジア各国でキャッチアップだけでなく，イノベ

ーション重視も顕著になってきた。アジア発の新製品も増えた。日本企業でも,「開発は日本,生産はアジア」との一元的なグローバル戦略は,大きく変わりつつある。

こうしたアジアのキャッチアップ,そしてイノベーション志向への転換を,複眼的・複層的に捉えようとしたのが本書編纂のきっかけである。

本書は二部構成になっている。第一部が総論,第二部が各論である。総論は五つの章から構成される。総論では,異なる専門領域(ディシプリン)により,アジアの工業化を理解しようと試みた。

第一章「アジアの工業化とイノベーション」は,開発経済学の視点からのアプローチである。第二次世界大戦後からのアジア各国の工業化と経済発展の試行錯誤,発展への道のり,今日の状況,そしてイノベーションへの転換について,開発経済学の視点からまとめられている。学問的にアジアの発展を理解するためには格好の手引きとなろう。

第二章「アジア工業化・経済発展の世界経済的フレームワークとその転換」では,同様の題材を,経済フレームワーク,アメリカを軸としたグローバル経済成長連関の視点からまとめている。1970〜80年代の「太平洋トライアングル」構造の出現と深化,1990年代の「グローバル成長連関」の出現,そして2000年代後半から深刻化したグローバル金融危機・経済危機の影響までを網羅している。

第三章「技術論・学習論の視点によるアジアの発展とキャッチアップメカニズム」では,工業化経済発展の背後に流れる重要な潮流,技術習得に焦点を当て,後発国のキャッチアップに重要な,技術導入と技術学習,技術論・MOT論からアプローチを行った。技術移転のチャンネル比較,日本の技術的成功に寄与した利用学習,経験知の機械への体化,統合学習,人材教育,操業実践,OEM/ODM/OBMの発展経路と寄与,デジタル技術発展による暗黙知の外部化などに言及し,後発国のキャッチアップ成功要因についてまとめた。

第四章「ハイテク産業から見たアジアの産業集積」では,イノベーションと集積の関係を,半導体産業を題材とした経済地理学的アプローチからまとめている。イノベーション創出を促す地理的特性と集積の効果,研究開発と設備投

資の集積化，アジアの先端産業立地事例，科学知識創造と実用化までのプロセス変化，などについてまとめられている。

　第五章「アジアの発展と裾野産業（サポーティング・インダストリー）の貢献」では，歴史的にはあまり重要視されてこなかったサポーティング・インダストリーに焦点を当てた。サポーティング・インダストリーの貢献とは何か，国の工業化に必要不可欠なのか否か，どのような経緯で着目されるようになったのか，産業リンケージ効果はどれくらいか，産業による特性の違いはあるのか，アジア諸国による部品・素材の日本依存の推移，優秀なサポーティング・インダストリーの存在による品質・生産性・R&Dへの貢献，などについてまとめた。

　これら五つの章を読むことにより，第二次世界大戦後から現在までの工業化を軸としたアジアの成長・経済発展を，開発経済，経済フレームワーク，技術・MOT，経済地理，裾野産業とグローバル調達構造など，様々な視点で読み解くことがきる。

　第二部各論は六つの章から構成される。ここでは産業ごとのケーススタディを主体として編纂した。アジアの工業化の主役となった自動車産業と電気電子産業，多くの工業製品の基盤である鉄鋼産業，さらに国の技術基盤を規定する工作機械産業，設計の具現化と大量生産に不可欠である金型産業などをとりあげた。

　第六章「東南アジアにおける自動車産業の発展経路と展望」は，タイと東南アジアの自動車産業の発展経路についてのケーススタディである。自動車産業の発展に重要な役割を果たした日本自動車メーカーについて，1950年代から今日までの対東南アジア戦略を概観している。さらに1990年代以降は，主要自動車メーカーの戦略と動向，経済危機の影響，今後の発展に向けての課題をとりあげ，考察を行っている。

　第七章「先端技術と投資競争から見た電子産業」は，電子産業のうち，薄型パネルディスプレイ（FPD）に焦点を絞ったケーススタディである。電子産業の先端技術と投資競争の特徴について，パナソニックとシャープの事例から分析を行っている。具体的には，電子産業における立地と投資の関係，パナソニ

ックのテレビ事業の推移とFPDの特性，シャープの液晶事業，産業立地へのインプリケーションなどである．

第八章「アジア諸国における鉄鋼業の発展と技術」は，アジアの鉄鋼業の発展について，技術特性，技術革新，技術移転，技術選択，技術政策などに着目したケーススタディである．具体的には，鉄鋼業の概要と必要な技術およびその特性，第二次世界大戦後のアジア鉄鋼業の発展，需要構造，生産構造などを検討し，それらからアジア鉄鋼産業の発展メカニズムについて考察している．

第九章「NC工作機械産業の共進化メカニズム」は，国のものづくりの水準を規定する工作機械，なかでも基盤技術であるNC装置に焦点を当てたケーススタディである．日本と中国の工作機械産業の競争力，NC装置の特性，アジアでのNC装置開発などを検討し，NC装置と工作機械の共進化メカニズムの分析・考察を行っている．

第十章「韓国の金型産業発展」では，設計という「夢」を製品の形で「具現化・実現化」させ，かつ製品の大量生産に不可欠である金型についてのケーススタディである．金型産業は大量生産型ものづくりに不可欠な一方，技術移転が困難とされてきた．しかし韓国では長年の努力の結果，金型産業育成に成功した．この成功に焦点を当て，金型タイプごとの特徴，韓国金型産業の概要，韓国金型の国際競争力向上，韓国金型産業のキャッチアップ戦略，技術変容と技術移転難易度の変化，などを検討し，後発国の技術キャッチアップの要因とイノベーション型への転換について考察した．

第十一章「金型産業構造変革とイノベーション」では，金型産業構造変革を題材に，技術イノベーションについて，工学的見地から検討し，日本のものづくりのありかたを示唆している．

以上が本書の概要である．各章の執筆者はそれぞれの分野で研究の第一線にあり，興味深い論が展開されている．各章ごとに完結しているので，興味をひかれた章から読み進めて頂くことも出来るかと思う．多忙の中，執筆を快く引き受けてくださった各執筆者に感謝したい．

目　次

まえがき　*i*

第一部　総　論

01　アジアの工業化とイノベーション
　　　　開発経済学からのアプローチ（絵所秀紀）――――――――――*3*
　1　開発経済学とアジアの工業化　*3*
　2　アジアにおける工業化とイノベーション　*9*

02　アジア工業化・経済発展の世界経済的フレームワークとその転換
　　　　（河村哲二）――――――――――――――――――――――*31*
　1　アジアの工業化・経済発展と世界経済的フレームワーク　*31*
　2　1970年代～80年代の東アジア経済発展の世界経済的枠組みとその変遷　*33*
　3　「太平洋トライアングル」構造の深化と「世界の成長センター」としての東アジアの出現　*38*
　4　「グローバル成長連関」の出現とグローバル金融危機・経済危機のインパクト　*43*

03　技術論・学習論の視点によるアジアの発展とキャッチアップメカニズム
　　　　（児玉文雄・馬場敏幸）――――――――――――――――――*55*
　1　はじめに　*55*
　2　後発国キャッチアップの成功パターン，技術導入と学習　*57*
　3　後発国のキャッチアップ成功要因　まとめ　*73*

04　ハイテク産業からみたアジアの産業集積
　　　　（近藤章夫）――――――――――――――――――――――*77*
　1　はじめに　*77*
　2　研究開発と設備投資の集中化と集積　*82*
　3　アジアにおける先端産業立地　*87*

    4　おわりに　95

05　アジアの発展と裾野産業（サポーティング・インダストリー）の貢献
　　　（馬場敏幸）――――――――――――――――――――――――99
    1　はじめに　99
    2　裾野産業貢献への認識の高まり　101
    3　産業リンケージ効果と調達構造の変化：国際産業連関分析より　104
    4　アジアの裾野産業の発展と日本依存の変化　108
    5　優秀な裾野産業の存在による品質・生産性・R&Dなどへの貢献　116
    6　むすび　122

第二部　各　論

06　東南アジアにおける自動車産業の発展経路と展望
　　　（折橋伸哉）――――――――――――――――――――――――127
    1　はじめに　127
    2　日本自動車メーカーの東南アジア拠点の変遷　128
    3　タイ自動車産業の近況及び課題　141

07　先端技術と投資競争からみた電子産業
　　　（近藤章夫）――――――――――――――――――――――――147
    1　はじめに　147
    2　電子産業における立地と投資　148
    3　パナソニックのテレビ事業：PDPへの傾斜　151
    4　FPDの技術特性と設備投資　154
    5　シャープの液晶事業：亀山と堺への集約　158
    6　継続的設備投資による立地集中：産業立地へのインプリケーション　161

08　アジア諸国における鉄鋼業の発展と技術
　　　（佐藤　創）――――――――――――――――――――――――165
    1　はじめに　165
    2　鉄鋼業の概要　166

3　アジア諸国の鉄鋼需要　*171*
4　アジア諸国の鉄鋼生産　*175*
5　アジア諸国における鉄鋼業の発展メカニズム　*177*
6　おわりに　*180*

09　NC工作機械産業の共進化メカニズム
中国におけるNC装置内製化の可能性（柴田友厚）——*183*

1　はじめに：工作機械産業の戦略的意義　*183*
2　中国の工作機械産業の競争力　*185*
3　NC装置の製品特性　*188*
4　アジアにおけるNC装置の開発状況　*189*
5　NC装置と工作機械との共進化メカニズム　*192*
6　考察とインプリケーション　*198*

10　韓国の金型産業発展
キャッチアップ戦略の成功とイノベーション志向への転換（馬場敏幸）　*203*

1　はじめに　*203*
2　韓国金型産業の概要　*205*
3　韓国金型の国際競争力向上　*210*
4　キャッチアップ戦略の成功とイノベーション志向への転換　*218*
5　補論：日本の金型産業の果たした役割と今後の国際競争力について　*224*

11　金型産業構造変革とイノベーション
アジアに向けての金型技術イノベーション（相澤龍彦）——*231*

1　はじめに　*231*
2　金型産業における継続的イノベーション　*234*
3　金型産業における破壊的イノベーション　*239*
4　アジア市場に向けてのマクロ・ミクロ戦略　*242*
5　おわりに　*246*

あとがき　*248*
事項索引　*251*
人名・機関名索引　*256*

第一部

総論

2

01 アジアの工業化とイノベーション
開発経済学からのアプローチ

絵所秀紀

1 開発経済学とアジアの工業化

　開発経済学の歴史は，アジア諸国の経済発展の経験と切っても切れない親密な関係を保持してきた。1950年代から60年代前半にかけてはインドが，1970年代に入ると韓国・台湾・香港・シンガポールといったアジア新興経済圏（NIEs）が，そして21世紀に入ると中国とインドが，それぞれの時代を代表する開発の成功例として描き出され，開発経済学の形成と展開に大きな影響力を及ぼしてきた。本章の目的は，開発経済学の観点からアジアの工業化とイノベーションに関する文献サーベイを行うことである。

● 1-1　国産化の時代

　1947年のインドと49年の中華人民共和国の誕生に始まったアジア諸国の植民地体制からの独立は，すでにアジアの時代の到来を示唆するものであった。とりわけ議会制民主主義と政教分離（セキュラリズム）を国政の要としたインドは，共産中国に対抗しうる発展途上国の代表として西側諸国から多くの期待を寄せられ，世界が注視するフォーカル・ポイントとなった。初代首相ネルーは，米ソ両陣営からの援助を利用しながら，マハラノビスの二部門成長モデルを理論的基礎として，五ヵ年計画に基づいた重工業化開発戦略を推進した。

　ネルー時代のインドが採用した開発戦略は，アメリカ型市場経済ともソ連型計画経済とも異質なものであった。重工業をはじめとする基幹産業を国有化する一方で，消費財産業は政府の強力な規制の下で民間企業の手にゆだねるとい

う混合経済体制の形成である。また農業部門は国有化されることなく，土地改革が不徹底であったという事実とあいまって，前近代的な制度が存続した。ネルー＝マハラノビスは，主要産業の国産化を成功に導く最も重要な要因は近代的科学技術であると認識していた。自国の技術に基づく自国の企業による工業化を目指したのである。反植民地ナショナリズムが，こうした国産化の思想を支えていた（絵所，2002）。1950年代から60年代にかけて，日本を含むアジアの諸国には，多かれ少なかれインドが採用した国産化思想との共通項が見られる。後年になって輸入代替工業化と呼ばれる開発戦略が，それである。

この時代，発展途上国の工業化の経路と特徴に関して多大な示唆を与えたのは，ガーシェンクロンの「後進性の優位」論とハーシュマンの「不均整成長」論である。経済史家ガーシェンクロンが対象としたのは19世紀ヨーロッパ諸国の工業化であるが，「相対的後進性の度合いによって各国の工業化の経路と性格がかわる」という仮説をたて，ある国の経済が後進的であればあるほど，(1)工業化はますます突然の「大発進（ビッグ・スパート）」として始まり，製造業生産の相対的な高成長を伴う，(2)工業化の中で工場設備と企業双方の大きさが強調されるようになる，(3)消費財よりも生産財が重視されるようになる，(4)国民の消費水準に対する圧力はますます大きくなる，(5)幼稚産業に対して資本供給を増大させ，またより中央集権的でより訓育された経営指導を与えるような，特殊な制度的諸要因の果たす役割がますます大きくなる，(6)農業の果たす役割はますます小さくなる，という傾向を読み取った（Gerschenkron, 1966）。公企業による重工業化を推進したインド政府が採用した開発戦略が，後発国の先進国へのキャッチアップの可能性を強調したガーシェンクロン仮説の影響を受けていた様子を読み取ることができよう。

一方ハーシュマンは，成長とは「経済の先導的部門から後続的部門へ，一産業から他産業へ，また一企業から他企業へ伝播」する過程，すなわち「ある部門に他の部門が追いつくといった一連の不均整発展の結果である」と論じた。彼の提唱した「不均整成長」戦略とは，連関効果（前方連関・後方連関）の大きい産業部門に投資を集中することによって，産業部門の間に意図的に不均衡をつくりだし，そのダイナミックな波及効果によって経済発展をもたらそうというものである。ハーシュマンによると，発展途上国の経済発展にとって決定的

に欠けているのは個々の生産要素ではなく，「投資を実行する能力」あるいは「発展決意を形成する能力」の形成である。彼はこの「発展決意を形成する能力」を喚起するメカニズムを「誘発機構」と呼び，不均整成長戦略には「投資決意を誘発する」余地が大きいと見なしていた（Hirschman, 1958）。ハーシュマンの議論はラテンアメリカの発展途上国を念頭に置いたものであったが，重工業化推進に偏重したインドの開発戦略を後押しするものでもあった。

● 1-2 「新しいアジアの時代」の幕開けと新古典派開発経済学の時代

しかし，1960年代中葉の政治経済危機を転機としてインドは閉鎖的経済運営を強化し，その結果長期にわたる経済停滞を余儀なくされ，国際舞台の場から遠ざかることになった（絵所, 2008, 第2章）。インドにとってかわって国際舞台に登場したのは韓国，台湾，香港，シンガポールに代表される東アジア新興経済圏（NIEs）である。開発経済学の論調も大きく転換した。輸入代替工業化戦略が徹底的に批判され，かわって輸出志向工業化戦略がもてはやされるようになった。東アジアNIEsが採用した輸出志向工業化戦略は市場自由化と同一視され，新古典派開発経済学の正当性を支える成功例として賞賛されることになった。貿易自由化に伴う比較優位に沿った貿易（労働集約的な軽工業品の輸出）の推進と外資の積極的な導入が，高度成長をもたらすうえで決定的に重要な要因であると解釈された。代表的な論陣を張ったのは，バラッサ，クルーガー，リトル，バグワティ等である（Balassa, 1981; Krueger, 1978; Little, 1982; Bhagwati, 1978）。1980年代になると，こうした見解はIMFや世界銀行によって支持された「正統派の開発経済学」としての地位を占めることになった（絵所, 1997）。

1993年，世界銀行は『東アジアの奇跡』と題するリポートを公刊した（World Bank, 1993）。日本をはじめとする東アジア諸国の高度成長をもたらした要因は何か，その経験は他の発展途上国に移転しうるのか，を検討した報告書である。この報告書で，大きな論点となったのは産業政策（あるいは政府の選択的介入）の是非をめぐるものであった。とりわけ，日本と韓国の産業政策に焦点があてられた[1]。この報告書は，「市場に友好的なアプローチ」[2]と「選択的介入アプローチ（産業政策）[3]」を比較し，東アジア諸国では選択的介入アプロー

チは成功したかもしれないが、この経験をそのまま他の発展途上国に移植することはできず、基本的には「市場に友好的なアプローチ」が好ましいと結論づけたもので、新古典派開発経済学の正当性を裏書きするものであった。この結論は、ただちに多くの批判を呼び起こしたが (Kwon, 1994; Lall, 1994; Amsden, 1994)、しかし少なくとも日本、韓国、台湾においては、産業政策は有効に機能したことを認めた点に意義があった (Rodrik, 1995)[4]。

その後ワシントン・コンセンサスの退潮とともに、産業政策をめぐる議論も下火になったが、世界銀行は2010年の開発経済学コンファレンスで再度産業政策をテーマにとりあげた。ジェームス・ロビンソンとハージュン・チャンの2つの報告が行われた (Robinson, 2011; Chang, 2011)[5]。これら2つの報告からうかがわれるように、産業政策をめぐる議論は、現在では落ち着くべきところに落ち着いた。一言でいうならば、産業政策は一定の条件の下では有効に機能するが、一定の条件が整わない場合には失敗するというものである (Pack & Saggi, 2006)。

ところで、アジアの工業化を説明するにあたっての代表的な反新古典派的アプローチによるパイオニア的な業績は、良く知られているように、「修正主義者」アムスデンやウェストファルの韓国研究とウェードの台湾研究である (Amsden, 1989; Westphal, 1990; Wade, 1990)。また、IMF・世界銀行の構造調整プログラム (ワシントン・コンセンサス) を批判し、東アジア諸国の開発経験を振り返りながら、「外向的政策」と「市場自由化」を同一視することはできないと論じたサックスの先駆的な議論も大きな影響力を持った (Sachs, 1987)。

またこの分野では、わが国の研究者による貢献も大きい。とくに、ガーシェ

---

1) 言うまでもなく、産業政策の「原型」は日本に求められる (Johnson, 1982; 小宮・奥野・鈴村編, 1984; 伊藤・清野・奥野・鈴村, 1988)。
2) 政府の適切な役割は、人々への適切な投資を行うこと、民間企業に競争的な環境を提供すること、経済を国際貿易に開放しておくこと、そして安定したマクロ経済を保持することであるとするアプローチ。
3) 輸出振興、金融抑圧 (低金利政策)、政策金融、選択的産業育成、が含まれる。
4) 日本、韓国、台湾の産業政策を検討した井上・浦田・小浜編 (1990) は、世界銀行の『東アジアの奇跡』報告書より3年前に公刊されている。
5) 韓国の産業政策の詳細については、Chang (1993) 参照。

ンクロン仮説を援用して韓国の工業化を説得的に展開した渡辺利夫の一連の研究と，今岡・大野・横山の「複線的成長」論が注目される。渡辺は韓国の工業化を「圧縮された工業化」として描き出した（渡辺, 1982）。今岡・大野・横山は，韓国・台湾の工業化は「労働集約的諸部門が輸出比率を高めるかたちで急速に成長する一方で，輸出主導工業化の初期の段階から資本集約的中間財部門が同時並行的に生産を拡大する」モデルであると論じ，「輸出向け生産に対しては労働の賦存が相対的に高い両国［韓国・台湾］の比較優位を顕在化するシステムが飛び地的に与えられ，一方で資本集約的部門に対しては飛び地的保護システムが与えられ，両者が共存していたのが，両国の輸出指向的工業政策のもとでのシステムであった」とした（今岡・大野・横山, 1985）。今岡・大野・横山の見方は多くの海外研究者によっても共有されていたものである（Datta-Chaudhuri, 1981; Westphal & Kim, 1982; Kim, 1985; Milner, 1988）。

● 1-3 中国とインドの台頭

積極的な外資導入（直接投資）と輸出志向政策を軸とする工業化の推進という，多くの東・東南アジア諸国が採用した戦略は[6]，1978 年の改革・開放路線への転換以降，とりわけ 1992 年の鄧小平の南巡講話以降の中国が採用したものでもあった。それは「外から内へ」と進む工業化経路の選択で，従来あるべきものと想定されていた「内から外へ」と進む工業化の経路（例えばインドが採用した発展経路）とは正反対のものである。中国の発展経路は，外資依存型工業化（従属的発展）から自立へと成功裡に進んできた事例として理解できる。中国の台頭は，それまでのアジア諸国の外資誘致政策に，さらに新たな 2 つの要素を付け加えることになった。一つは，中国が「大国」である点である。もう一つは，中国の場合，社会主義政治システムを維持しながら市場経済化を推進したという点である。

改革・開放当初は，中国がこれほど短期間のうちに経済大国になるとは誰も予測することはできなかったが，世界経済を襲った 2 つの激震が中国経済の台

---

[6] ただしこの開発戦略は日本，韓国とは異なる。日本と韓国は輸出によって高度成長を達成したが，両国とも外国直接投資の導入にはきわめて慎重であった。

頭を確実にした。最初の波は1997年のアジア通貨危機である。韓国，タイ，インドネシア，フィリピンをはじめ多くのアジア諸国が通貨危機を経験する中で，いまだ閉鎖的な経済運営を行っていた中国は，ほとんど無傷であった。この通貨危機を転機にして，「BRICs」論が世界の注目を浴びることになった（Wilson & Purshothaman, 2003）。第2の波は，2009年のリーマンショックとそれに続いて生じたヨーロッパの経済危機の深化である。この一連の経済危機によって大きく土台を揺さぶられた米国，欧州，日本の先進工業国とは対照的に，中国とインドという2つのアジアの大国は，確かに成長率は減速しているものの，これらの経済危機から相対的に自由であった。この過程で，中国は多くのアジア各国にとって最大の貿易相手国へと成長した。

ところで我が国では，東・東南アジア諸国の工業化を雁行形態論の応用という形で理解してきた点に特徴があった。アジア地域では，日本を先頭とするダイナミックで調和的な国際分業が展開されてきたことが，成功の鍵であると理解された。そこでは，「資本・技術の提供者としての日本」と「アジア諸国製品の輸出市場としての欧米諸国」という構図が描かれた（末廣, 2000）。

中国の台頭が意味するものは開発経済学にとって衝撃的である。それは，社会主義体制の下での市場経済化の進展というまったく新たなモデルとなることによって，新古典派開発モデルの崩壊を意味していた。それだけではない。我が国にとっても衝撃的である。中国の工業化は，雁行型国際分業モデル（キャッチアップ型発展モデル）の崩壊をも意味しているためである。末廣昭（末廣, 2008）は中国の台頭を目の前にして，「プリンターや複写機の事例が示すように，付加価値の高い製品の製造・輸出を，遅れて世界市場に参入した中国が，先行する東南アジア諸国をとびこえて分担し（これを「とびこえ現象」と呼ぶ），逆に付加価値の低い製品を東南アジア諸国が分担するという分業関係が生じた」（124ページ）とし，「工業化の発展度合いの違いに応じて，順繰りに貿易の拡大と産業構造の高度化を進めてきたアジア諸国にとっては，従来の秩序ある分業体制や発展パターンの攪乱と破壊を意味した」（127ページ）と論じている（中兼, 2012, 第5章も参照）。

これに対し，アジアのもう一つの大国インドの衝撃は全く異なった性格のものである。インドの製造業は日本や韓国と同様に，依然として自国企業を中

心とした成長を追求している。中国と比較すると,外資の役割は限定的である。しかしインドは中国とはまったく異なった意味で,異質なケースである。その発展経路の特徴は,サービス産業主導という点にある。サービス革命をもたらした最大の要因は輸出志向型知識産業である ICT サービス産業である。ICT サービス産業の発展が牽引車となって国内製造業や農業を変化させるという発展経路である（Yusuf et al, 2007; 絵所, 2008）。インドの発展経路は,日本,韓国,台湾,中国が辿ってきた産業構造の転換経路（コーリン・クラークの法則）を辿ることなく,第一次産業の衰退は第三次産業の高成長と重なり,その中で製造業の成長は遅れをとっている。農村に膨大な余剰労働を抱えた低所得国インドでは,比較優位に沿った経済発展は労働集約的軽工業の振興にあると説いてきた新古典派経済学にとって,ICT サービス革命によって実現したインドの高度成長（「とびこえ型」発展）は,説明がつかない。

中国,インドの経済発展事例はそれぞれ異なった意味で「異質」であるが,その異質性は両国とも人口が 10 億を超える超大国であるという共通項に由来する。アジア経済発展の構図も,中国とインドという 2 つの超大国の参入によって,大きく変化せざるをえないであろう。

2 アジアにおける工業化とイノベーション

● 2-1 企業の役割

長い間,開発経済学のフォーカスはマクロ経済政策および公共部門の役割の分析におかれていた。初期の構造主義開発経済学は,プランニング（計画化）という考えに強く支配されており,大半のエネルギーは経済運営を行うにあたっての政府の役割分析に費やされた。70 年代以降に支配的になった新古典派開発経済学でも,政府が採用すべき開発戦略のあり方をめぐって議論は展開した。構造調整の経済学では,市場と企業の役割が強調されたにもかかわらず,経済成長の担い手である企業分析そのものが前面に出てくることはなかった。また開発経済学の一環を占めることとなった経済成長論の分野では,成長の源泉としての技術進歩がハイライトされたが,研究成果の大半は成長会計論的分析に終始し,技術進歩は結局「残差要因」として処理されるにとどまっ

た。何が技術進歩をもたらすのか，どの産業あるいはどの分野でどのような技術進歩が生じているのか，具体的な企業あるいは産業の分析はブラックボックスのままであった。アブラモビッツは，「残差要因」のことを「われわれの無知の尺度」であると喝破した（Abramovitz, 1993）。これに対し，企業分析は先進国企業を中心に組織論の分野で大きく前進したが（Williamson, 1975; Nelson & Winter, 1982; Williamson, 1985; Dosi, 1988; Williamson & Winter, 1992; Dosi, Teece & Chytry, 1998），これらの成果は長らく新古典派成長論（あるいは開発経済学）の不可欠の一環として組み込まれることはなかった。

一方，新古典派的成長会計論アプローチに批判的な立場から，パク＝ウェストファルは発展途上国の工業化を成功させるには有効な産業政策と技術変化の2つが必要であると提唱し（Pack & Westphal, 1986），またネルソン＝パクは，開発経済学の中に企業，産業，国家レベルでの技術伝播のための学習の理論を組み込む必要性を提唱した（Nelson & Pack, 1999）。工業化を支える技術発展・技術伝播を研究するためには，企業レベルでのケーススタディが必要であるとしたのである。一方，ケーススタディと並んで，計量経済学的な手法を使用した技術移転（貿易・直接投資・技術ライセンス契約等による技術の伝播）に関する研究も数多く生み出されるようになった。製造業センサスや年次工業調査のデータを利用して，企業の生産性の変化を計測する研究である（Pack, 2006）[7]。

アジア諸国がめざましい経済成長を遂げた90年代以降は，企業・産業研究はアジア発展途上国をもカヴァーするようになり，今では開発経済学のメインテーマの一つとなっている。成長論の分野でも，内生的成長論が提唱される中で，ローマーは企業の役割に注目すべきであると論じ（Romer, 1992; Romer, 1994），ルーカスも企業レベルでの「学習による経験」を重視しはじめた（Lucas, 1993）。

しかし，欧米での研究動向とは異なって，発展途上国工業化の担い手として

---

[7] わが国研究者の手になるものとして，日本，中国，インドにおける近代的製糸技術の定着過程を比較史的観点から追究した清川（2009）は，ケーススタディとして最高峰の水準を示すものである。一方，計量経済学的手法によりながら技術伝播と経済成長の関連を問うた成果として，戸堂（2008）がある。

企業・産業分析を重視するという研究方法は，当初から我が国の「アジア地域研究」を特徴づけるものであった。その中核的な役割を担ったのはアジア経済研究所である。またアジア諸国の企業・産業研究が財閥（ビジネス・グループ）研究と重なりあいながら進展したことも，我が国の地域研究の特徴である[8]。

● 2-2　イノベーション研究

　東アジア諸国の工業化をもたらした主要因の一つとしてイノベーション・システムの構築に着目した研究も，数多く生まれた。経済成長の推進力としての技術進歩の重要性に焦点をあてたアプローチである。新古典派成長モデル（ソロー・モデル）は生産フロンティア上での技術の利用可能性を想定していたが，この新しいアプローチは生産フロンティアの内側で経済活動を行っている発展途上国での技術進歩の具体的なメカニズムを明らかにする点に特徴がある。先進諸国において支配的な技術を獲得し，修得し，改善するプロセスと制度を明らかにすること，すなわち，「模倣から革新へ」という技術発展のプロセスと制度を明らかにする「同化（assimilation）」研究である（Kim & Nelson, 2000）。言い換えるならばキャッチアップ・モデルの追求である。同化研究の中で注目されたのは，「創造的模倣」という概念である。キャッチアップのためには，単なる「複製可能な模倣」では十分ではなく，「デザインのコピー，創造的適応，技術のとびこえ，他産業への適応」といった「創造的模倣」が必要であるとする研究である。「創造的模倣」は，それ自体発展途上国が生み出したキャッチアップのための「イノベーション」である。

　サンジャヤ・ラルは「国の技術能力」に着目した。ラルは「国の技術能力」を，「ある国の企業が技術を効率的に購買，使用，適用，改善，創造することを

---

[8] アジア諸国の工業化の担い手としての企業・産業研究の成果として，アジア経済研究所の「アジアの工業化シリーズ」（末廣・安田編（1987），服部編（1987），林編（1987），伊藤編（1988），谷浦編（1988），福島編（1989），谷浦（1989），林編（1990），堀井編（1990）），およびその成果を引き継いだ，小池・川上編（2003），天川編（2006），今井・川上編（2006），佐藤・大原編（2006），丸川（2007），佐藤（2007），佐藤創編（2008），佐藤幸人編（2008）など。また，財閥（ビジネスグループ）に焦点をあてた研究として，伊藤編（1983），岩崎（1990），小池・星野（1993），服部（1988），末廣（2006）など。

可能にする技能,経験,努力の複合体」と定義した。それは「個々の企業の技術能力以上のもの」であり,「企業間ネットワークとリンケージの非市場的制度,ビジネス活動の方法,技術能力を支持する一群の制度」を含むものである。そして,「国の技術能力」は,「一つのイノベーション・システムであり,そこには学習プロセス,ビジネス活動の方法,関連する制度に存する知識と技能によって生み出される外部性と共同作用（シナジー）が含まれる」とした（Lall, 2000）。

ラルのいう「国の技術能力」は「ナショナル・イノベーション・システム」をめぐる議論と重なる部分が多い。企業の国際競争力を育成・強化するための政府の役割とは何か,という議論である。適切なマクロ経済環境の維持（安定した為替レートの維持,インフレーションの抑制）だけでなく,市場を支える諸制度の整備（インフラの整備,適切かつ慎重な金融制度の構築,企業統治制度,等）,技術導入を促進するための外資導入,科学技術,人材育成,研究開発（R & D）,輸出促進,等の政策と制度に関する研究が促進された（Dodgson, 2000）。ナショナル・イノベーション・システムは,産業政策の主要な一環として理解できる[9]。

フリーマンが指摘しているように,ナショナル・イノベーション・システムの淵源は,フリードリッヒ・リストにまで遡ることができる。ナショナル・イノベーション・システムの構築は,リストの時代から,後発国にとって先進工業国にキャッチアップするにあたっての国家戦略であった。リストの影響下で,当時後発国であったドイツは工業先進国イギリスにキャッチアップすべく,19世紀後半に技術教育と職業訓練制度を創設した。ドイツは,リバース・エンジ

---

[9] 日本の産業技術政策（あるいはナショナル・イノベーション・システム）については,後藤・若杉（1984）,今井（1984）,吉海（1985）,若杉（1986）,Odagiri & Goto（1993）を参照されたい。それは,先進工業国との技術ギャップを埋めることを目的としたキャッチアップのための制度である（Freeman（1987）, Mowery & Oxley（1995））。また,韓国については,Kim（1993）,台湾については,Hou & Gee（1993）, Mathews & Hu（2007）を参照されたい。中国については,ナショナル・イノベーション・システムと並んで,地域イノベーション・システムに着目したチェン=ケニー論文が面白い。彼らは,北京と深圳のハイテク・クラスターの比較研究を行っている（Chen & Kenney, 2007）。また上海の事例については,Wu（2007）参照。

ニアリングおよび職人の訓練のためにイギリスから工作機械を輸入した。かくしてイギリスからの技術移転が促進され，やがてイギリスの工業水準を抜き去ることになった。ナショナル・イノベーション・システムを形作ったものは，教育・職業訓練機関，科学・技術機関，使用者と生産者の相互学習，知識の蓄積，輸入技術の適応，戦略産業の促進と並んで，工業化と経済成長を長期的な観点から調整し遂行する政府の役割であった。企業内での工業調査研究部門（調査研究ラボ）の創設という制度革新を最初に成し遂げたのもドイツであった。1870年に染料産業を手がけていたヘキスト社，バイエル社，BASF社で導入され，その後のドイツ化学産業の発展に大きく寄与した。第二次大戦後になると，調査研究制度こそイノベーションの源泉であるという考えが先進工業諸国に広まった。1970年代から80年代にかけて，イノベーションは調査研究だけでなく，もっと多様な要素に依存しているという考えが広まった。とりわけ「漸進的イノベーション」は，生産に携わるエンジニア，技術者，工場（生産現場）から生み出されるという点が強調されるようになった。これらは異なった労働組織のあり方と緊密に関係している。また製品およびサービスの改善の大半は市場，および下請けや原材料・サービスのサプライヤーといった関連企業との相互関連から生み出されることも強調されるようになった。「根本的イノベーション」にとって，企業内関係だけでなく，狭い専門的な科学技術システム内部での対外的リンケージが重要であることもわかってきた。さらにイノベーションの体系的側面が技術の伝播率および生産性の向上にとって重要であることが，ますます強調されるようになった（Freeman, 1995）。

「イノベーションの国民的体系」の形成と展開の歴史を辿ったあとで，フリーマンはイノベーションの国民的体系の相違（類型）を明らかにすべく，1970年代における日本・韓国とソ連，および1980年代における東アジアとラテンアメリカを比較検討し，「新しい技術，製品，生産工程を輸入し，改善し，開発し，伝播する様式の制度的な相違が，1980年代におけるきわめて対照的な成長率の相違を生み出す上で主要な役割を果たした」との結論を下している。

ブラムバット＝フは，研究開発費（R&D）および米国特許取得数を基準にして，東アジア諸国を4つのグループにわけている。すなわち，第1グループは模倣からイノベーションへの進んだ段階にある韓国と台湾，第2グループは

自国の技術革新と技術吸収能力向上に向けて巨額の投資を実施し，技術の階梯を急速に駆け上がっている中国，第3グループは，先進国から提供された技術の吸収にある程度成功しているが，いまだ模倣段階からイノベーション段階へと進んだ明白な証拠のないタイとマレーシアという2つの中所得国，そして第4グループは技術伝播の初期段階にある低所得国である（Brahmbhatt & Hu, 2010）。

ナショナル・イノベーション・システムの研究は，やがて企業の競争力を向上させるための手段としての産業クラスター形成およびそこにおける先進国企業からの技術移転の有効性を強調する研究と結びつくようになった（Debresson, 1989; Bell & Albu, 1999; Thompson, 2002; Yeung, Liu & Dicken, 2006; 山下・ユスフ編, 2008; 平川・多和田・奥村・家森・徐編, 2010）。またクラスター論は，アジアの都市産業クラスターにおける知識集約的経済活動にとっての大学・公的研究所の果たす役割（産学連携）を検討する研究をももたらした（Yusuf ed, 2003; Hershberg, Nabeshima & Yusuf, 2007）。さらにハンフリー＝シュミッツは，グローバル・バリューチェーン（GVC）への参入が産業クラスターの質の向上に与える可能性を論じ，クラスターの質向上の機会はGVCの統治構造によって異なるという結論を導きだした（Humphrey & Schmitz, 2002）。またピエトロベリ＝ラベロッティは，GVCとイノベーション・システムとの相互関係を問う必要があると論じている（Pietrobelli & Rabellotti, 2011）。

一方，企業・産業レベルでも，人材育成，サプライチェーンの構築，技術の受け入れ（学習），技術吸収能力の構築・向上に関する事例研究が推進された（Lall, 1987; Teece, 2000）。発展途上国企業は工業技術をおもに先進工業国企業から得ており，その際の主要な問題は輸入された技術をいかに修得し，適用し，改善するかである。技術移転は途上国企業側の学習を必要とする，長期にわたる過程である点が強調された（Pack, 2000）。

ラル（Lall, 2000）が要約しているように，技術移転，技術の学習，技術能力開発，あるいは技術伝播は，企業特殊的あるいは産業特殊的な過程であって，個々の事例研究の積み重ねが要求されるテーマである[10]。貿易，直接投資，ライセンス契約の数値分析からでは，イノベーションの実態を理解することが

できない研究分野である。イノベーション研究は，長い間アジア NIEs の事例研究に限定されてきた。とりわけ韓国と台湾に集中してきた（Hobday, 1995a; Hobday, 1995b; Hobday, 2000; Lee, 2000; Kim, Kim & Yoon, 1992; Jacobsson, 1993; Choung, Hwang, Choi & Rim, 2000; Park, Choung & Min, 2008; Whang & Hobday, 2011; Liu, 2011）[11]。しかし中国の台頭が揺るぎない現象となった21世紀になると，研究の焦点は中国の事例研究へと移りつつある。

● 2-3 外向きの開発戦略と技術伝播

一般的にいって，国際的な技術伝播を促すものとして，貿易（新しい製品あるいは資本財の輸入を通して，あるいは外国のバイヤーへの輸出を通じて），直接投資，あるいは技術の購買あるいはライセンス契約が3つの重要なチャンネルである（Hoekman & Javorcik, 2006）。ここから発展途上国への技術伝播の程度を推定するにあたって，貿易，直接投資，ライセンス契約（技術貿易）の数値がよく使用されてきた。クロスセクション分析から明らかになったことは，外向きの開発戦略を採用した発展途上国は内向きの開発戦略を採用した発展途上国よりも，成長率が高く，工業化も進展したという点である。

しかし，外向きの開発戦略（貿易の自由化）が東アジア各国の高度成長をもたらした点は疑う余地がないとしても，外向きの開発戦略の採用だけで，東アジア各国の工業化が実現したわけではない。たとえ外向きの開発戦略を採用したとしても，工業化が実現しなかった多くの事例がある。また外向きの開発戦略は，市場自由化と同義ではないことも，多くの論者が認めることとなった。さらに外資導入（外国直接投資の自由化）は，発展途上国の子会社に経営資源（資本・技能・技術のパッケージ）を移転する有効な政策であるとしても，それはイノベーションの結果を移転するものであって，イノベーションの過程を移転するものではない。子会社の技術能力の向上には限界がある。逆に外資導

---

10) 産業発展における技術者の役割に焦点をあてた佐藤（2007），佐藤編（2010）は，注目に値する試みである。
11) 川上（2011）は，「グローバルな生産分業」という観点から，台湾のノート型パソコン産業と中国の携帯電話産業をとりあげている。台湾を代表するパソコン・メーカー，エイサーの栄光と苦闘を描き出した佐藤（2002）も参照されたい。

入が発展途上国の企業の発展を阻害するケースもある。発展途上国企業の技術能力あるいは競争力を高めるためには，様々な外資導入・技術輸入形態の選択（産業分野，100％子会社か合弁形態かライセンス契約かの選択，直接投資か銀行融資かの選択，国産化比率の設定，等）の余地がある点も注目されるようになったし，それらの相違による技術移転の可能性についても多くの研究・調査が行われることになった (Lall, 1991)。

　サッギは，(1) 貿易を通じた国際的な技術移転，(2) 直接投資を通じた国際的な技術移転（多国籍企業の技術の現地企業への移転可能性），(3) 外国からの技術移転を促進する政策，についての文献サーベイを行った (Saggi, 2002)。そして，このうち (2) については，デモンストレーション効果（現地企業が多国籍企業によって導入された技術を模倣あるいはリバース・エンジニアリングによって採用する効果），労働移動（多国籍企業によってかつて雇用あるいは訓練されていた労働者が雇用先を変えることによって，あるいは自分で事業を起こすことによって，重要な情報を現地企業にもたらす可能性），垂直統合（多国籍企業の潜在的なサプライヤー，あるいはバイヤーとしての現地企業に対する技術移転の可能性），の3点について検討した。またゲルグ＝グリーンウェイは，外国直接投資によって生じると期待される効果を，生産性，賃金，輸出の3点について文献サーベイを通じて検討している (Goerg & Greenaway, 2004)。さらにスミーツは，サッギの視点を引き継いで，外国直接投資による知識の伝播効果（垂直統合，労働移動，デモンストレーション効果），媒介要因（技術の吸収能力と後進性，地理的近接性，知的所有権の強さ，多国籍企業の受入国における競争の強さ），直接投資の異質性（多国籍企業の投資所有形態，国籍，進出動機）に関する文献サーベイを行った (Smeets, 2008)。ケラーもまた，貿易と直接投資を技術伝播の2つの主要な経路であるとして，文献サーベイを行っている (Keller, 2004)。これら主要なサーベイ論文から明らかになったことは，貿易あるいは直接投資による技術伝播効果は双方ともに「明らかではない」，あるいは個々のケースによって「異なる」あるいは「様々である」というものである。

　貿易と工業化の関係についても，その関係は複雑である。発展途上国の貿易自由化が成長をもたらし，先進工業国にキャッチアップし，技術の向上へと結

びつくためには，貿易を通じた技術伝播がなければならない。「貿易誘発的学習」に着目したメンドーサの議論が注目される（Mendoza, 2010）。アジア10カ国（中国，香港，インド，インドネシア，韓国，マレーシア，フィリピン，シンガポール，台湾，タイ）の貿易構造を検討して，彼らは（1）貿易がバイヤー，サプライヤーとの輸出面，輸入面での関係を通じて企業レベルでの生産性を向上させる，（2）より豊かでより技術の進んだ貿易相手との貿易関係が，より大きな貿易誘発的学習の余地を与える，（3）より品質の高い様々な輸出財，あるいはより研究開発集約的資本財の輸入がより集約的な「学習」をもたらし，より大きな新たな経済活動の「発見」をもたらす，との結論を導きだしている。

ところで企業の国際化が著しく展開する中で，グローバル・バリューチェーン（GVC）あるいはグローバル・コモディティチェーン（GCC）を通じた知識・技術の伝播経路に着目する研究が進展している[12]。GVCにおいて「主導企業（lead firm）」が果たす役割はサプライヤーに知識を伝播することである。発展途上国の小規模企業（サプライヤー）にとってGVCへの参加はグローバル市場で要求されている製品の型や質に関する情報を獲得し，グローバル市場にアクセスする決定的な手段であり，学習とイノベーションをもたらす重要な機会となりうる。しかしこの情報は現地の技術能力と結合しなければならないし，したがって相当の技術学習努力が要求される過程である（Pietrobelli & Rabellotti, 2011）。この研究分野の提唱者の一人であるジェレフィ等は，GVCのガヴァナンス構造によって，学習とイノベーションのあり方が異なると提唱した。彼はGVCのガヴァナンス構造を，（1）市場取引型，（2）モジュール型チェーン，（3）関係型チェーン，（4）キャプティブ型チェーン，（5）序列型（垂直的統合型）の5つに分類した（Gereffi, Humphrey & Sturgeon, 2005）。また，GCCは「生産者牽引型チェーン」と「バイヤー牽引型チェーン」に大別することができる（Gereffi, 1999）。前者は，自動車，航空機，重機械，コンピュータといった資本および技術集約的産業に見られるものであるのに対し，後者は衣料，製靴といった，より労働集約的であるがデザインとマーケティングが重要な役割を果たす産業で見られるものである。こうした分析のフレームワ

---

12) ユスフ等は，「国際的生産ネットワーク」として理解している（Yusuf ed., 2003）。

ークを用いて，いくつかの事例研究が進んでいる。東アジアから米国へのアパレル輸出の事例（Gereffi, 1999），ブラジルとインドの自動車産業におけるサプライチェーンの事例（Humphrey, 2003），ハードディスクドライブ産業のバリューチェーン分析（Gourevitch, Bohn & Mckendrik, 2000），スウェーデンの代表的な家具企業イケア社の中国および東南アジアからの調達事例（Ivarsson & Alvstam, 2010），同じくスウェーデンのトラック，バス製造企業ボルボ社の事例（Ivarsson & Alvstam, 2005），などである。

● 2-4 中国企業の競争力

アジア工業化論の中で現在最も注目されているテーマの一つは，中国の工業化をどう評価するか，また中国企業の競争力をどう評価するか，である。いくつかの注目される研究を紹介しておきたい。

ノラン＝シャオキン（Nolan & Xiaoqiang, 1999）は，国営企業改革の結果，大国営企業が生まれでたが，国際的に活躍している大多国籍企業と比較するとその規模は依然として小さく，新しい技術領域で多国籍企業と競争できる力はない。とくにハイテク分野（航空宇宙産業，発電，製薬）や中間技術分野（石油化学，自動車組み立て，自動車部品）ではそうである。さらに低技術分野（鉄鋼，石炭）でも，高付加価値分野では大きなギャップがあると判断している（Nolan, 2002）。

ルモワーヌ＝ユーナル・ケセンチ（Lemoine & Unal-Kesenci, 2004）は，中国経済を「二重貿易体制」として描き出した。中国の組立貿易への特化が，高度に競争力のある国際化された製造業をもたらした要因であり，それは技術移転の主要なチャンネルであったが，他方で，伝統的な輸出部門ははるかに遅れをとっていると論じた。ハイテク貿易は，2つの部門（ラジオ・テレビ設備，オフィス機器およびコンピュータ）に高度に集中しているが，ハイテク貿易の成長は中国国内市場向け企業の生産能力の向上はもたらさなかったと論じた。

シュタインフェルト（Steinfeld, 2004）は，グローバル経済の観点からみると中国は広く統合されているが，その統合は「浅い」と論じた。彼らは，技術変化とりわけデジタル化がグローバルな生産工程のアーキテクチャーを劇的に変えた点に注意を促している。デジタル化は高度に洗練された製造業の生産工程

のコード化を可能にした。一度コード化されると，生産はモジュールに分けることが可能になり，各生産工程を接続することを可能にする標準化が進展する。モジュール化は新たな機会を創りだすが，それはまた中国のような後発参入者にとって脆弱性を創りだす。完全にモジュール化された，開かれた生産アーキテクチャーは，標準化された，差別化されない生産物をもたらす。このような活動に直面した企業は，低価格・大量生産で競争する選択しかない。中国企業がモジュール生産を習得したことが，中国が世界の工場となった理由であるが，しかし同じ事実が相互に破壊的な価格競争を固定化してしまった。企業特殊的な技能，知識，ノウハウはほとんどない。中国企業がかなり海外市場向けの生産に巻き込まれていることは，印象的な学習の程度を示しているが，しかしこのような学習が「革新」をもたらすと想定することは誤りである，と論じている[13]。

　オルテンバーグら（Altenburg, Schumitz & Stamm, 2008）は，アジア NIEs と中国の相違を強調した。アジア NIEs の場合には，現地企業とグローバル企業とのリンケージの相互強化が見られたが，イノベーション能力を形成するための重要な方法において中国は異なっていると論じている。中国企業は，要素費用の優位をベースにした競争能力という観点からキャッチアップを定義するならば，すでにキャッチアップしたことに疑問の余地はないが，生産能力からイノベーション能力への移行というより野心的な観点からキャッチアップを評価すると，そうではない。中国の場合，外部とのリンケージを理解するためには，グローバル・バリューチェーン・アプローチ（GVC）が欠かせない。ここ 20 年の間にいくつかの中国企業はグローバルなプレイヤーとなった。中国企業は，当初は GVC に大きく依存することによって能力を作り上げてきた。すなわち，外国の顧客向け仕様の輸出志向的な低コストの組み立てである。つづいて，大量生産の専門性を身につけた。さらにパーソナル・コンピュータ（PC）と民生用電子産業に対する国内市場の急成長によって，中国の主導的な

---

[13] 中国企業の特質を「垂直分裂」という表現で理解した丸川（2002）のすぐれた分析をも参照されたい。また中国地場系携帯電話端末デザインハウスの勃興を描いた今井（2006）も注目される。

企業は本国だけでなく外国でも操業するようになった。そのため巨大な規模の経済が働き，GVCから得られた能力を自主開発した製品およびブランドに埋め込まれた能力に結びつけることができた。一方，自動車産業の場合，生産能力は急速に伸びているが，国内のイノベーション能力は先進諸国のそれにはるかに及ばない。中国企業の強さは，おもに労働集約的自動車部品輸出にある。多くの生産開発はリバース・エンジニアリングに基づいており，主要な現地技術の開発はまだ生じていない。現在では，ゲームのルールそれ自身が変わっていることがポイントである。国民イノベーション・システムの構成要素（企業，人材，複雑な技術ソリューション）の多くがますます「取引可能」になってきた点に着目すべきであると論じている。

　チュー（Zhou, 2008）は，独自のブランドをもった中国独自の技術会社が，国内市場の中で目覚しく成長している点に着目した。彼らはICT産業における中国の現地会社の成長過程を分析して，国内市場と輸出市場の結合が現地企業にとって技術の学習と工業競争力の発展に対する主要な促進力であったと論じた[14]。輸出の向上と輸入代替は代替的戦略ではなく，ダイナミックな結合を生み出す2つの異なったプロセスであり，ひるがえって現地企業にとって好ましい条件を生み出したという点を強調している。長い間，輸出志向的東アジアNIEsの目覚しいパフォーマンスが，経済開発と技術キャッチアップのスタンダードであった。しかし，アジアNIEsの工業化の経験に基づいて，ホブデイが図式化した技術学習モデル（Hobday, 1995a; Hobday, 1995b）は，中国にはあてはまらない。PC部門おけるレノヴォの成功は，国内市場に注意を向け，また国内市場の特徴を理解していたためであり，さらにまた沿海地域の輸出ヴェンダーとの提携を推進したためである，と論じた。

　ブラント＝タン（Brandt & Thun, 2010）は，多くの分野で中国企業は国内市場のシェアを増加させ，たとえ市場シェアが低下している部門であっても，バリューチェーンの中でより付加価値の高い部分へと移行している点に注意を促した。中国は巨大な国内市場と，国内市場に焦点をあてた高水準のFDIとを組み合わせている。その結果は，「開発国家論」とも「グローバル・バリューチ

---

[14] 海爾（ハイアール）の事例を分析した大原（2002）も同様の視点を強調している。

ェーン論」によって描き出されたダイナミックスとも異なっている。国内市場で，中国企業は3分の2のシェアを占めている。中国企業がとくに集中しているのは，労働集約的部門である。低賃金労働の比較優位を生かしている。一方外資は，技術，資本集約的，製造業のノウハウ，ブランド，マーケティングを組み合わせた部門で市場シェアを伸ばしている。今では，ミドル・セグメントでの競争が激しくなっている。外資にとっては膨大なコスト削減が，他方中国企業にとってはローセグメントでの過当競争から逃れるための品質向上が，ミドル・セグメントでの競争を促している要因である。そして，この2つのダイナミックスが中国工業の能力形成を深めている。外資は，コスト削減を目的として，ますますティア1およびティア2の国内のサプライヤーに必要な加工・製造技術を移転している。多数のバリュー・チェーンに参加する機会が中国企業に補完的な機会をあたえている，と将来を展望している。

　以上の簡単な論文紹介からうかがわれるように，中国企業の競争力あるいはイノベーション能力の評価は必ずしも定まっていない。原因は，2つある。一つは中国経済があまりにも巨大であるためである。もう一つは，その制度変化と成長があまりにも早いためである。さらに各工業によって異なるGVCの展開や生産のモジュール化の進展の影響も大きい。企業の国際化が進展する中で，ホブデイが描き出したかつての東アジア（日本，韓国，台湾型）諸国が採用した，産業政策とナショナル・イノベーション・システムをベースとする技術革新モデルは，そのままでは中国の工業化の経験にあてはまらない。開発経済学もまた，中国工業化の成否によって，その内容は大幅に書き換えられることになるであろう[15]。

【参考文献】

Abramovitz, M. (1993). The search for the sources of growth: Areas of ignorance, old and new. *Journal of Economic History*, **53**(2) (June), 217-243.

Altenburg, T., Schmitz, H., & Stamm, A. (2008). Breaktough? China's and India's

---

15）本章ではインドの工業化に触れることができなかったが，ICTサービス産業革命によって高度成長を遂げているインドもまた，もしそれが国内製造業の競争力向上に結びつくならば，中国とは別の意味で開発経済学の書き換えを迫るものとなるであろう。

transition from production to innovation. *World Development*, **36**(2), 325-344.
天川直子［編］(2006). 後発ASEAN諸国の工業化―CLMV諸国の経験と展望　アジア経済研究所
Amsden, A. H. (1989). *Asia's next giant: South Korea and late industrialization*. New York: Oxford University Press.
Amsden, A. H. (1994). Why isn't the whole world experimenting with the East Asian model to develop?: Review of the East Asian miracle. *World Development*, **22**(4), 627-633.
Balassa, B. (1981). *The newly industrializing countries in the world economy*. New York: Pergamon Press.
Bell, M., & Albu, M. (1999). Knowledge systems and technological dynamism in industrial clusters in developing countries. *World Development*, **27**(9), 1715-1734.
Bhagwati, J. N. (1978). *Anatomy and consequences of exchange control regimes*. New York: National Bureau of Economic Research.
Brahmbhatt, M., & Hu, A. (2010). Ideas and innovation in East Asia. *World Bank Research Observer*, **25** (2) (August), 177-207.
Brandt, L., & Thun, E. (2010). The fight for the middle: Upgrading, competition, and industrial development in China. *World Development*, **38**(11), 1555-1574.
Chang, H.-J. (1993). The political economy of industrial policy in Korea. *Cambridge Journal of Economics*, **17**, 131-157.
Chang, H.-J. (2011). Industrial policy: Can we go beyond an unproductive confrontation? The World Bank *Annual World Bank conference on development economics: 2010 global*, Washington D.C.: The World Bank, pp.83-109.
Chen, K., & Kenney, M. (2007). Universities/research institutes and regional innovation systems: The case of Beijing and Shenzhen. *World Development*, **35** (6), 1056-1074.
Choung, J.-Y., Hwamg, H.-R., Choi, J.-H., & Rim, M.-H. (2000). Transition of latecomer firms from technology users to technology generators: Korean semiconductor firms. *World Development*, **28**(5), 969-982.
Datta-Chaudhuri, M. K. (1981). Industrialization and foreign trade: The development experiences of South Korea and The Philippines. E. Lee [ed.] *Export-led Industrialization and Development*, Singapore: Asian employment programme, ILO.
Debresson, C. (1989). Breeding innovation clusters: A source of dynamic development. *World Development*, **17**(1), 1-16.
Dodgson, M. (2000). Policies for science, technology, and innovation in Asian newly industrializing economies. L. Kim & R. R. Nelson [eds.] *Technology, learning, and innovation: Experiences of newly industrializing economies*, New York: Cambridge University Press, pp.229-268.
Dosi, G. (1988). Sources, procedures, and microeconomic effects of innovation.

Journal of Economic Literature, **26**(3)(September), 1120-1171.
Dosi, G., Teece, D. J., & Chytry, J. [eds.] (1998). *Technology, organization, and competitiveness: Perspectives on industrial and corporate change*. Oxford: Oxford University Press.
絵所秀紀（1997）．開発の政治経済学　日本評論社
絵所秀紀（2002）．開発経済学とインド―独立後インドの経済思想　日本評論社
絵所秀紀（2008）．離陸したインド経済　ミネルヴァ書房
Freeman, C. (1987). *Technology policy and economic performance: Lessons from Japan*. London and New York: Pinter Publisher.（フリーマン，C．／大野喜久輔［監訳］（1989）．技術政策と経済パフォーマンス―日本の教訓　晃洋書房）
Freeman, C. (1995). The 'national system of innovation' in historical perspective. *Cambridge Journal of Economics*, **19**, 5-24.
福島光丘［編］（1989）．フィリピンの工業化―再建への模索　アジア経済研究所
Gereffi, G. (1999). International trade and industrial upgrading in the apparel commodity chain. *Journal of International Economics*, **48**, 37-70.
Gereffi, G., Humphrey, J. & Sturgeon, T. (2005). The governance of global value chains. *Review of International Political Economy*, **12**(1)(February), 78-104.
Gerschenkron, A. (1966). *Economic backwardness in historical perspectives*. Cambridge, MA: Belknap Press of Harvard University Press.（ガーシェンクロン，A．／絵所秀紀・雨宮昭彦・峯　陽一・鈴木義一［訳］（2005）．後発工業国の経済史　ミネルヴァ書房）
Goerg, H., & Greenaway, D. (2004). Much ado about nothing: Do domestic firms really benefit from foreign direct investment? *World Bank Research Observer*, **19**(2)(Fall), 171-197.
後藤　晃・若杉隆平（1984）．技術政策　小宮隆太郎・奥野正寛・鈴村興太郎［編］日本の産業政策　東京大学出版会，pp.159-180.
Gourevitch, P., Bohn, R., & Mckendrick, D. (2000). Globalization of production: insights from the hard disk drive industry. *World Development*, **28**(2), 301-317.
服部民夫（1987）．韓国の経営発展　文真堂
服部民夫［編］（1987）．韓国の工業化―発展の構図　アジア経済研究所
林　俊昭［編］（1987）．アジアの工業化―高度化への展望　アジア経済研究所
林　俊昭［編］（1990）．シンガポールの工業化―高アジアのビジネスセンター　アジア経済研究所
Hershberg, E., Nabeshima, K., & Yusuf, S. (2007). Opening the ivory tower to business: University-industry linkages and the development of knowledge-intensive clusters in Asian cities. *World Development*, **36**(6), 931-940.
平川　均・多和田眞・奥村隆平・家森信善・徐　正解［編］（2010）．東アジアの新産業集積―地域発展と競争・共生　学術出版会
Hirschman, A. O. (1958). *The strategy of economic development*. New Haven: Yale University Press.（ハーシュマン，A. O.／麻田四郎［訳］（1961）．経済発展の戦略

厳松堂）
Hobday, M. (1995a). *Innovation in East Asia: The challenge to Japan*. London: Edward Elgar.
Hobday, M. (1995b). East Asia latecomer firms: Learning the technology of electronics. *World Development*, **23**(7), 1171-1193.
Hobday, M. (2000). East versus Southeast Asian innovation systems: Comparing OEM- and TNC-led growth in electronics. L. Kim & R. R. Nelson [eds.] *Technology, learning, and innovation: Experiences of newly industrializing economies*. Cambridge, New York: Cambridge University Press, pp.129-169.
Hoekman, B., & Javorcik, B. S. (2006). Lessons from empirical research on international technology diffusion through trade and foreign direct investment. B. Hoekman, & B. S. Javorcik [eds.] *Global integration and technology transfer*, Washington D.C.: The World Bank.
Hoekman, B., & Javorcik, B. S. [eds.] (2006). *Global integration and technology transfer*, Washington D.C.: The World Bank.
堀井健三［編］（1990）．マレーシアの工業化─多種族国家と工業化の展開　アジア経済研究所
星野妙子［編］（2002）．発展途上国の企業とグローバリゼーション　アジア経済研究所
Hou, C.-M., & Gee, S. (1993). National systems supporting technical advance in industry: The Case of Taiwan. R. R. Nelson [ed.] *National innovation system: A comparative analysis*. New York: Oxford University Press.
Humphrey, J. (2003). Globalization and supply chain networks: The auto industry in Brazil and India. *Global Networks*, **3**(2), 121-141.
Humphrey, J., & Schmitz, H. (2002). How does insertion in global value chains affect upgrading in industrial clusters? *Regional Studies*, **36**(9), 1017-1027.
今井賢一（1984）．技術革新からみた最近の産業政策　小宮隆太郎・奥野正寛・鈴村興太郎［編］日本の産業政策　東京大学出版会, pp.181-204.
今井健一（2006）．中国地場系携帯電話端末デザインハウスの興隆─産業内分業の新たな担い手　今井健一・川上桃子［編］東アジアのIT機器産業─分業・競争・棲み分けのダイナミクス．アジア経済研究所, pp.137-170.
今井健一・川上桃子［編］（2006）．東アジアのIT機器産業─分業・競争・棲み分けのダイナミクス　アジア経済研究所
今岡日出紀・大野幸一・横山　久（1985）．中進国の工業発展─複線型成長の論理と実証　アジア経済研究所
井上隆一郎・浦田秀次郎・小浜裕久［編］（1990）．東アジアの産業政策─新たな開発戦略を求めて　日本貿易振興会
伊藤元重・清野一治・奥野正寛・鈴村興太郎（1988）．産業政策の経済分析　東京大学出版会
伊藤正二［編］（1983）．発展途上国の財閥　アジア経済研究所
伊藤正二［編］（1988）．インドの工業化─岐路に立つハイコスト経済　アジア経済研究

所
Ivarsson, I., & Alvstam, C. G. (2005). Technology transfer from TNCs to local suppliers in developing countries: A study of AB Volvo's truck and bus plants in Brazil, China, India, and Mexico. *World Development*, **33**(8), 1325-1344.
Ivarsson, I., & Alvstam, C. G. (2010). Supplier upgrading in the home-furnishing value chains: An empirical study of IKEA's sourcing in China and South East Asia. *World Development*, **38**(11), 1575-1587.
岩崎育夫 (1990). シンガポールの華人系企業集団 アジア経済研究所
Jacobsson, S. (1993). The length of the infant industry period: Evidence from the engineering industry in South Korea. *World Development*, **21**(3), 407-419.
Johnson, C. (1982). *MITI and the Japanese Miracle: The growth of industrial policy, 1925-75*. Stanford, CA: Stanford University Press. (ジョンソン, C./矢野俊比古 [監訳] (1982). 通産省と日本の軌跡 TBSブリタニカ)
川上桃子 (2011). 東アジアの生産分業と企業間リンケージ 和田春樹 [他編], 東アジア近現代史 10 和解と協力の未来へ 岩波書店, pp.201-216.
Keller, W. (2004). International technology diffusion. *Journal of Economic Literature*, **42**(3) (September), 752-782.
Kim, C.-O., Kim, Y. K., & Yoon, C.-B. (1992). Korean telecommunications development: Achievements and cautionary lessons. *World Development*, **20**(12), 1829-1841.
Kim, K. S. (1985). Lessons from South Korea's experience with industrialization. V. Corbo, A. O. Krueger and F. Ossa [eds.] *Export-oriented development strategies*, Boulder, CO: Westview Press.
Kim, L. (1993). National system of industrial innovation: Dynamics of capability building in Korea. R. R. Nelson [ed.] *National innovation system: A comparative analysis*. New York: Oxford University Press.
Kim, L., & Nelson, R. R. (2000). Introduction. L. Kim & R. R. Nelson [eds.] *Technology, learning, and innovation: Experiences of newly industrializing economies*. Cambridge, New York: Cambridge University Press, pp.1-9.
Kim, L., & Nelson, R. R. (2000). *Technology, learning, and innovation: Experiences of newly industrializing economies*. Cambridge, New York: Cambridge University Press.
清川雪彦 (2009). 近代製糸技術とアジア―技術導入の比較経済史 名古屋大学出版会
小池賢治・星野妙子 [編] (1993). 発展途上国のビジネスグループ アジア経済研究所
小池洋一・川上桃子 [編] (2003). 産業リンケージと中小企業―東アジア電子産業の視点 アジア経済研究所
小宮隆太郎・奥野正寛・鈴村興太郎 [編] (1984). 日本の産業政策 東京大学出版会
Krueger, A. (1978). *Foreign trade regimes and economic development: Liberalization attempts and consequences*. New York: National Bureau of Economic Research.
Kwon, J. (1994). The East Asia challenges to neoclassical orthodoxy. *World Development*, **22**(4), 635-644.

Lall, S. (1987). *Learning to industrialize:: the acquisition of technological capability by India*. Basingstoke, UK: Macmillan Press.
Lall, S. (1991). Explaining industrial success in the developing world. V. N. Balasubramaniam & S. Lall [eds.] *Current issues in development economics*. Houndmills and London: Macmillan Press, pp.118-155.
Lall, S. (1994). The East Asian miracle: Does the bell toll for industrial strategy? *World Development*, **22**(4), 645-654.
Lall, S. (2000). Technological change and industrialization in the Asian newly industrializing economies: Achievements and challenges. L. Kim & R. R. Nelson [eds.] *Technology, learning, and innovation: Experiences of newly industrializing economies*. Cambridge, New York: Cambridge University Press, pp.13-68.
Lee, K.-R. (2000). Technological learning and entries of user firms for capital goods in Korea. L. Kim & R. R. Nelson [eds.] *Technology, learning, and innovation: Experiences of newly industrializing economies*. Cambridge, New York: Cambridge University Press, pp.170-192.
Lemoine, F., & Unal-Kesenci, D. (2004). Assembly trade and technology transfer: The case of China. *World Development*, **32**(5), 829-850.
Little, I. M. D. (1982). *Economic development: Theory, policy and international relations*. New York: Basic Books.
Liu, B. J. (2011). MNEs and local linkages: Evidence from Taiwanese affiliates. *World Development*, **39**(4), 633-647.
Lucas, R. E. Jr. (1993). Making a miracle. *Econometrica*, **61**(2)(March), 251-271.
丸川知雄（2007）．現代中国の産業　中公新書
Mathews, J. A., & Hu, M.-C. (2007). Enhancing the role of universities in building national innovative capacity in Asia: The case of Taiwan. *World Development*, **35**(6), 1005-1020.
Mendoza, R. U. (2010). Trade-induced learning and industrial catch-up. *Economic Journal*, **129** (August), F313-F350.
三平則夫［編］（1990）．インドネシア—輸出主導型成長への展望　アジア経済研究所
Milner, C. (1988). Trade strategies and economic development: Theory and evidence. D. Greenaway [ed.] *Economic development and international trade*, London: Macmillan Education, pp.55-76.
Mowery, D. C., & Oxley, J. E. (1995). Inward technology transfer and competitiveness: The role of national innovation systems. *Cambridge Journal of Economics*, **19**, 67-93.
中兼和津次（2012）．開発経済学と現代中国　名古屋大学出版会
Nelson, R. R. [ed.] (1993). *National innovation system: A comparative analysis*. New York: Oxford University Press.
Nelson, R. R., & Pack, H. (1999). The Asian miracle and modern growth theory. *Economic Journal*, **109** (July), 416-436.
Nelson, R. R., & Winter, S. G. (1982). *An evolutionary theory of economic change*.

Cambridge, MA. and London: Belknap Press.
Nolan, P. (2002). China and the global business revolution. *Cambridge Journal of Economics*, **26**, 119-137.
Nolan, P., & Xiaoqiang, W. (1999). Beyond privatization: Institutional innovation and growth in China's large state-owned enterprises. *World Development*, **27**(1), 169-200.
大原盛樹 (2002). 中国—白物家電産業における海爾（ハイアール）グループのグローバル展開と競争優位　星野妙子 ［編］ 発展途上国の企業とグローバリゼーション　アジア経済研究所, pp.249-305.
Odagiri, H., & Goto, A. (1993). The Japanese system of innovation: Past, present, and future. R. R. Nelson ［ed.］ *National innovation system: A comparative analysis*. New York: Oxford University Press, pp.76-114.
Pack, H. (2000). Research and development in the industrial development process. L. Kim & R. R. Nelson ［eds.］ *Technology, learning, and innovation: Experiences of newly industrializing economies*, New York: Cambridge University Press, pp.69-94.
Pack, H. (2006). Econometric versus case study approaches to technology transfer. B. Hoekman, & B. S. Javorcik ［eds.］ *Global integration and technology transfer*, Washington D.C.: The World Bank.
Pack, H., & Saggi, K. (2006). Is there a case for industrial policy? A critical survey. *World Bank Research Observer*, **21**(2)(Fall), 267-297.
Pack, H., & Westphal, L. E. (1986). Industrial strategy and technological change: Theory and reality. *Journal of Development Economics*, **22**, 87-128.
Park, T.-Y., Chonug, J.-Y., & Min, H.-G. (2008). The cross-industry spillover of technological capability: Korea's DRAM and TFT-LCD Industries. *World Development*, **36**(12), 2855-2873.
Pietorbelli, C., & Rabellotti, R. (2011). Global value chains meet innovation systems: Are there learning opportunities for developing countries? *World Development*, **39**(7), 1261-1269.
Robinson, J. A. (2011). Industrial policy and development: A political economy perspective. The World Bank *Annual World Bank conference on development economics: 2010 global*. Washington D.C.: The World Bank, pp.61-79.
Rodrik, D. (1995). Getting Intervention Right: How South Korea and Taiwan Grew Rich. *Economic Policy*, **20** (April), 55-107.
Romer, P. M. (1992). Two strategies for economic development: Using ideas and producing ideas. The World Bank *Proceedings of the World Bank annual conference on development economics 1992*, pp.63-115.
Romer, P. M. (1994). The origins of endogenous growth. *Journal of Economic Perspectives*, **8**(1)(Winter), 3-22.
Sachs, J. D. (1987), Trade and exchange rate policies in growth-oriented adjustment

programs. V. Corbo, M. Goldstein & M. Khan [eds.] *Growth-oriented adjustment programs*, IMF/The World Bank, 291-325.

Saggi, K. (2002). Trade, foreign direct investment, and international technology transfer: A survey. *World Bank Research Observer*, **17**(2) (Fall), 191-235.

佐藤　創［編］（2008）．アジア諸国の鉄鋼業―発展と変容　アジア経済研究所

佐藤幸人（2002）．台湾―エイサーの戦略とグローバリゼーション　星野妙子［編］発展途上国の企業とグローバリゼーション　アジア経済研究所，pp.307-334．

佐藤幸人（2007）．台湾ハイテク産業の生成と発展　岩波書店

佐藤幸人［編］（2008）．台湾の企業と産業　アジア経済研究所

佐藤幸人［編］（2010）．アジアの産業発展と技術者　アジア経済研究所

佐藤百合・大原盛樹［編］（2006）．アジアの二輪車産業―地場企業の勃興と産業発展ダイナミズム　アジア経済研究所

Smeets, R. (2008). Collecting the pieces of the FDI knowledge spillovers puzzle. *World Bank Research Observer*, **23**(2) (Fall), 107-138.

Steinfeld, E. S. (2004). China's shallow integration: Networked production and the new challenges for late industrialization. *World Development*, **32**(11), 1971-1987.

末廣　昭（2000）．キャッチアップ型工業化―アジア経済の軌跡と展望　名古屋大学出版会

末廣　昭（2006）．ファミリービジネス論―後発工業化の担い手　名古屋大学出版会

末廣　昭（2008）．進化する多国籍企業　岩波書店

末廣　昭・安田　靖［編］（1987）．タイの工業化―NAICへの挑戦　アジア経済研究所

谷浦孝雄［編］（1988）．台湾の工業化―国際加工基地の形成　アジア経済研究所

谷浦孝雄［編］（1989）．アジアの工業化と直接投資　アジア経済研究所

Teece, D. J. (2000). Firm capabilities and economic development: Implications for newly industrializing economies. L. Kim & R. R. Nelson [eds.] *Technology, learning, and innovation: Experiences of newly industrializing economies.* Cambridge, New York: Cambridge University Press, pp.105-128.

Thompson, E. R. (2002). Clustering of foreign direct investment and enhanced technology transfer: Evidence from Hong Kong garment firms in China. *World Development*, **30**(5), 873-889.

戸堂康之（2008）．技術伝播と経済成長―グローバル化時代の途上国経済分析　勁草書房

Wade, R. (1990). *Governing the market: Economic theory and the role of government in East Asian industrialization.* Princeton, NJ: Princeton University Press.（ウェード，R.／長尾伸一［他訳］　東アジア資本主義の政治経済学　同文館）

若杉隆平（1986）．技術革新と研究開発の経済分析―日本の企業行動と産業政策　東洋経済新報社

Westphal, L. E. (1990). Industrial Policy in an Export-Propelled Economy: Lesson from South Korea's experience. *Journal of Economic Perspectives*, **4**(3) (Summer), 41-59.

Westphal, L., & Kim, K. S. (1982). Korea. B. Balassa et.al., *Development Strategies in Semi-Industrial Economies*, Baltiomore, MD: The John Hopkins University Press.
渡辺利夫（1982）．現代韓国経済分析　勁草書房
Whang, Y.-K., & Hobday, M. (2011). Local 'the bed' market demand in the transition to leadership: The case of the Korean mobile handset industry. *World Development*, **39**(8), 1358-1371.
Williamson, O. E. (1975). *Market and hierarchies: Analysis and antiturst implications.* New York: The Free Press.（ウィリアムソン，O. E.／浅沼万里・岩崎　晃［訳］（1980）．市場企業組織　日本評論社）
Williamson, O. E. (1985). *The economic institutions of capitalism: Firms, markets, related contracting.* New York: The Free Press.
Williamson, O. E., & Winter S. G. eds. (1993). *The nature of the firm: Origins, evolution, and development.* New York and Oxford: Oxford University Press.
Wilson, D., & Purshothaman, R. (2003). *Dreaming with BRICs: The path to 2050.* Global Economic Paper **59**.
World Bank (1993). *The East Asian miracle: Economic growth and public policy.* New York: Oxford University Press.（世界銀行／白鳥正喜［監訳］（1994）．東アジアの奇跡―経済成長と政府の役割　東洋経済新報社）
Wu, W. (2007). Cultivating research universities and industrial linkages in China: The case of shanghai. *World Development*, **35**(6), 1075-1093.
山下彰一・ユスフ，S.［編］（2008）．躍進するアジアの産業クラスターと日本の課題　創文社
Yeung, H.W.-C., Liu, W., & Dicken, P. (2006). Transnational corporations and network effects of a local manufacturing cluster in mobile telecommunications equipment in China. *World Development*, **34**(3), 520-540.
吉海正憲（1985）．日本の産業技術政策―国際競争力と技術革新の研究　東洋経済新報社
Yusuf, S. [ed.] (2003). *Innovative East Asia: The future of growth.* Washington D.C.: The World Bank.（ユスフ，S.［他］／関本勘次・近藤正規［訳］（2005）．東アジアのイノベーション―成長への課題　シュプリンガー・フェアラーク東京）
Yusuf, S., Nabeshima, K., & Perkins, D. H. (2007). China and India reshape global industrial geography. L. A. Winters & S. Yusuf [eds.] *Dancing with giants: China, India, and the global economy*, Washington D.C. The World Bank and The Institute of Policy Studies (Singapore), pp.35-66.
Zhou, Y. (2008). Synchronizing export orientation with import substitution: Creating competitive indigenous high-tech companies in China, *World Deuelopment*, **36**(11), 2353-2370.

02 アジア工業化・経済発展の世界経済的フレームワークとその転換

河村哲二

1 アジアの工業化・経済発展と世界経済的フレームワーク

● 1-1 「成長するアジア」の登場と戦後パックス・アメリカーナの転換

　アメリカのサブプライム問題に端を発し，2008年秋のいわゆる「リーマン・ショック」前後から急速に悪化したアメリカ発のグローバル金融危機・経済危機は，「百年に一度」「大恐慌以来最悪」と評され（Greenspan, 2008），アジアの経済成長・工業化プロセスにも大きな長期的インパクトを与えている。2008年秋から本格化した主要国の緊急景気対策で，2010年にかけて世界経済はひとまず回復に向かう一方，中国を始め新興経済が高水準の成長を続けたため，新興経済が先進国経済とは切り離されても自前の成長が可能であるとの「デカップリング」論が浮上していた。長期的趨勢で見ると，欧米・日本などの先進諸国地域の長期的成長力の後退に対し，中国，インド，東南アジア，さらにブラジルなどの新興経済地域への世界的「パワーシフト」が注目されている（たとえば，Zakaria, 2009 など）。しかし，実際には，2010年秋から深刻化した EU・ユーロゾーンの財政・金融危機で，今や危機の「第二幕」を迎えるに至って，中国を始め，インド，ブラジルその他の新興経済地域の経済成長が鈍化している。新興経済地域の経済成長は，やはり世界経済との密接な連関抜きには難しいことが示されている。

　70年代後半から工業化と経済発展で先行した韓国，台湾，香港，シンガポールのアジア NIEs，80年代後半からアセアン諸国，さらに「改革開放」路線の追求と社会主義市場経済化を標榜する中国が，90年代から顕著な経済発展と工業

化を遂げ，さらにインドも90年代初め以降，高い成長を維持してきた。70年代に同じく新興工業化諸国（NICs）として登場した南米などその他の地域に比べ，こうした「成長するアジア」の成功は際立っている。なぜアジアが「世界の成長センター」に発展できたのであろうか。先進国への「キャッチアップ」を目指す政府開発政策を含む，各国・各地域内の内発的な諸条件が重要であるのはいうまでもない。しかし，これまでさまざまに議論されてきたように，「成長するアジア」（中国を含む北東アジアおよび東南アジア）の顕著な工業化と経済発展の成功は，積極的な外資導入を通じた「輸出志向工業化」開発戦略のもとで実現されてきたものであった。その意味で，世界経済的フレームワークとその転換との密接な相互作用のなかで実現されてきたものであったのである。

EU・ユーロ地域の財政・金融危機で第二幕を迎えている今回のグローバル金融危機・経済危機は，「成長するアジア」の世界経済的フレームワークを再び大きく転換させている。「成長するアジア」の今後を展望するにも，これまで，アジアの工業化・経済発展を可能とし，「世界の成長センター」として登場させてきた世界経済的なフレームワークが改めて明らかにされる必要がある。

しかも，この間約30年にわたり，そうしたダイナミズムの最も基本にあったのは，アメリカおよび世界的なグローバル経済化であった。それは，大きな視点から見ると，アメリカが主導して確立されていた戦後の世界経済の政治経済秩序（戦後パックス・アメリカーナ）の衰退と転換によるものとみることができる。そうした事態に対応したアメリカの主要企業，金融の動きが最大の震源となって，企業，金融，情報のグローバル化と，政府機能の自由主義的な転換を伴いながら，世界的に経済グローバル化が進んだ。その結果，90年代になると，グローバルに経済成長を促す仕組みとして，アメリカを軸とする「グローバル（経済）成長連関」と呼ぶべき関係が現れた。

実際には，今回のグローバル金融危機は，そうした仕組みそのものが大きく危機に陥ったとみることができるが，この間の30年間，そうしたダイナミズムの作用こそ，アジアNIEs，アセアン（ASEAN，東南アジア諸国連合）諸国，さらに中国，インド，その他の新興経済地域を含め，工業化と経済発展の世界経済的フレームワークとして最も重要である。

こうした視点からみると，「成長するアジア」の登場とその転換の世界経済的

フレームワークとして，大きく3つが区別できる．
① 「太平洋トライアングル」構造とその深化[1]——1970〜80年代，最も初期から現れ，90年代には「グローバル成長連関」のサブシステムとなる．
② アメリカを軸とした「グローバル成長連関」の出現——経済グローバル化の進展を通じて，90年代に登場．
③ 今回のグローバル金融危機・経済危機とその後——2008年夏から深刻化し現在に到る．

第3の局面は，現在進行中であるが，アメリカを軸とした「グローバル成長連関」そのものが危機に陥り，大きな転換を迎えつつある事態である．それは，「成長するアジア」の今後を大きく左右する大きな影響を与えている．

2 1970年代〜80年代の東アジア経済発展の世界経済的枠組みとその変遷

● 2-1 日米不均衡の拡大と「太平洋トライアングル」構造の出現

まず，第1の局面からみよう．基本的な構図は図2-1に示してあるが，直接には，「太平洋トライアングル」構造の出現は，80年代にとみに深刻化した日米経済の不均衡の拡大による，日米貿易摩擦と円高の進行を最大の動因としたものであった．それをもたらしたのは，「レーガノミックス」を直接の原因として1980年代に現れたアメリカの深刻な「双子の赤字」の出現と「ドル不安」の進行という，構造的な問題であった．

戦後世界の政治経済秩序は，アメリカの圧倒的な経済力，政治・軍事力を軸に形成された，パックス・アメリカーナの世界政治経済体制を基本構造とするものであった（河村，1995; 2003a など）．そこには，米ソ対立を軸とする戦後冷戦構造が組み込まれていた．東アジア・東南アジア地域の冷戦構造は，と

---

[1] 戦後パックス・アメリカーナの衰退と「太平洋トライアングル」構造の出現の関連については，河村（2003b：pp.366-370）でも詳しく論じている．また，「太平洋トライアングル構造」というとらえ方については，経済企画庁（1988）および涂照彦（1988, 1990, 2000）などがある．末廣（2010）もみよ．90年代のアメリカ経済の長期拡大とグローバル資本主義化の関係については，河村（2008, 2010）で論じている．

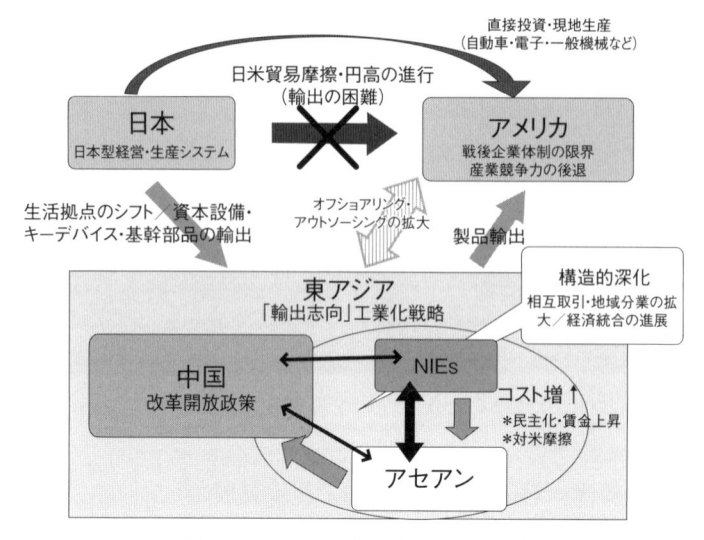

図 2-1 「太平洋トライアングル構造」の出現とその深化の構造

[図：日本・アメリカ・東アジア（中国・NIEs・アセアン）間の関係を示す概念図]

- 日本→アメリカ：日米貿易摩擦・円高の進行（輸出の困難）
- 日本：日本型経営・生産システム
- アメリカ：戦後企業体制の限界、産業競争力の後退
- 日本→アメリカ：直接投資・現地生産（自動車・電子・一般機械など）
- 生活拠点のシフト／資本設備・キーデバイス・基幹部品の輸出
- オフショアリング・アウトソーシングの拡大
- 製品輸出
- 東アジア「輸出志向」工業化戦略
- 中国：改革開放政策
- NIEs
- アセアン
- 構造的深化：相互取引・地域分業の拡大／経済統合の進展
- コスト増↑ ＊民主化・賃金上昇 ＊対米摩擦

Ⓒ Tetsuji Kawamura, 2013, all rights reserved.

りわけ中華人民共和国の成立と朝鮮戦争とを最大の画期としてアメリカに主導されて確立し，朝鮮半島，台湾，および今日アセアンを形成するインドシナ半島諸国や東南アジア地域も，東アジアの冷戦構造を軸に戦後パックス・アメリカーナ秩序の中に組み込まれた。その点は，戦後日本も基本的には同様であった。とりわけ中国は，冷戦構造のなかで，アメリカによる「封じ込め」を通じて，そうした秩序から排除されていたというネガティブな形で，戦後世界のパックス・アメリカーナ秩序を構成する位置に置かれた。それが，その後の冷戦構造の中での中ソ対立の問題も含めて，建国後の中国の国内政治経済システムに決定的な影響を与えた[2]。

しかし，戦後パックス・アメリカーナ秩序は，アメリカの戦後基幹産業――自動車，電機，一般機械，鉄鋼など――の産業競争力の低下を基本原因としながら，戦後アメリカの「持続的成長」の構造とメカニズムが機能不全を起こしたことによって，60年代末から大きく動揺し，70年代後半以降大きく転換した。それが，

---

[2] 冷戦構造と中ソ対立との関連で，毛沢東時代の工業化戦略については，呉（2002）をみよ。

アジアを含め，世界的に大きな転換と再編のインパクトを与えることになった。

アメリカ経済は，1960年代後半から，ベトナム戦争を大きなインパクトとしてインフレを高進させながら，戦後経済の基軸を占めた自動車，電機，一般機械，鉄鋼など，「中位技術」部門の基幹産業において，戦後企業体制の内的限界が顕在化し，国際競争力の低下が進行した。国際収支の悪化が進み，その結果，ドル危機が高進して，1971年8月のニクソン声明による金・ドル交換制停止を経て，最終的には70年代半ばに，「固定相場制」と金・ドル交換制を基盤とした戦後のIMF＝ドル体制の崩壊を招いた。ドル危機と第一次オイルショックによって世界的にインフレが大きく加速され，その反動として生じた1974～75年の「戦後最大の不況」（当時）以降，スタグフレーション現象が現れるとともに，戦後の持続的成長の時代が終わりをつげ，アメリカは非常に深刻な産業競争力の後退と空洞化問題に直面した（Cohen & Zysman, 1988）。また，75年のベトナムからの撤退が象徴する政治・軍事的優位の後退を生じた。戦後パックス・アメリカーナ秩序は，内外で大きな限界に直面し，転換を余儀なくされたのである。

80年代初頭のレーガン政権と「レーガノミックス」は，大きくみれば，70年代末までに大きく進んだそうした事態，つまり戦後アメリカの「持続的成長」のシステムが行き詰まり，戦後パックス・アメリカーナが衰退に向かう趨勢を逆転する課題を背負って登場したものといってよい。しかし，その直接の帰結は，80年代に進んだ「双子の赤字」と「ドル不安」であった。「レーガノミックス」は，市場を重視する新自由主義の理念と「サプライ・サイダー」（供給重視の経済学）を掲げて「小さな政府」を標榜し，経済再活性化の手段として税制改革と大幅減税を進めた。他方，SDI（戦略防衛計画）など軍備増強をはかる「レーガン軍拡」を推進した。いずれも「強いアメリカ」の再興を目指すものであったが，実際には福祉支出削減には失敗し，連邦政府財政支出が膨らんだ。その結果，大きな連邦財政赤字を生じた。そのため金利が高止まり，外国資金の流入による「ドル高」が，国内産業競争力を削いだ。主要企業の製造拠点・事業拠点の海外移転が促進され，それと相まって，アメリカの貿易赤字は大きく拡大し，経常収支も大幅な赤字を生じた。こうして「双子の赤字」構造が定着すると共に，80年代半ばには，第一次大戦期以来，初めて純債務国に転

じ,「ドル不安」が浮上するにいたった (Marris, 1985 など)。

こうしたアメリカの動向が「太平洋トライアングル」構造の出現の大きな動因となったが,そのもう一方の主役は,対照的に良好なパフォーマンスを示した日本経済とその主要企業であった。「日本型経営・生産システム」によって,自動車,電機,一般機械など「加工組立型」産業が大きな競争力優位を発揮した。それは,日本経済がオイルショックによる高コストと低成長という経済環境の激変のなかで,70年代後半に先進国経済に共通に現れたスタグフレーションをいち早く克服する原動力となったが,同時に,74〜75年の「戦後最大の不況」(当時)による内需の落ち込み,70年代末の第二次オイルショックとインフレの高進,80年代初頭の世界的不況という一連の事態のなかで,自動車,電機,一般機械など,日本の基幹的な加工組立型産業の主要企業は,国際競争力優位を基盤に,アメリカ,西ヨーロッパに対し「集中豪雨的」な輸出ドライブをかけた。日本は,自動車,電機,一般機械を軸に,膨大な貿易黒字・経常収支黒字を累増させた。アメリカの貿易赤字のほとんどを対日赤字が占めた。その6割は自動車,電機によるもので,一般機械を加えるとほとんどすべてがこれら3業種によるものとなった。

各種の対日輸入規制措置が実行されたが[3],日米不均衡は解消せず,80年代には日米貿易摩擦が激しさを増し,変動相場制のもとで著しい円高が進んだ。こうして対米輸出が困難を増すなか,日本の主要製造企業(とくに自動車,電機,一般機械の加工組立型主要三産業)は,現地生産の拡大で対応した。日本の製造企業は,多国籍企業化とグローバル化の道を突き進むことになったが,それ

---

3) すでに1960年代から各種規制が導入されていた繊維,鉄鋼に続き,1970年代後半には,カラーテレビに関する「市場秩序維持協定」(OMA)によって,日本のカラーテレビの輸出自主規制が導入され,81年には自動車の「輸出自主規制」(1981年に対米輸出上限168万台,その後230万台へかさ上げされ,1980年代末まで継続),日米半導体協定(1984年),その他にも,鉄鋼その他製品に対するアンチダンピングやセーフガード措置,農産物問題(牛肉,オレンジ問題,さらにはコメの市場開放問題等へと展開),さらには,包括貿易法(1989年,とりわけスーパー301条による不公正貿易国に対する一方的制裁措置),日米構造協議による,日本の構造的問題への圧力(金融市場の開放,資本系列問題,流通機構問題など)などが進行し,こうして対米輸出は著しく困難化していったのである。詳しくは,河村(2003a: 254-55; 2003b: 368-370)を参照。

は，日本型経営・生産システムを現地工場へと移植して優位を維持しつつ，貿易摩擦・「円高」を直接（アメリカにおける現地生産）・間接（アジア等からの迂回輸出）を通じて回避することを最大の動機として進んだといってよい。一つは，自動車産業を中心とする在米現地生産の拡大であったが，もう一つの大きな動向が，とりわけ電機・電子産業を中心に，東アジア・東南アジアに対する直接投資と現地生産の拡大（一部はメキシコのマキラドーラ制度を活用）を通じて，迂回的に対米輸出する道であった。これが，日本から，生産設備・基幹部品・資材を東アジア・東南アジアの生産拠点工場に輸出し，製品をアメリカ市場に輸出するという「太平洋トライアングル」構造を形成する基本的な関係であったのである。

　同時に，アメリカ主要企業のグローバル化も加速した。80 年代前半（「プラザ合意」前）の「ドル高」と賃金・エネルギーコスト高による輸出競争力の低下，国内市場では日本，西ドイツ等のヨーロッパ企業との競争が激化し，市場の不確実性が増し，かつての「成熟した寡占体制」の維持は著しく困難となった。そのため，アメリカ主要企業は，国境を越えたアウトソーシング（外部調達）とオフショアリング（海外生産）の動きを加速し，その受け皿が日系企業進出を軸に工業化を加速した NIEs，次いでアセアン，さらに社会主義計画経済から市場経済化へと踏み出した中国へと向かうことになった。

　同時に「双子の赤字」構造に，さらに 80 年代後半のマネーゲーム的な金融拡大が加わった，アメリカの巨大なアブソープション機能が，そうした動きに大きなフレームワークを与え続けた。1990 年代になると，80 年代の国内企業システムの再編の成果の上に 90 年代後半から「IT ブーム」に牽引され，2001 年初めまで続いたアメリカの「史上最長」の経済拡大が，アセアン域内取引と中国沿海部の拡大を通じて深化していった「太平洋トライアングル」構造を支え続けた。しかし，それは続いてみるように，「太平洋トライアングル構造」が，アメリカを軸として発展し，90 年代に姿を現したより大きなグローバルな経済成長の仕組みである「グローバル成長連関」の重要な一部となったことを意味していた。

3 「太平洋トライアングル」構造の深化と「世界の成長センター」としての東アジアの出現

● 3-1　輸出生産拠点のアセアンシフトと「太平洋トライアングル」構造の深化

　こうして，戦後パックス・アメリカーナの衰退と転換が進むなかで，70年代後半から顕著に拡大していった日米不均衡とそれに対応する主要日本企業の動向が，80年代から「太平洋トライアングル」構造を出現させた。それが，70年代を境に，とくに80年代からアジア諸国・地域の著しい工業発展・経済発展の世界経済的フレームワークを与えたといってよい。アジアNIEsに始まる「成長するアジア」の登場は，そうした世界経済的環境条件の進展のなかで，輸出加工区の設置とインフラの拡充，租税優遇など各種外資優遇措置や為替制度の整備などを中心とする輸出志向工業化開発戦略を通じて[4]，それぞれの内発的諸条件と接合されながらも，生産，流通，投資・金融の面で，日米欧その他の外資進出に大きく依存して，グローバルな市場経済に組み込まれることによって達成されたものであったのである。「太平洋トライアングル」構造は，そうした発展の初期に大きなスプリングボードを与えるものとなったのである。

　まず，韓国，台湾，香港，シンガポールのアジアNIEsが工業化・経済発展を実現していったが，さらに80年代から90年代にかけて，アセアンへの工業化・経済発展の波及とそれに伴う域内取引・分業関係の深化が進んだ。いわゆる「太平洋トライアングル」構造の深化といわれる事態が進んだ[5]。そうしたダイナミズムは，さらに，1978年に「改革開放」政策に転換した中国が，外資依存の輸出志向工業化戦略を通じて，とくに90年代に入って沿海部を中心に工業化・経済発展を大きく加速する最大の動因として作用したのである。

　ではなぜ，NIEsからアセアンへのシフトが生じたのであろうか？　それは，主に次の2つの要因が作用したものであった。第1に，80年代末にかけて，輸出製造拠点としてアジアNIEsの限界が大きく表面化したことである。韓国，台湾などアジアNIEsでは，もともと人口規模に限界があるところに，急速な

---

[4] 台湾は，60年代半ばに，最も早く輸出加工区を設置し，輸出志向工業化戦略を追求した（隅谷他, 1992）。

工業化と経済発展によって，民主化・労働運動の高揚とも関連して，賃金上昇，対米貿易摩擦の激化と為替上昇が生じた。

　台湾では，対米貿易黒字の拡大に伴い，アメリカとの貿易摩擦が拡大した。国民党政府と密着した官業独占体が主に国内市場向けなのに対し，輸出企業は中小企業という事情も加わり，国民党政権は，国内市場開放よりも元切り上げを優先した。そのため，台湾の対ドル為替相場は，86年〜89年にかけて45.9％も上昇した――韓国ウォンも同様に28.5％上昇した。対外通商面でも自由化が進められ，「政府介入から民間主導型への転換」が図られて，86年には「工業発展法」の7つの個別産業育成法が廃止され，金融支援は工業発展基金に一本化された。89年には保護対象産業は織物のみとなった。88年には，輸入自由化率は95.4％に高まった（輸入制限品目は80年の2282品目から88年には362品目へ激減）。結局，賃金上昇・労務コストの上昇と為替相場上昇および政府支援の縮小で，輸出競争力は大きく減殺された。そのため，外資，とりわけ日本の労働集約型産業の企業が生産拠点をアセアン地域に求める動きが加速された（隅谷他, 1992）。

---

5) 以下「太平洋トライアングル構造の深化」については，河村（2003b: 373-379）で，数字・データの出所等も含めて論じている。1981〜87年の6年間の台湾の名目賃金上昇は51％に達した（1977〜81年では22％）。蒋介石総統の死後進められた民主化，とくに，1987年の戒厳令解除後，労働争議が拡大し，争議件数は，87年には1609件，88年には1314件，89年には1943件に上り，損失労働日は，それぞれ，1614日，8967日，2万4157日に及んだ。韓国の状況はより厳しかった。1980年に全斗煥政権が誕生し，政治的には権威主義的体制を維持しながらも経済的には民主化が追求され始めたが，1980年代前半，いわゆる「三高現象」（ウォン高，原油高，国際的高金利）によって経済環境は困難を増した。輸出の伸びが低下し，対外債務も累積した（1985年に468億ドル）。1985年9月の「プラザ合意」以降は状況が一変し，円高・ドル安，金利の低下，原油安 という「三低景気」に湧き，1986年には2桁成長を遂げ，貿易収支と経常収支が本格的に黒字化した。88年には貿易黒字は141億ドルに達し，1989年まで拡大した。しかし，この「三低景気」による成長の加速で，賃金が急速に上昇し，これに，政治的自由化・民主化が加わった。1987年の「6.29民主化宣言」によって，「権威主義的体制から民主主義体制への転換」が謳われ，1988年には，初めて大統領選挙を通じて盧泰愚政権が登場し，さらに民主化機運が高まった。労働運動が高揚し，労働争議が拡大し，やはり製造拠点として大きく不利な条件が増していったのである。隅谷他（1992），法政大学大原社会問題研究所編（1998），法政大学比較経済研究所（1991）など。

第2に，1985年9月の「プラザ合意」を境にして80年代後半から進んだ極端な円高の進行によって，さらにコスト削減を求める日本企業の生産拠点のアセアンシフトの動きが大きく加速した。80年代前半（240～280円）と比べ，円の対ドル相場は倍以上へと上昇した——この時期のピークは1994年の79円。また，日本では，国内経済のバブルの発展で，労働力不足・賃金上昇が加速される一方，土地・不動産と株価上昇によって資金調達が容易になったため，「ジャパンマネー」は，80年代末にかけて急速かつ大幅にふくれ上がり，直接投資としても，東アジア・東南アジア地域に大きく流入を加速した（経済産業省, 2002）。

　タイ，マレーシア，インドネシアを中心に，自動車，電機，一般機械などの日本製造企業の積極的な現地生産の拡大が，アセアン地域の急速な経済発展と工業化の加速の大きな原動力となった。アセアン地域の物流・情報・金融・技術といった面で，仲介，センター機能を担うことになったシンガポールは，製造拠点としての位置からそうした機能にシフトし，一段の発展を遂げた。NIEsは，中位技術製品の生産拠点としての性格を強め，地場企業のアセアンへの直接投資も拡大した。

　こうした展開の結果，日系現地進出企業の部品調達ネットワークや製品市場の分業関係・棲み分け戦略を大きな軸とし，技術移転や人材形成のスピンオフ効果による現地企業の発展も加わって，東アジア，東南アジア諸国・地域の相互貿易が急速に拡大した。さらに，中国工業化による競合圧力，さらには97年のアジア・通貨金融危機が大きな促進要因となって，88年の自動車部品相互補完（BBC）スキームを皮切りに，その後, 90年代には，アセアン工業協力協定（ASEAN Industrial Cooperation Scheme: AICO），などの域内相互補完と分業関係の形成措置，さらには共通有効特恵関税（Common Effective Preferential Tariff: CEPT），AFTA（アジア自由貿易協定）による域内統合枠組みの促進，また，アセアン全体と韓国，日本，中国，インドなどとの個別FTA，EPA網の拡大という方向で，域内の経済統合化の方向が進んできた[6]。それは，「太平洋トライアングル」構造が一段と深化する意義をもつとともに，90年代から大きく加速した世界的なグローバル資本主義化の趨勢との関係でみれば，拡大ア

---

6) ひとまず，日本貿易振興機構海外調査部（2010）など。

セアンを含む東南アジア地域全体が、中国との競合が強まる中で、経済統合と域内分業を深化させて「グローバル成長連関」の「受け皿」の位置を強める動きとみることができる。

● 3-2　中国の「改革開放」政策と外資依存の輸出工業化戦略

中国のこの間の工業発展・経済発展も、とくに初期ほど、以上のような「太平洋トライアングル」構造の拡大と深化そのもののダイナミズムが作用したものと捉えられる。

中国は、文革の混乱が終熄した70年代末、最高指導者として復活した鄧小平のもとで79年に「改革開放」政策を宣言し、かつて70年代初めの韓国、台湾などのNIEs、次いでアセアン諸国が採用した「輸出志向工業化」政策の初期措置である自由貿易区（経済特区）を設置して、80年代から「改革開放」政策のもと、沿海部を中心に、外資に依存しつつ、急速に経済発展と工業化を遂げるに到った。その過程で、とりわけ90年代初めから、国有企業・金融システムの「現代化」を通じて、社会主義計画経済システムの改革と解体を推進し、著しい経済発展・工業化と市場経済化を達成した[7]。そこには、「太平洋トライアングル」構造の拡大と深化と同じダイナミズムが作用し続けてきたことがみてとれる。

とくに、90年代に入ると、アメリカ主導の金融自由化・金融革新と金融グローバル化が進行する中で、好況を続けたアメリカ年金基金やヘッジファンド等の潤沢な投資資金が流入した。そうした金融グローバル化と密接に関連した投機的資金の流入は、バンコクやクアラルンプール等、とりわけ中核都市部を

---

7) 中国は、1993年11月の中国共産党14期三中総で現代企業制度を確立する方針を打ち出し、1994年の百大国有大中型企業を指定して現代企業制度の試行をおこない、1996年には全国31省・自治区・直轄市の2343の国有企業、さらに後に2700社に拡大され、そのほとんどが株式制の改革を実施した（中人民網日本語版, 2002）。市場経済への移行の指標として、価格統制の終結と自由化の比率を見ると、2007末までに小売価格総額について、政府ガイド価格・政府価格は4.4%に対し、95.6%が市場決定価格へ移行した。農産物については、政府ガイド価格・政府価格が2.9%に対し、市場決定価格が97.1%、生産財については、政府ガイド価格・政府価格7.6%に対し市場決定価格92.4%となっている（The Development Research Center of the State Council, P. R. China（DRC）, 2010）。

中心に，サービスセクターの拡大や土地・不動産投機による生じ「バブル」的な経済拡大を生じた。その結果，急速な工業化と相まって，賃金上昇と労働力不足傾向が進んだ。中国の「改革開放」政策による対外開放，外資の積極的な導入政策に促進され，日系企業，欧米企業，さらには，それまでの工業化・経済発展で力をつけた台湾企業，韓国企業，香港企業，シンガポール企業なども，中国への生産拠点のシフトを大きく加速した。それは，日本を含む東アジア域内の経済的相互関連の発展をもたらす「太平洋トライアングル」構造がさらに深化したことを意味した（木村他，2002 など）。そうしたダイナミズムこそ，東アジア全域が，世界経済のなかで，大きく「世界の成長センター」としての地位を確立し，発展を続けるに至った，最大の動因を与えたものとみてよい。

しかし，そうした動きの延長上で，97 年夏に，タイ・バーツの暴落に端を発してアジア通貨・金融危機が発生した。通貨・金融危機が深刻であった韓国，タイ，マレーシア，インドネシアは，経済危機に陥った。インドネシア，フィリピンなどでは，為替の暴落とインフレが高進し，政治危機に発展した。台湾，中国，香港，シンガポール等は通貨・金融危機そのものは比較的軽かったが，経済の落ち込みは大きかった。

IMF（IMF, 1998）等が指摘しているように，1997 年アジア通貨・金融危機は，投機的な性格を含む外国短期資金の流入が不動産等のバブルを生む一方，アメリカ市場への依存と通貨のドル・リンクのもとで，中国の元切り下げ（1994 年）と相まって中国製品との競合が拡大したことで国際収支が悪化し，短期資金の流出が通貨・金融危機の引き金になって，「成長するアジア」の経済発展が，一頓挫を経験する事態となったものである。韓国やタイ，マレーシア，インドネシアなど，経済危機のインパクトで，国内政治の大きな転換——インドネシアでは長期独裁政権であったスハルト政権が崩壊した——も伴いながら，大幅な経済再編が進んだ。NIEs・アセアン全体としても，相互分業関係と経済連携・経済統合をさらに強化する方向へと進んだ。しかし，早くも 1999 年には，NIEs・アセアン諸国経済は急速な回復を見せた。これは，IT ブームによるアメリカの大きな経済拡張が最大の要因であった。

アジア通貨・金融危機の，こうした側面——アメリカのいわゆる「ファイナンシャライゼーション」（金融グローバル化，金融市場の投機的「カジノ化」を

伴う金融膨張の現象）と，それと密接に関連して90年代末に発展した「ITブーム」のバブル的発展——との関連を強くとらえると，東アジア・中国の急速な工業化・経済発展の世界経済的フレームワークとしては，さらに，90年代にとりわけ顕著となったアメリカの「グローバル資本主義化」によって出現したより広い世界経済的フレームワークとして，アメリカを軸とする「グローバル成長連関」が大きく作用しているとみるべきである。

さらに，2008年秋に大きく悪化したアメリカ発のグローバル金融危機・経済危機が与えたインパクトとその後の展開をみると，実際には，70年代を境にして出現した「太平洋トライアングル」構造は，そうした「グローバル成長連関」のいわばサブシステムとしての位置にあることが，一段と明確になっているといってよい。

4 「グローバル成長連関」の出現とグローバル金融危機・経済危機のインパクト

● 4-1　経済グローバル化の進展と「グローバル成長連関」の出現

アメリカを中心とする世界的な経済成長の仕組みである「グローバル成長連関」は，経済グローバル化——それは，戦後パックス・アメリカーナの衰退と転換のプロセスで70年代を境にして大きく進行した，アメリカの①企業・金融・情報グローバル化と，②政府機能の新自由主義的転換を最大の震源とした——の一つの帰結として出現した，《アメリカ−新興経済》関係を重要な部分として含む，アメリカおよびグローバルに経済成長を導く連関である[8]。それは，①企業・金融・情報グローバル化を通じて発展した「グローバル・シティ」機能とそのネットワークと，②「新帝国循環」——ドルの基軸通貨性に支えられ，銀行・投資銀行業の世界的金融ネットワークの発展と，グローバル金融センター・ニューヨークに集積した金融ファシリティを結節点とする世界的資金循環構造——が複合した関係である[9]。とくに，国際基軸通貨ドルによってニュー

---

[8] 《アメリカ−新興経済》関係を軸としたグローバル成長連関の出現と，その基本関係について，より詳しくは，河村（2008; 2010）をみよ。

44　第2章　アジア工業化・経済発展の世界経済的フレームワークとその転換

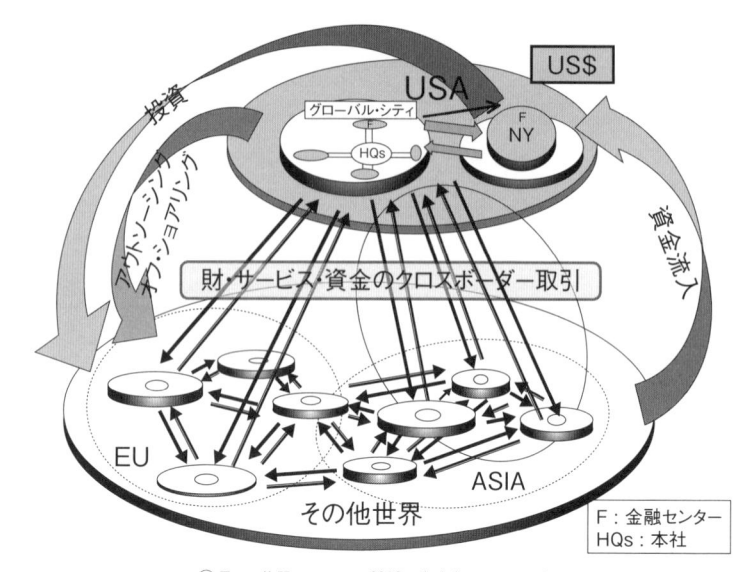

ⓒ Tetsuji Kawamura, 2013, all rights reserved.
図2-2　アメリカを軸とする「グローバル成長連関」の構図

ヨークに集中する国際決済機能を通じてニューヨークに累積するドル資金を原資とした著しい金融膨張を，成長の「エンジン」としていた。基本構図は，図2-2に示してあるが，そうした「グローバル成長連関」は，80年代はさまざまな動きが複合していて，必ずしもはっきりしなかった。しかし，90年代に入るとかなり明確に姿を現わしてくる[10]。

「グローバル・シティ」　「グローバル・シティ」機能とは，グローバル企業の世界的事業展開の戦略立案とグローバルな経営管理，研究開発機能などの中枢機能を果たす本社機能と経営組織を軸とし，それを支える金融や流通，法務，会計，情報などの専門事業サービスが集積し，さらにエンターテインメント，住宅その他の都市機能が一体となって発展したものである——R. ライシュが90年代初頭に事実上提起し（Reich, 1991），S. サッセンらが概念化した（Sassen, 2001など）。主要企業のグローバルな事業活動は，産業や業種，企業

---

9) この点については，各所で論じてきた。とくに河村（2005; 2008）。また河村（2003a; 2003b）などもみよ。

ごとに程度や形態は異なるが，製造，研究開発，サプライチェーン，あるいは販売や流通などのあらゆる事業活動の領域で展開され，事業関連の業務や専門サービスのグローバル・アウトソーシングやオフショアリングの拡大と，企業間の複雑な合従連衡・提携関係，クロスボーダーM＆Aなどを伴って大規模に展開されてきた。それは，主要企業が，内外の「大競争」状況に直面し，事業コストを削減し，高収益をグローバルに確保することを目指して，グローバルな事業拠点とそのネットワークを構築し，それを組織的に統合管理する本社機能を発展させてきたことによるものである。これが，グローバル・シティ機能とそのネットワークが発展してきた最大の動因である。

　アメリカにおいては，この間，グローバル金融センターを擁するニューヨークを筆頭に，「グローバル・シティ」が，それぞれ機能の重点と地政学的位置とも関連しながら，重層的に形成されている。アメリカでは国内的には産業空洞化と著しいサービス経済化が進んでいるが，そうした「グローバル・シティ」とそのネットワークは，グローバルな事業連関を通じて実体経済的・金融的収益を集中し，いわばグローバルな規模でアメリカに富を集中させる連関の中心的な「場」となっている。内外のグローバル企業の本社や販社機能，設計・研究開発拠点，あるいは港湾や物流・商業，その他専門事業サービス，さらにはその他各種都市機能関連サービスが発展し，経営管理や専門職，上級技術者や法

---

10) その出現のダイナミズムにより立ち入ってみると，第1に，戦後のパックス・アメリカーナ体制のもとでのアメリカの「持続的成長」の構造とメカニズム——それは，①アメリカ基幹産業の大企業・巨大企業の戦後企業体制（「成熟した寡占体制」を特徴とする）を核とし，②管理資本主義的政府機能（ケインズ主義）と，③戦後パックス・アメリカーナの世界的政治経済体制（IMF＝ドル体制・GATT体制および「冷戦」・世界的軍事体制）の3つの支柱に支えられていた（河村，1995; 2003a など）——が，60年代末に機能不全を起こし大きく限界に達したという事態があった。第2に，そうした事態に対し，主要企業による戦後企業体制の組み替えを目指す戦略的対応を最大の動因として，企業・金融・情報のグローバル化と政府機能の新自由主義的転換（ケインズ主義に代表される「管理型国家」から市場主義的「競争型国家」への転換——「レーガノミックス」を画期とする）——ひとまとめにしてアメリカ経済の「グローバル資本主義化」と呼んでおきたい——が大きく進んだ。そうしたダイナミズムが作用した一つの帰結として，90年代にかけて，①「グローバル・シティ」機能と②「新帝国循環」が結合した，グローバルな規模でアメリカおよび世界の経済拡張を促進する新たな連関が出現したのである。

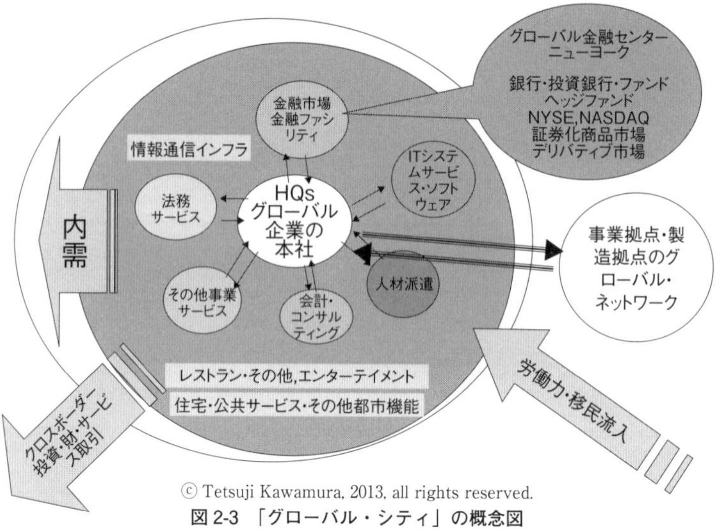

© Tetsuji Kawamura, 2013, all rights reserved.
図2-3 「グローバル・シティ」の概念図

務・会計その他専門ビジネスサービス職から，単純作業の雑多な職務に到るまで，雇用を大きく拡大し，移民を含む労働力を大量に吸引しながら，各種都市公共サービス・住宅建築の拡大を伴い，そうした連関が作り出す雇用と所得フローが，アメリカの内需拡大を牽引する基軸的関係となっている（図2-3）。そうした典型例は，グローバル金融センター・ニューヨークを筆頭に，IT集積を核とするシリコンバレーを擁するサンフランシスコとその周辺地域，「成長するアジア」の最大のゲートウェイ機能を擁するロサンゼルスなど，全米各所に機能の重点を異にしながらも，各地に見ることができる。世界的にも，ロンドンや東京，パリなど，さらには上海，バンコク，その他新興経済各地域にも，相互の複合的な連関を含んで「グローバル・シティ」の都市領域が重層的に出現し，グローバル資本主義化の重要な媒介と結節点のネットワークを形成している。

　アメリカを中心としたグローバルな資金循環と金融膨張　アメリカの経済成長の軸がそうした「グローバル・シティ」機能に移ったことは，国民経済としてみれば，国内産業の空洞化と相まって，アメリカに巨額の貿易赤字・経常収支赤字を常に生み出す構造を定着させた。金融・ITを含むグローバル企業群のクロスボーダーの内部取引であれ，市場取引であれ，グローバルに広がる膨大なグローバル・アウトソーシングとオフショアリングのシステムを組み込ん

でいる。そうしたアメリカの巨額の入超は，海外投資収益や金融・商業・情報サービス，ソフトウェア，知的所有権収入などで一部はファイナンスされるが，全体としては，国際基軸通貨ドルによる国際決済機能とそれを支える金融ファシリティの集積に支えられて，グローバルな資金流入がファイナンスする関係となる。それが，グローバル資本主義化したアメリカを軸とする世界的な資金循環構造となった。いわゆる「新帝国循環」である。

　今回のグローバル金融危機・経済危機に関連して「グローバル・インバランス」として，こうした構造そのものの持続可能性への疑問が大きく出されているが，ここでもう一点強調されてよいのは，ドルの基軸通貨性によってニューヨークに累積するドル資金をベースとした信用膨張を含む金融拡張がいわば「水増し的」に経済拡張を促進するメカニズムを伴うものであったことである。それがアメリカおよび世界の「成長エンジン」の役割を果たす一方，ヘッジファンド等の大規模な投機的投資資金の形成を伴いながら，クロスボーダーな投機的金融操作と相まって，金融不安定性と金融市場のシステミックリスクをグローバルに拡大した。「ファイナンシャリゼーション」（金融膨張）[11]・金融グローバル化とそれに伴う金融市場の「カジノ化」（Strange, 2001 など）として表現されてきた事態である。

　それは，戦後パックス・アメリカーナの衰退と転換として，70年代初めの「金・ドル交換制の停止」と「変動相場制」への移行，さらに「レーガノミックス」が生み出した「双子の赤字」を原因とする「ドル不安」の高進を大きな原因として進行したものであった。金融・為替市場のボラティリティと変動リスクを高め，「レーガノミックス」の金融自由化——60年代末以来のインフレの高進がニューディール型銀行・金融規制のもとで促進した「ディスインターメディエーション」が最大の原因——を促すとともに，とりわけ金融工学的手法を駆使した新金融商品と金融操作の発展（ジャンクボンド・LBOローン等を伴うM&A金融），プログラム取引，ポートフォリオ・マネジメント，デリバティブの発展など，金融市場をまたがるクロスボーダーの金融操作・金融取引を大きく拡大させ，金融グローバル化を顕著に進展させながら，金融市場の「カ

---

11)「ファイナンシャリゼーション」概念や金融不安定性の問題については，さしあたりEpstein（2005）をみよ。

ジノ化」を生じたのである[12]。

　そうした「グローバル成長連関」こそ，中国や「成長するアジア」だけでなく，とりわけ90年代以降，インド，ブラジル，ロシアなどの他のBRICs諸国の経済成長を加速する世界的フレームワークを与えてきたとみることができる。しかし，「グローバル成長連関」そのもの危機であるアメリカ発のグローバル金融危機・経済危機は，大きな転換をもたらすものとなっている。

　まず第1に，2008年秋前後から09年にかけてのアメリカ市場およびグローバルな需要の縮小の直接の影響がある。世界経済的な落ち込みは，30年代の大恐慌の再来さえ危惧される事態となった。しかし，実際には，そうした危機の「第一幕」は，とくに08年11月のG20声明（G20, 2008）以降本格化した。アメリカを始め，ドイツ・EU主要国，日本，中国を含む主要国の大規模な財政支出と，連銀その他の主要中央銀行による，平時は見られなかった「非伝統的」手法[13]による金融危機対策と異例に大規模な金融緩和措置（ゼロ金利・量的緩和QE）[14]によって，グローバルな規模での大恐慌型の累積的な縮小は何とか回避され，2010年初めからは回復するかに現れた。それはいわば，市場の危機を「政府」が肩代わりして支えるという現代経済の特徴を示すものであった。しかし，アメリカ，日本を始め，大幅な財政赤字と政府債務の累積を招き，限界に達している。アメリカでは，2009年度から，連邦制の財政赤字は連続して史上最大の1兆ドルを超え，連邦政府債務は法定上限に達し，財政改善を巡り国論は2分され，民主党・共和党の対立で立ち往生している（World Economic Trend, 2012など）。日本は，バブル経済崩壊後の「失われた20年」で累積した政府債務に，震災・原発危機が加わり，その対策・復興による財政悪化で，1000兆円に達しようとしており，第二次大戦期を超える史上最悪となった。連

---

12) 以上の点については各所で論じている。とくに河村（2009）をみよ。なお，今回の金融危機の原因を，金融部門の膨張（「ファイナンシャリゼーション」＝金融化」）と金融グローバル化の趨勢の上に，「制度」不備を含む「証券化メカニズム」を通じた投機的信用膨張が，サブプライム・ローン破綻と「住宅バブル」崩壊を通じて崩落したものととらえる見解が一般的である。その点は，G20による共同声明（2008年11月15日）にも共通してみられる（G20, 2008）。
13) 戦時経済的の手法については，河村（1995; 1998）をみよ。
14) こうした各種の措置については，さしあたりWorld Economic Trend各号。

銀を始め中央銀行による異例の金融緩和・量的緩和措置は，実質上，ほとんど麻痺状態に陥った民間部門の金融機能を中央銀行の信用膨張が肩代わりして支えるものといってよいが，資源・食料価格の高騰や中国沿海部などの不動産バブルを発展させるなど，大きな限界を示している[15]。とくに，EU・ユーロゾーンでは，最も弱い諸国の財政破綻の危機に転じ，それが金融不安を拡大して，危機は「第二幕」となっている。

● 4-2　グローバル金融危機・経済危機による経済成長フレームワークの転換：中国を中心に

最後に，近年，かつての日本を抜いて，アメリカの対外貿易赤字の最大の相手国になり，アメリカを軸とするグローバル成長連関の最も重要な部分を占めるに到った中国に注目して，「成長するアジア」にとっての，世界経済的フレームワークの転換の意味を見ておくことにしよう。

「グローバル成長連関」が破綻したグローバル金融危機・経済危機の「第一幕」による中国への最大のインパクトは，欧米への輸出の大幅な落ち込みであった。「グローバル成長連関」が，アメリカ発の深刻な金融危機を通じて急速に逆回転したことで，とりわけ2008年秋以降，中国沿海部を中心に輸出が急減した。中国の輸出は，2008年11月に前年比でマイナスに転じ，2009年1～3月期には19.7％，4月には22.6％減となった（内閣府，2009a）。中国沿海部では，台湾系企業（鴻海・富士康など），香港系企業（合俊集団など）その他の輸出工場の大規模な閉鎖が相次いだ。

こうした事態に対し中国政府は，交通インフラ投資など「4兆元」の景気対策（鉄道，道路，空港等の重要インフラに1.8兆元，震災の被災地復興に1兆元，農村インフラに3,700億元，生態環境建設に3,500億元，低価格の分譲・賃貸住宅に2,800億元などや「家電下郷」などの消費拡大政策を中心とする大規模な財政刺激策と金融緩和策を実施し，それが経済回復の原動力となった（みずほ総合研究所，2009，内閣府，2009など）。また，並行して，GDP8％成長を目標と

---

15) 食料価格の高騰が，エジプト，中東などの暴動の大きな背景となっているといわれる。その意味では，これもグローバル金融危機・経済危機の一環としてとらえることができるであろう。こうした側面については，Brown（2011）をみよ。

した内需の拡大と輸出の安定保持および産業の高度化を狙って，自動車，鉄鋼，繊維，船舶，石油化学その他，十大産業調整と振興計画（2009～2011年の三年間に実施）を打ち出した（中国唐山市, 2009）。

しかし，すでに，華南・珠江デルタ地域では，急速な工業化・経済発展により，危機以前から労働力不足，賃金高騰，労働不安の拡大など，労働事情の急速な悪化が進んでいたが，中国政府の景気対策・内需拡大政策によって，中国政府・州政府によるインフラ投資の増大が内陸部の労働力需要を拡大し，沿海部の労働力不足（「農民工荒」）を大きく加速した。それは，中国における外資の進出形態の転換も含め，中国の外資依存の輸出志向型工業発展モデルの転換の一面を集約的に示すものといってよい。

他方では，「グローバル成長連関」による経済拡張のフレームワークが崩れ，アメリカ経済の回復ペースは遅く，また危機の「第一幕」の後，アメリカに代わって，中国の最大の輸出先となったEUは，危機の「第二幕」の影響で大きく減速しており，いずれも早期の回復と拡大は見込めない。そのため，「グローバル成長連関に連動した，これまでの外資依存の輸出主導型経済発展モデルから，むしろ内需連関を中心とした国内経済成長モデルへの転換が，中国の大きな課題である。実際には，「改革開放」政策と沿海部を中心としたこの間の急速な工業化と社会主義計画経済体制の解体を通じて，沿海部の都市地域と内陸部の農村部の経済格差の拡大に対し，よりバランスのとれた国内経済の発展を目指し，すでに江沢民政権下で，「第10次5ヵ年計画」（2001～2005年）の「西部大開発」が推進され，さらに胡錦濤政権下の「第11次5ヵ年計画」（2006～2010年）で，「和諧社会」を掲げた経済構造調整が打ち出されていた。

しかし，内需型成長モデルへの転換という方向で最も注目されるのは，グローバル金融危機・経済危機を受けた「第12次5ヵ年計画」（2011～2015年）で織り込まれている内需連関を形成する本格的取り組みであろう。中国全土の21の主要都市（城市地域）を指定し，実質的にそれぞれ「グローバル・シティ」機能を拡充し，高速道路と高速鉄道のネットワークで繋ぎ，内需連関の軸とする，「グローバル成長連関」のいわば中国国内版を戦略的に形成して行く方向である。

そうした国内版「グローバル・シティ」的機能を発展させるため，これまでとくに沿海部で戦略的輸出拠点と工業化の中心的な役割を担った各都市地域の

「高技術開発区(ハイテクリサーチ・パーク)」という特区方式をモデル的に推進し，外資を呼び込みながら，内需連関の中心軸を創造しようとしていることが大きな特徴である[16]。こうした内需型の成長戦略は，中国の重要な戦略的転換の方向とみることができる。実際には，現状では，沿海部，内陸部，中央部とさまざまな発展度合いの差があり，産業の再配置，流通組織の整備拡充や，インフラの整備，財政・金融基盤，それを担う地場民営企業の成長や人材育成等が必要であり，しかもそれをWTO加盟後の対外開放の中で達成してゆく必要がある。その成否は今後の展開にかかっており，かなり中長期的な課題である。

その関連では，中国にとって，輸出主導型の工業化・経済発展戦略は依然として重要性を失っていない。一つには，とりわけ，沿海部の外資を含む輸出製造拠点とその関連産業集積があり，そのため，欧米先進国市場の縮小ないし停滞に対しては，むしろ，「成長するアジア」のアセアン，さらにインド，ブラジルなど他のBRICs諸国やその他の新興経済地域との連関を強めることが求められている。中国は，そうした意味で，当面，国内・対外の当面いわば「両にらみ」の戦略を続けることになろう。国土・人口規模・資源で国内潜在力の大きい地域大国であるインドやブラジル，ロシアなどの新興経済は，程度の差はあれ共通の方向となる可能性が高い。そうした関係を通じて，長期的に見れば，全体としては，世界経済のパワーシフトが進むと見てよい。他方，アジアNIEs・アセアン諸国は，相対的に経済規模が小さく，そのため地域統合を強めるとともに，FTA，EPA等の手段を通じて内需シフトを強める地域大国との経済連携に活路を見出して行くことになろう。いずれにせよ，今や，「成長するアジア」の工業化・経済発展モデルは，アメリカを軸とする「グローバル成長連関」が大きく転機を迎えている今，大きな転換の時代に入っているといってよい[17]。

【参考文献】

Asian Development Bank (2000). Key indicators of developing Asian and Pacific countries 2000, 31. (http://www.adb.org/publications/key-indicators-developing-asian-and-pacific-countries-2000)

---

16) この点は，次注にある文部科学省科学研究費補助金基盤研究(A)による中国現地実態調査(2011年度)の主な研究成果の一つである。

Brown, L. R. (2011). The new geopolitics of food: From the middle east to Madagascar, high prices are spawning land grabs and ousting dictators. *Foreign Policy*, May/June 2011. (http://www.foreignpolicy.com/articles/2011/04/25/)

中国唐山市 (2009). 中国の十大産業調整振興計画の概要 (http://www.e-tangshan.cn/info/ pdf/shidachanyezhenxingjihua0903.pdf, 最終参照日 2009/03/11)

中華人民共和国駐日本国大使館　国務院全体会議, 政府活動報告と 5 カ年長期計画要綱を討議 (http://www.china-embassy.or.jp/jpn/zgyw/t232293.htm, 最終参照日 2006/01/21)

Cohen, S. S. & Zysman, J. (1987). *Manufacturing matters: The myth of the post-industrial economy*. New York: Basic Books. (コーエン, S. S.・ザイスマン, A. ／大岡　哲・岩田悟志 [訳] (1990). 脱工業化社会の幻想―「製造業」が国を救う　阪急コミュニケーションズ)

The Development Research Center of the State Council, P. R. China (DRC). (2010). Research department of social development, DING, Ning Ning, China's price reform: history and basic experience June 2010. (http://www.cdrf.org.cn/data/view.php?aid=2035)

Epstein. G. A. [ed.] (2005). *Financialization and the world economy*. Cheltenham, UK: Edward Elger Publishing.

G20 (2008). *Declaration of the summit on financial markets and the world economy*. (November 15, 2008)　(Ministry of Foreign Affairs of Japan :http://www.mofa.go.jp/policy/economy/g20_summit/index.html)

呉　暁林 (2002). 毛沢東時代の工業化戦略―三線建設の政治経済学　御茶の水書房

Goverment of Japan. Cabinet Office. *World economic trends*, various issues. (http://

---

17) 本章は, 全体として, 文部科学省科学研究費補助金基盤研究 (A) (2010-12 年度, 課題番号 21252004, 研究テーマ「金融危機の衝撃による経済グローバル化の変容と転換の研究―米国・新興経済を中心に」, 研究代表者：法政大学河村哲二) によるアメリカ (一部メキシコ) (2009 年度), アセアン・インド (2010 年度), 中国 (2011 年度) 南米 (2012 年度) の現地実態調査を含む調査研究の成果によるものである。また, それ以外でも以下の調査研究の成果を利用している。通産省産業研究所委託調査『中国の市場経済化と地方行政』(19955 年度, 委員長帝京大学教授橋本晃和), 文部省科研費補助金 (1997-90 年度基盤研究 B (1) 課題番号 09430001, 研究代表者国士舘大学教授山口重克, 2001-03 年度基盤研究 B (1) 課題番号 13572021 研究代表者武蔵大学教授河村哲二, 2005-09 年度基盤研究 B (1) 課題番号 163330035) および文部科学省私立大学学術研究高度化特別推進事業 (2000-04 年度帝京大学「学術フロンティア」研究代表者帝京大学教授安保哲夫, 2003-07 年度武蔵大学総合研究所「オープン・リサーチ・センター」研究代表者武蔵大学・法政大学教授河村哲二), 2002-03 年度武蔵大学総合研究所プロジェクト, 1997 年度全国銀行学術研究振興財団助成研究, 2004-08 年度日本学術振興資金 (研究代表者武蔵大学・法政大学経済学部教授河村哲二)。資料・出所については, とくに示した以外は, 日系その他の企業, JETRO, 中国社会科学院, 広東省経済研究院, 各省, 市政府, 開発区委員会等からの聴き取りと, 提供された資料による。

www5.cao.go.jp/keizai/index-e.html)
Greenspan, A. (2008). Remarks in "This week with George Stephanopoulos" interview, September 14, 2008. (http://blogs.abcnews.com/politicalradar/2008/09/greenspan-to-st.htmlGreenspan)
法政大学大原社会問題研究所［編］（1998）．現代の韓国労使関係　御茶の水書房
法政大学比較経済研究所・小林謙一・川上忠雄［編］（1991）．韓国の経済開発と労使関係―計画と政策　法政大学出版局
International Monetary Fund　*International Financial Statistics Yearbook*, various issues.
International Monetary Fund　*Direction of Trade*, various issues.
International Monetary Fund（1998）．World Economic and Financial Surveys, *World Economic Outlook: Financial Turbulence and the World Economy*, October.
人民網日本語版（「チャイナネット」）（2002）．中国共産党第16回全国大会「改革のなかで大きな発展を遂げた国有企業」2002年10月23日（http://japanese.china.org.cn/japanese/46513.htm, 最終参照日 2013/2/13）
人民網日本語版　「十二・五」の基本要求と主要目標（http://japanese.china.org.cn/business/txt/2010-10/29/content_21231416.htm, 最終参照日 2013/2/13）
河村哲二（1995）．パックス・アメリカーナの形成―アメリカ「戦時経済システム」の分析　東洋経済新報社
河村哲二（1998）．第二次大戦期アメリカ戦時経済の研究　御茶の水書房
河村哲二（2003a）．現代アメリカ経済　有斐閣
河村哲二（2003b）．中国・台湾の経済発展と日系現地企業　山口重克［編著］東アジア市場経済―多様性と可能性　御茶の水書房, 第12章
河村哲二（2005）．華南・珠江デルタ地域における日系現地工場―電機・電子を中心に　上山邦雄・日本多国籍企業研究グループ［編］巨大化する中国経済と日系ハイブリッド工場　実業之日本社, 第12章
河村哲二（2008）．アメリカの1990年代長期好況とニューエコノミー　SGCIME［編］グローバル資本主義と景気循環　御茶の水書房, 第1章所収
Kawamura, T. (2008). Potential of Asian economic integration: A perspective from the strategy of Japanese enterprises. *Research and Information System for Developing Countries*, Discussion Paper #136.
河村哲二（2009）．現代資本主義のグローバル資本主義化　生活経済政策研究所, 生活経済政策 **144**.
河村哲二（2011）．グローバル経済化の進展と中国経済の課題　菅原陽心［編］　中国社会主義市場経済の現在　御茶の水書房, 第6章
河村哲二（2010）．現代資本主義の「グローバル資本主義化」とグローバル金融危機　斉藤叫［編著］世界金融危機の歴史的位相　日本経済評論社, 第4章所収
経済企画庁（1987）．世界経済白書（http://wp.cao.go.jp/zenbun/sekai/wp-we87/）
経済産業省通商政策局（2002）．東アジアビジネス圏について　平成14年6月17日（http://www.kantei.go.jp）
木村福成・丸谷豊二郎・石川幸一［編著］（2002）．東アジア国際分業と中国　ジェトロ

みずほ総合研究所（2002）．みずほリポート―外資系企業の対中生産拠点シフトに伴う中国貿易への影響, 2002 年 7 月 22 日
Marris, S. (1985). *Deficits and the dollar: The world economy at risk.* Washington, D.C.: Institute for International Economics.（マリス, S. ／大来佐武郎・安田　靖・坂本正弘［訳］（1988）．ドルと世界経済危機―日・米・欧は何をすべきか（増補版）東洋経済新報社）
みずほ総合研究所（2009）．中国「4 兆元」の経済対策の考察　みずほアジア・オセアニア・インサイト, 2009 年 1 月 15 日
文部科学省科学研究費補助金（基盤研究（B）（1））「通貨・金融危機後のアジア経済の再編成と構造変化およびその影響に関する実態調査研究」（平成 13-15 年度，課題番号 13572021，研究代表者：河村哲二）『研究成果報告書』平成 16 年 8 月
内閣府（2009）．世界経済の潮流 I，II．（http://www5.cao.go.jp/j-j/sekai_chouryuu/）
日本労働研究機構（2002）．海外労働時報, 中国 2002 年 8 月（http://www.jil.go.jp）
日本貿易振興会（2010）．調査レポート 世界経済危機後のアジア生産ネットワーク』2010 年 7 月（http://www.jetro.go.jp/world/asia/reports/）
Reich, R. B. (1991). *The work of nations: Preparing ourselves for 21st-century capitalism.* New York: Alfred A. Knopf.（ライシュ, R. B. ／中谷　巌［訳］（1991）．ザ・ワーク・オブ・ネーションズ―21 世紀資本主義のイメージ　ダイヤモンド社）
Sassen, S. (2001). *The global city: New York, London, Tokyo,* (2nd ed.). Princeton, NJ: Princeton University Press.（サッセン, S. ／伊豫谷登士翁・大井由紀・高橋華生子［訳］（2008）．グローバル・シティ―ニューヨーク・ロンドン・東京から世界を読む　筑摩書房）
社団法人日本舶用工業会（2008）．中国の製造業における労働力事情と関連労働法制に関する調査　2008 年 3 月（http://www.jstra.jp/html/PDF/chugokunoseizougyoniokeru.pdf）
Strange, S. (1986). *Casino capitalism.* Oxford: Basil Blackwell（ストレンジ, S. ／小林襄治［訳］（1988）．カジノ資本主義―国際金融恐慌の政治経済学　岩波書店）
末廣　昭（2010）．東アジア経済をどう捉えるか？―開発途上国論から新興中進国群論へ　RIM

03 技術論・学習論の視点によるアジアの発展とキャッチアップメカニズム

児玉文雄・馬場敏幸

1 はじめに

●1-1 「技術潮流」,「学習」,「パラダイム転換」

アジアの発展を考えた場合,「技術の学習」あるいは「技術体系そのものの変容」について留意しておかなければならない。これは,今日のアジアの発展における,キャッチアップとイノベーションの理解に大いに役立つ。

技術論の視点から見ると,キャッチアップは,従来からの延長線上に位置する技術到達点に向かう過程であると理解することができる。キャッチアップで重要となるのが「学習」である。他方,イノベーションでは,技術構造そのものが変容する転換期で,どの「技術潮流」をつかむかという大局的な視点が重要となる。実際には,これらは混然一体となってはいるが,大局的な理解として,この二分法で考えると理解しやすい。

またキャッチアップを考える際,大きな技術体系の変化,「パラダイム転換」も考慮すると,より大局的な理解が可能となる。「パラダイム転換」は通常,科学技術史の分野で用いられる,それまでの人々の考え方,ものの見方を根本的に変えるような大きな変革である。かつて古代ギリシア以来中世に至るまで,積み上げられてきた知識体系があった。アリストテレス科学やプトレマイオス天動説などである。それらは非常に熟慮・洗練され,説得力に富むものであった。しかしそれらの体系には根本的な誤りがあり,コペルニクス・ケプラー・ガリレイ・ニュートンなどにより,180度転換とも言える大変革がなされた。社会科学においてもスミスや,マルクス,エンゲルスらは,従来的な固

定観点とは違った新しい視点を提供した。パラダイム転換とは，このように従来の考え方とは全く異なる考え方を伴う変革である。こう書くと，パラダイム転換はあたかも遠い過去のものであり，現代には無関係に思えるかもしれない。しかし，今日のアジアの発展を考える上で，一つの重要な視点なのである。

今日，アジア新興国は，かなりの部分，キャッチアップを達成し，イノベーションステージへと歩を進めつつある。果たしてどのようにして，アジア新興国がキャッチアップを達成することができたのか，技術論・学習論の観点で考えてみたい。

● 1-2　アジア新興工業国が直面した課題

今日のアジアに経済発展を成し遂げた国は多くある。国の発展過程には様々な形態があるが，アジアのそれは工業化を軸とした発展形態が一般的である。工業化による発展にはいくつかの段階がある。基盤技術が未熟な段階で導入が容易なのは，労働集約的な工業形態である。典型的な産業はアパレル・縫製産業があげられる。やがて国の工業化の進展とともに，労働集約的ではあるが，さらに付加価値の高い産業の導入が図られる。よくある事例では，自動車などの輸送機器，電気電子などの機械産業の導入である。これらは組み立てにより最終製品が生産される点で一致している。安い労働力が武器になるのである。やがて素材産業などの導入も図られるようになる。この場合，プラント設備などの資本財を導入して，それらの操作を行うことになる。

機械産業の導入当初は，機械を構成する部品・部材などの中間材は外国から調達することが一般的である。それらの製造は技術レベルが高く，工業化初期の後発国では生産できないことが多いからである。その国では安い労働力を活用して，輸入した部品を組み上げ，製品を完成させることになる。この形態は，導入当初は良い結果をもたらす。大きな雇用を生むし，保護され，独占的な国内市場向けにはある程度の成長が見込める。しかし部品をほぼ全輸入しての組み立て形態は，導入した国にやがていくつかの課題を突きつける。第一に，部品・部材をほぼ全輸入しての組み立てが，自国生産と呼べるかとの疑問。第二に，生産に伴って中間材輸入が続けば，国の貿易収支が赤字傾向に陥りやすい。第三に，労働集約的な最終組み立て工程のみでは，本来期待するような国全

体への生産波及効果が得られない。第四に，導入国内でのR&Dが困難であり，独自の付加価値向上が難しい。そしてそれは，第五の，経済発展とともに労働コストが上昇した場合，競合国との競争対抗手段が無いことにつながる。これらの問題は，1980年代にはすでに問題になっていた。そして1997年に起こったアジア経済通貨危機では，その大きな原因の一つにもなった。

こうした課題に直面したアジア各国は，危機に至るまでこの問題に気付かずに，ただ手をこまねいていたわけではなかった。ある国は部品輸入に制限をかけ，自国で部品産業を育てようとした。また，ある国では積極的に外資誘致策を講じ，先進諸国の部品企業の誘致促進を図った。また別の国では，外国から技術導入して，地場資本中心で部品産業の育成を図ろうとした。しかし，各国労働者に技術概念が定着し，各基盤要素技術・技能が蓄積するにはかなりの時間を要する。このため，思うように，部品の国産化は進展しなかったのである。

しかし，今日，様相は一変しつつある。各国で，完成品である消費財だけでなく，部品・部材などの中間材を担う産業，そして製鉄や石油化学などを生産する資本集約的産業でも，各国の国産化進展はめざましい。そのメインプレーヤーは外資系企業だけでなく，地場企業も多いのである。この謎解きの解は一つではない。しかし，本章で展開する「技術潮流」とその変化，「学習」などの理解によって，ある一つの様相が見えるようになる。

2 後発国キャッチアップの成功パターン，技術導入と学習

アジアで，工業化によるキャッチアップ成功の典型的一事例が韓国である。韓国は，日本と同様の小資源国であるが，加工貿易形態による輸出志向型工業化戦略により発展を遂げた。今日，世界では，韓国の電気電子製品や自動車は，日本と同程度あるいはそれ以上の評価を受けている。はたしてどのようにして韓国は成功したのだろうか。韓国の成功事例をもとに，後発国のキャッチアップ成功パターンを考えてみたい。

● 2-1　キャッチアップに効果的な技術導入手段

後発国の工業発展による経済成長を考えた場合，有効な手段として考えられ

ているのは，外国資本の投資，すなわち直接投資である。アジアの工業発展を観察すると，後発国からの発展で，外国資本の投資による技術導入が大きな役割を果たしていることも多い。

しかし，韓国の場合，これは必ずしも当てはまらない。韓国への技術移転戦略を分析したキム（Kim, 1997）によれば，海外からの「直接投資」（FDI: foreign direct investment）が与えた韓国経済への影響は非常に小さいという。韓国への技術移転は，直接投資という形でなく，先進国からの「高度技術集約的な資本財」の購入という形で行われたというのである。

技術移転のチャンネルを考えた場合，「直接投資」，「技術導入契約」（foreign licensing），「資本財輸入」（capital-goods imports）の3つがあげられる。韓国のケースでは，表3-1に明らかなように，金額で見る限り，資本財輸入が他の二つの技術移転手段を遥かに凌駕している。そして資本財輸入は，1962年から

表3-1　韓国の技術移転チャンネルの比較（1962-1993年）

(単位：百万USドル)

	1962-66	1967-71	1972-76	1977-81	1982-86	1987-91	1992-93	計
1. 直接投資								
日本	8.3	89.7	627.1	300.9	876.2	2,122.3	441.1	4,465.5
米国	25.0	95.3	135.0	235.7	581.6	1,477.7	719.9	3,270.1
その他	12.1	33.6	117.3	184.0	309.6	2,035.9	777.8	3,472.9
計	45.4	218.6	879.4	720.6	1,767.7	5,635.9	1,938.8	11,208.5
2. 技術導入契約								
日本	—	5.0	58.7	139.8	323.7	1,383.6	619.1	2,529.9
米国	0.6	7.8	21.3	159.2	602.7	2,121.9	870.9	3,784.4
その他	0.2	3.5	16.6	152.4	258.5	853.9	307.0	1,592.1
計	0.8	16.3	96.6	451.4	1,184.9	4,359.4	1,797.0	7,906.4
3. 資本財輸入								
日本	148	1,292	4,423	14,269	20,673	54,641	25,337	120,783
米国	75	472	1,973	6,219	12,434	33,098	18,832	73,103
その他	93	777	2,445	7,490	17,871	33,213	22,983	84,872
計	316	2,541	8,841	27,978	50,978	120,952	67,152	278,758

（注）直接投資の値が計算上一致しないがKimの数字をそのまま用いた
（出所）Kim（1997）pp.40-41, 表2-1

1993年まで，一貫して日本からの輸入が群を抜いて一位である。

技術移転チャンネルで「資本財の輸入」を選択する技術輸入戦略により，韓国企業は輸入技術を非常に短い期間で吸収し，発展させ，そして独自の改良プロセスへと技術開発を展開させた。すなわち先進国，とりわけ日本からの資本財輸入が，韓国企業による技術学習の主要な源泉の一つであったと言える。開発経済学の観点では，ロストウやガーシェンクロンが後発国の発展経路を分析し，キャッチアップ型発展が「先行国の技術ストック」を用いることによって優位に進行することを指摘している。まさに，韓国はこのケースに当てはまることになる。

● 2-2　機械・部品・素材の輸入と統合学習

高度な製造装置を輸入することで韓国は技術を導入して発展した。そして輸出志向工業化戦略のもとで完成品をどんどん海外に輸出する戦略を採用した。韓国はアジア経済通貨危機後，恒常的な貿易黒字国となっている[1]。1998年以後2011年まで，リーマンショックの2008年をのぞいて，継続して韓国の貿易損益は黒字である（表3-2）。一方で，韓国では改善しない対日赤字が問題となっている。韓国が貿易赤字なのは日本と，石油依存をしている中近東くらいである。

2011年の貿易を見ると，貿易損益は308億ドルの黒字であるが，対日貿易では286億ドルの赤字となっている。赤字幅が大きいのはHS29有機化学品（32億ドル），HS72鉄鋼（61億ドル），HS83各種卑金属（102億ドル），HS84機械・部品（21億ドル），HS89船舶類（36億ドル）などである。わかりやすく言うと，韓国は部品・素材を日本から大量に輸入しているのである。

これは韓国が完成品中心の産業発展戦略を先行させ，部品・素材産業の発展まで神経を注げなかったためである。このため，自動車，家電などの製品輸出が黒字を稼ぎ，部品・素材輸入で日本などに依存しているという構造ができあがったのである。

---

1) 本章で用いている貿易データは，国連貿易統計データベース（UN comtrade）の検索・抽出結果に基づく。

60　第3章　技術論・学習論の視点によるアジアの発展とキャッチアップメカニズム

表3-2　韓国の貿易状況 (1988-2011年)

韓国の輸入	(単位：10億USドル)				韓国の輸入	(単位：10億USドル)				韓国の貿易損益	(単位：10億USドル)			
	世界	日本	中国	米国		世界	日本	中国	米国		世界	日本	中国	米国
1988	60.57	12.00	0.00	21.47	1988	51.81	15.93	0.00	12.76	1988	8.76	▲3.93	0.00	8.71
1989	62.36	13.46	1.31	20.72	1989	61.46	17.45	1.33	15.92	1989	0.90	▲3.99	▲0.02	4.80
1990	65.02	12.64	1.37	19.45	1990	69.84	18.57	1.49	16.95	1990	▲4.82	▲5.94	▲0.12	2.50
1991	71.87	12.36	1.00	18.61	1991	81.52	21.12	3.44	18.90	1991	▲9.65	▲8.76	▲2.44	▲0.29
1992	76.63	11.60	2.65	18.15	1992	81.76	19.46	3.72	18.32	1992	▲5.13	▲7.86	▲1.07	▲0.17
1993	82.23	11.56	5.15	18.22	1993	83.79	20.02	3.93	17.95	1993	▲1.56	▲8.45	1.22	0.27
1994	96.01	13.52	6.20	20.70	1994	102.34	25.39	5.46	21.60	1994	▲6.33	▲11.87	0.74	▲0.90
1995	125.06	17.05	9.14	24.34	1995	135.11	32.60	7.40	30.42	1995	▲10.06	▲15.56	1.74	▲6.07
1996	129.71	15.77	11.38	21.93	1996	150.33	31.45	8.54	33.32	1996	▲20.62	▲15.68	2.84	▲11.39
1997	136.15	14.77	13.57	21.85	1997	144.61	27.91	10.12	30.13	1997	▲8.46	▲13.14	3.46	▲8.28
1998	132.30	11.07	10.97	22.78	1998	93.28	16.54	6.23	20.24	1998	39.02	▲5.47	4.74	2.54
1999	143.69	15.86	13.68	29.60	1999	119.75	24.14	8.87	24.94	1999	23.93	▲8.28	4.82	4.66
2000	172.27	20.47	18.45	37.81	2000	160.48	31.83	12.80	29.29	2000	11.79	▲11.36	5.66	8.52
2001	150.43	16.50	18.19	31.36	2001	141.10	26.63	13.30	22.43	2001	9.33	▲10.13	4.88	8.93
2002	162.47	15.14	23.75	32.94	2002	152.12	29.86	17.40	23.11	2002	10.34	▲14.71	6.35	9.83
2003	193.82	17.28	35.11	34.37	2003	178.83	36.31	21.91	24.93	2003	14.99	▲19.04	13.20	9.43
2004	253.84	21.70	49.76	43.03	2004	224.46	46.14	29.58	28.92	2004	29.38	▲24.44	20.18	14.11
2005	284.42	24.03	61.91	41.50	2005	261.24	48.40	38.65	30.79	2005	23.18	▲24.38	23.27	10.71
2006	325.46	26.53	69.46	43.32	2006	309.38	51.93	48.56	33.80	2006	16.08	▲25.39	20.90	9.52
2007	371.48	26.37	81.99	45.88	2007	356.84	56.25	63.03	37.39	2007	14.64	▲29.88	18.96	8.49
2008	422.00	28.25	91.39	46.50	2008	435.27	60.96	76.93	38.56	2008	▲13.27	▲32.70	14.46	7.94
2009	363.53	21.77	86.70	37.80	2009	323.08	49.43	54.25	29.16	2009	40.45	▲27.66	32.46	8.64
2010	466.38	28.18	116.84	49.99	2010	425.21	64.30	71.57	40.59	2010	41.17	▲36.12	45.26	9.40
2011	555.21	39.68	134.19	56.42	2011	524.41	68.32	86.43	44.81	2011	30.80	▲28.64	47.75	11.61

(資料) 国連貿易データベースより抽出した数字をもとに計算して作成

従って，韓国の技術移転戦略は，高度な製造装置や部品を輸入し，それらを高度に使いながら，技術学習する「統合学習」(learning-by-integrating) の概念で説明できる。この学習能力の中身は，最新で最良の機械装置と部品を，世界中の様々なサプライヤーから調達し，それらの互換性を確保しつつ世界で最も効率の高い生産システムへと組み上げ，不規則な生産計画の時にも，このシステムを操業し維持するという「総合的な技術能力」ということになる。

● 2-3 利用学習で発展した日本

韓国の急速なキャッチアップは，資本財輸入を通じた技術導入の成功が大きな要因であることがわかった。そして資本財輸入相手は飛び抜けて日本からであることもわかった。これはどのように理解すればよいのであろうか。この理解のため，日本での成功についても，学習論の視点から，考えてみよう。

アロー (Arrow, 1962) は，米国の航空機産業の技術進歩を特徴付けるのに，「製造学習」(learning-by-doing) を提案した。続いて，ローゼンバーグ (Rosenberg, 1982) は，「利用学習」(learning-by-using) の存在を主張した。日本の鉄鋼産業の発展は，この「利用学習」により適切に説明できる。そして，その果実を利用する形態において，韓国の取った行動も非常によく説明されるのである[2]。

製造学習は，製造経験の蓄積を通じて行われることを表した言葉である。例えば，生産一単位あたりの労働コスト縦軸に，横軸に累積生産数をとったグラフを考えれば理解しやすい。このグラフは容易に右下がりの曲線で表される。これは「学習曲線」，あるいは「経験曲線」と呼ばれる。

ローゼンバーグはある製品の生産工程で，「内生的に発生する生産性上昇＝製造学習」と「利用した結果として派生する生産性上昇＝利用学習」に区別した。製品の製造経験だけでなく，最終ユーザーによる利用経験も重要であるとの指摘である。

日本をふり返ってみると，この利用学習が日本の技術成長段階で，極めて重

---

[2] 鉄鋼産業を事例とした製造学習と利用学習の詳細については児玉文雄編 (2008) pp.106-128 に詳述。

要な役割を果たしていた。すなわち，欧米などで開発された実験室段階のプロトタイプ技術を，実用技術にまで育て上げ，大規模に採用して生産性を向上させた。そしてその成果を，欧米を含め，世界に技術輸出したのである。その事例は，鉄鋼（LD転炉，連続鋳造など），工作機械（放電加工機，マシニングセンター，研削機など），自動車，電気電子など至る所に散見される。

● 2-4　経験知の機械への体化

このように日本で製造学習，利用学習により経験知が蓄積され，生産性向上に結びついた。しかし日本の発展と，その後のアジアの急速なキャッチアップを説明するために，もう一歩踏み込んだ分析が必要となる。それが，経験知の機械への体化（embodied）である。

ローゼンバーグによれば，利用学習による技術進歩は，全く異なる2種類の技術革新を創出する。機械装置に「体化」（embodied）される技術革新と，「体化されない」（disembodied）技術革新の2種である。機械に体化されるタイプでは，新技術の利用経験が，機械装置の特定の設計仕様と製品性能の関係を深めることにより，それに続く新しい機械装置の設計に絶え間ない「改善」をもたらす。こうした知識は，機械装置の生産性を向上させるような新しい「操業実践」（practices）という形で，技術革新が実現される[3]。

金型製作技術を一つの事例として考えてみよう。1970年代以降，金型製作に工作機械が次々と導入されていった。例えば，型彫りやワイヤなどの放電加工機，マシニングセンター，各種研削盤などである。これらの工作機械は金型製作用に作られたわけではなく，導入された現場では，当初は機械の特性に合わせて作業が行われた。XYZの3方向に直線的にしか動かないテーブルを用い，いかに両手でハンドル操作を行い，なめらかな曲線加工を行うか。入力した操作と実際の操作のズレによる形状の誤差をいかに予測し，精度を出すか。放電による微細な穴加工で真円を出すためにはどのようにすればよいか。こうした

3）金型産業における利用学習と経験知の機械への体化の事例については馬場敏幸（2005）pp.159-175に詳述。鉄鋼産業における利用学習と機械への体化の事例については児玉文雄編（2008）pp.103-128に詳述。

個々の課題はそれぞれの製作現場で操業実践により解決が計られた。

他方，これらの技能者が直面した問題は，工作機械メーカーに改善要望として伝えられた。そして工作機械メーカーは，そうした要望にこたえる形で工作機械の設計変更を行っていった。こうした繰り返しの結果，金型製作上の属人的なノウハウが，工作機械に体化されていったのである。

こうした利用学習による知見・ノウハウの蓄積と，それらの製造機械への体化は，日本の様々な産業で散見される。日本の製造業の躍進の大きな要因だったのである。

● 2-5 人材教育と統合学習の実践

ここまで筆を進めると，韓国のとった戦略（資本財輸入）とその成果（キャッチアップ成功）について一定の理解が得られたのでは無いだろうか。しかし，新たにいくつかの疑問が生じる。資本財輸入さえすればよいのであれば，もっと早くから韓国などのアジアの新興国のキャッチアップが進まなかったのであろうかとの疑問である。その疑問に三つの点で考えてみたい。一つ目が受け皿の整備，すなわち人材教育である。二つ目が，OEMと技術指導による操業実践の学習である。そして三つ目が暗黙知の外部化である。

一つ目の人材教育から考えてみよう。韓国の教育熱は有名である。OECDの 2009 年の学習到達度調査[4]を見ると，OECD加盟国中で，韓国は日本を抜いてトップレベルである。日本のセンター試験にあたる 11 月の修学能力試験（スヌン）の日には，交通機関の運行が規制され，警察は試験に遅刻しそうな学生を白バイやパトカーなどで会場に送り届ける。まさに毎年の国家行事になっている。海外教育熱も盛んで，学費のために懸命に単身働く父，「雁の父（キロギアッパ）」は有名である。父は単身韓国で働き，子供は海外留学する。母は子に付き添い，母子で海外生活を送る。

---

4) PISA: The OECD Program for International Student Assessment。OECD が加盟国および協力国の 15 歳の学生向けに行う学習到達度調査。公表されている最新の調査結果は 2009 年で，OECD 加盟国 34 国と 31 の協力国あるいは経済地域の計 65 国・地域で調査。OECD 加盟国中，韓国はリーディング 1 位，算数 1 位，理科 3 位である。日本は OECD 加盟国中，リーディング 5 位，算数 4 位，理科 2 位。

韓国の大学数は2010年時点で179校, 在籍学生数は学部203万人, 大学院32万人であり, 学部学生中の理工学系（医薬のぞく）の学生割合は38%であった[5]。同じく2010年時点の日本の大学では, 大学数778校, 在籍学生数は学部256万人, 大学院27万であり, 学部学生中の理工学系の学生割合は22%であった[6]。韓国の人口は約5千万人であり, 日本の半分以下であることを考えると, 高等教育を受ける学生数が極めて多いことがわかる。また, 日本と比較して理工学系の学生割合が多いことも特徴的である。2010年時点の理工系の大学卒業者数は7万人であり, 現在でも技術を理解した人材が大量供給されていることがわかる。

こうした技術人材の供給では, 海外で学位を習得した人材の大量帰国からもうかがうことができる。筆者の一人の調査[7]によると, 1982年から1998年にかけて, 海外で博士号を取得した総数は1万6255人（自然科学9132人, 人文7123人）であった。国別に見ると, 米国（9904人）, 日本（2490人）, ドイツ（1369人）, フランス（835人）, イギリス（427人）であった。1980〜1990年代はまさに韓国が猛烈にキャッチアップを行った時期である。この時期, 韓国は高度な製造装置や部品を輸入し, それらを高度に使いながら技術を学習する統合学習を行った。こうした時期に, 国内の大学や海外で高等教育を受けた人材が大量に供給されたことは, 韓国が統合学習を効率的に実現する大きな後押しとなった。

10章の金型関連技術のキャッチアップでも触れたが, 韓国では1983年以来, アジアではじめて金型学科を作り, 毎年数千人規模で金型人材を輩出してきた。筆者の一人はそこの卒業生や, 金型経営者らに聞き取りを行った[8]。その結果, 経営者, 卒業者ともに, 韓国金型産業のキャッチアップに高等教育を受けた金

---

5) 韓国教育科学技術省による。
6) 文部科学省『学校基本調査』による。2011年時点で, 日本の大学数は780校（国立86, 公立95, 私立599）であり, 大学の学生数は学部257万人, 大学院27万人である。
7) 児玉文雄編（2008）pp.167-168。原典は, Survey by the South Korea Ministry of Education on the "Status of Foreign Ph.D"（1982-1998）。
8) 2005.3 複数の韓国の金型企業経営者からの聞き取り, および2009.2 ソウル産業大学金型学部第一期卒業生からの聞き取り。

型人材の輩出は重要であったとの意見が多かったのである。経営者らは,「金型学科卒業者は基礎的な理論を習得しており,技術指導の飲み込みが早く,技術の定着に役立った」と指摘した。また,「そうして技術習得した人材は今や現場の中核となっており,もはや日本人の指導は必要ない段階に来ている」と述べた。卒業生は,「受けた教育が技術の習得に多いに役立った」と述べた。また,「卒業生同士のネットワークが,技術的困難解決や転職などで多いに役立った」とも述べた。人材教育が産業のキャッチアップと発展に貢献した一事例であろう。

韓国教育科学技術大臣の李周浩(Lee Ju-ho)氏は韓国タイムズの取材に対し,次のように述べている[9]。「韓国の教育熱は,弊害はあれども,今日の韓国の成功を可能とした。韓国が戦後の貧困に苦しんでいた頃から,両親はすべてを子供達の教育に捧げてきた。そうして高度に教育された個々人が,韓国経済の奇跡的成功を成し遂げた。我々はそれを誇りに思わなくてはならない」。

● 2-6　操業実践の学習:OEM/ODM/OBM の発展経路

アジアの地場企業の発展,技術力の獲得と競争力の向上で,重要な役割を果たしたのが OEM (original equipment manufacture:相手先ブランド委託生産) と ODM (own design manufacture:自社デザイン委託生産) である。

ホブデー (Hobday, 1995; 2000) はアジアの地場製造業の発展と競争力獲得の一つの経路は,OEM から OBM,そして OBM (own brand manufacture:自社ブランド生産) に至る過程であると指摘した。そしてアジアの中でも,韓国,台湾,中国の地場企業の発展で,日本や欧米先進国からの OEM/OBM 過程が重要であったと指摘している。

OEM と ODM は,ある企業 A が別の企業 B に製造を委託するが,販売は A 社ブランドで行うという生産委託の形態である。製品の基本仕様の決定から販売までを次のように分割してみよう。①仕様→②設計→③生産→④販売。

---

9) 2012/05/09 韓国タイムズ記事 "I believe in power of education" 記事に基づき著者意訳(http://www.koreatimes.co.kr/www/news/special/2012/05/181_110646.html 2012/06/18 参照)。

OEMでは③の部分を外部に委託する。そしてODMでは②と③の部分を委託するのである。委託側のメリットは，設計コストや生産コストの削減である。受託側は，委託費は安いものの，販売の心配をすることなく，比較的多くのロット（生産単位）で受注することができる。そして，受託生産に成功して信頼関係を得ると，次以降の受託も見込める。そして，受託生産しながら，生産に関する様々なノウハウを獲得し，技術蓄積していくことができるのである。すなわち，受託費を得ながら，発注側が獲得した操業実践のノウハウを学習するとともに，自らの操業実践でもノウハウを蓄積していくことができるのである。

後発国の地場企業にとって，人件費の安さは強みである。一方，技術力はそれほど高くないことが多い。従って当初の段階での後発国地場企業のOEM受注は，比較的構造が単純で，人手が多くかかる労働集約的な製品から開始することが一般的である。製品販売は発注先ブランドでなされるため，発注先は品質保証に力を入れる必要がある。従って，発注当初は生産に必要な設備，技術が発注先から指導される。当然の結果として，OEM受注した企業にはノウハウが体化された機械設備が導入されるし，蓄積された操業実践も学ぶことができる。そうして技術力が向上した受注企業は，さらに高度な製品のOEM受注が可能となる。OEM受注する製品は，労働集約的な製品から技術集約的な製品へシフトしていくこととなる。

それではOEMからOBMへのシフトはどのようにして行われるのであろうか。三つの段階で考えてみたい。第一段階のOEM初期段階では，発注側は日本で設計し，生産している製品を，設計や部品を変更することなく，生産委託することになる。労働集約的な製品の場合，人件費が安いと，それだけで大きなメリットがあるのである。やがてOEM受注側に技術蓄積が行われると，第二段階のOBMへの初期移行にシフトする。ここで発注側は，品質が同等で安い部品への切り替えや，必要に応じた設計の一部修正も委託するようになる。品質保証は重要であるので，発注側はODM受注側からの提案を受け，製品に問題がないか評価・検討を行い，受注側に伝えられる。この際，ODM受注者に発注者の意図が伝わらなければ意味がない。従ってODM発注担当者は相手にわかりやすい用語を用いる。また発注担当者は必要に応じて，条件と結果を表計算ソフトで，見やすく数値化・可視化する。こうして受注者は，双方向の

やりとりを通じて多くのノウハウを学ぶことになる。そして，第三段階が，本格的な設計・生産委託である。この段階では，ODM発注者は基本仕様書を受注者に伝えるだけである。ODM受注者は，製品設計と部品選定，さらには製品検査，製品評価までを行う。販売はODM発注側ブランドで行われる。従ってここでも様々な指導，双方向のやりとりが行われる。この過程で，ODM受注者は更に高度な設計・技術・評価のノウハウを獲得し，蓄積するのである。

このようにして高度な技術を獲得した地場企業は，二つの選択が可能である。一つ目が，ODM企業としてさらに高度化，大規模化する方向性である。こうした発展経路を選択した企業の典型例としては，台湾系企業が有名である。例えば世界最大のEMS（electronics manufacturing service：電子機器生産受託サービス）企業として有名な鴻海精密工業（Foxconn）や，エイサー（Acer）などがある。鴻海精密工業は，ソニー，任天堂，モトローラ，ノキア，ソフトバンク，インテル，デル，ヒューレットパッカード，オリンパスなど，世界中の大手企業からOEMやODMの受託を行っている[10]。

そして二つ目が，OEM/ODMで獲得した設計・生産の技術蓄積を用いて自社ブランドで生産販売する形態，すなわちOBMへの移行である。この発展経路を選択した企業の典型例は，韓国企業が有名である。例えば，三星電子（Samsung），あるいはLGエレクトロニクスなどである。これらの企業は，三洋電機（現パナソニック），東芝，日立，NEC，パナソニック，GE，IBM，AT&T，コンパックなど，世界中からOEM/OBM受注を行ってきた[11]。現在も両社はOEMも行っているが，自社ブランド製品を生産する，世界トップレベルの自社ブランド企業として有名である。

日本は何故，技術流出の危険のある生産委託を行うことになったのであろうか。様々な経緯があるが，最も大きな要因の一つが円高である。日本製造業にとって，海外市場への製品輸出は欠かせない。ライバルは世界中の企業である。

---

10) 2009年，2010年，鴻海精密工業に技術指導を行った日本人技術者からの聞き取り，および2011年夏の筆者の一人による中国調査での聞き取りに基づく。
11) 2000年大手電気メーカー担当者からの聞き取り，および筆者の一人が1990年代後半から2000年代に数度，両社を訪問した際の聞き取りなど。平川均・石川幸一編（2001）などでも，アジアNIEsのOEM状況と地場企業の発展について記述がある。

消費者の製品選択で重要な要因が品質と価格であるが，恒常的な円高基調の元では日本でのコスト低減は限界がある。日本の経済発展とともに，円高はどんどん進行した。かつて1945～73年は固定為替相場のもと，1米ドルあたり360円であった。1971年のニクソンショック（308円），1973年の変動相場制移行などを経て，円の価値はどんどん上がっていった。日本の製造業にとって，特に大きな転機となったのが1985年9月のプラザ合意[12]である。これにより1985年には1米ドル250円ほどであったのが，1年ほどで120円にまで一気に円高が進んだ。さらに2000年代，特に後半以降に急激に円高が進み，2012年6月時点で1ドル78円前後にて推移している。こうした円高が進む中，日本の製造業は，①製造拠点の海外移転，②製品の海外委託生産，③日本での生産性向上，④廃業，などの選択を迫られることになった。②の選択，人件費の安い国の地場企業へのOEM/ODM発注は，必要に迫られた選択だったのである。

● 2-7　移転や学習が容易な技術とそうでない技術

このように韓国では技術が体化された資本財を輸入し，技術人材を育成し，技術指導を受け，OEMで実践教育を学習してきた。こうした努力は1970年代以降には既に行われていた。一方で，韓国などアジア新興国の大きな躍進が目立ちはじめたのは1990年代以降である。このタイムラグをどう理解すればよいのだろうか。人材育成や技術学習に時間を要するのは事実である。急激に円高が進行したプラザ合意は1985年のことであり，それによりアジアの産業競争環境が大きく変化したということもあるかもしれない。また，1997年のタイでの通貨下落をきっかけにしたアジア経済通貨危機で大きな経営変革を行ったことも理由にあるのかもしれない。しかしアジアの様々な現場を訪問していると，別の理由も思い当たる。コンピュータの飛躍的な発展と，製造現場への導入である。これにより，それまで学んだり移転しにくかったりした技術が，移転しやすい形に変化したのではないかとの考えである。

---

12) 1985年9月にニューヨークのプラザホテルで開かれた先進5カ国の蔵相会議（G5）で行われた合意の名称。当時ドル高で苦しむ米国経済救済のため，各国がドル高是正で市場に協調介入する声明を出した。

日本の製造業の強さに技能の熟練があるのはよく知られた事実である。人の経験に基づく，勘・コツ・ノウハウなどがうまく，設計・製造現場で活用され，競争力ある製品が生み出される素地となってきた。勘・コツ・ノウハウの事例は至る所で見ることができる。例えば鍛冶職人や陶芸家は，窯の炎の色を見て適温であるかどうか判断することができる。機械職人は加工音を注意深く聞くことで，機械性能以上に加工精度を上げたり，機械の不具合を察知したりする。研磨職人の指先の感覚は，数ミクロンの凹凸を感じ取る。ロケットや半導体装置などの精巧な金属凹面を創り出す，へら絞り職人は，金属板にあてる「へら」から伝わる感覚と自らが加える力加減により，精巧な複雑曲面を生み出す。製造現場の作業員は，稼働する機械の音，振動，油漏れ，などさまざまな小さな兆候から，未然にトラブルを察知し，修正する。金型職人は図面を見ただけで，直感的に不具合が起きそうな箇所を感じ取る。こうした勘・コツ・ノウハウなどによる技能は，日本のもの造りの現場で当たり前のように活用され，伝承されてきた。一方，これらの技能は感覚的な面が多く，個々人が体得により学ぶ必要がある。そのため，伝承には多くの時間を要した。金型製作では，一人前になるために10年以上は必要と言われた時期もあった。

　この点を知識論の観点から少し整理してみよう。ポランニー（Polanyi, 1958）は知識を「形式知」（explicit knowledge/knowing）と「暗黙知」（tacit knowledge/knowing）に区別した。野中・竹内（1996）はこれらを用いて経営論を展開した。形式知は，言葉で論理的・客観的に説明できるタイプの知識である。形式知はその性質上，他への伝達が比較的容易であり，学習者も学びやすい。他方，暗黙知は主観的であり，言葉で論理的に説明が難しいタイプの知識である。そのため暗黙知は，他への伝達が難しい。ポランニーは，自転車操作を例に暗黙知を説明した。自転車操縦を体得した個人は，容易に自転車を乗りこなすことができ，その主観的体得スキルは年を経ても継続する。この自転車に乗るというスキルは，言語では，複雑ないくつかの物理メカニズム，あるいは細目的な行動の連続の羅列となる。言葉での伝達だけでは，学習者はおそらく自転車を乗りこなすことができない。すなわち，言葉ではなく，行動，あるいは体得した感覚を伝える必要があるのである。

　経験に基づく行動の重要性については，バーナード（Bernard, 1938）が企

業経営の観点から指摘している。彼は行動を，心理的要因の結果の非論理的なものであるとした。行動は，人が様々な変化に適応し，経験した結果を活かし，無意識的・自動的・慣習的に行うものであるとした。個人が主観的に体得した，勘・コツ・ノウハウは，無意識的に活用され，行動に結びつくとの指摘である。野中（1990）は，こうした行動による知識を「行動知」（activity knowledge）と呼んだ。さらに，野中・竹内（2011）は，経験から得られる暗黙知をもとに，具体的な状況で最善の判断を行う知恵を「実践知」（practical wisdom）と呼んだ。

こうした知識論に基づくと，技術・技能は形式知化すると伝えやすく学習も容易になると言える。例えば，詳細な作業指示書の形で記述されたり，大学などの外部機関で教えることができる形で体系化されたり，あるいは機械に体化されマニュアルに基づき操作できるようになったり，などである。

● 2-8 暗黙知の外部化：デジタル知への転換

現場の技能者，特に熟練工の体得した暗黙知的技能・技術は，現場ごとに異なり，一般化しにくいことが多い。そのため日本の中でも，企業を越えて移転したり，まして国外の企業に移転したりすることは難しいと思われてきた。しかし情報技術の進歩により，こうした技能者が保有してきた「暗黙知」をソフトウェア製品あるいはそのデータという形に変換することで，誰にでも利用可能な「形式知」へと変換することが可能になってきている。機械装置や機能部品に体化できないような技術知識ですら，情報処理技術の出現とその飛躍的発展により，コンピュータ・ソフトウェアあるいはデータの形で「体化」されるようになった。「暗黙知」が「デジタル知」に変換されるようになったのである。これにより，移転が困難とされてきた，生産現場の操業技術や管理技術，技能者の加工技術なども，企業外へ移転可能になってきた。この暗黙知のデジタル知への転換について，鉄鋼産業と金型産業の2産業を例に考えてみよう。

鉄鋼産業は資本集約的産業の代表である。資本集約的産業は，機械を導入し，それを操作すればよいと思いがちである。1970年代以降，アジア諸国が日本の技術を導入し，鉄鋼生産を行おうとしたが，多くは困難に直面した。アジア各国の鉄鋼産業が質・量ともに日本に急迫するようになったのは1990年代後半

以降のことである。鉄鋼生産に関する様々な暗黙知が存在し，機械導入だけでは質のいい鉄鋼は造れなかったのである。

日本の鉄鋼産業での暗黙知のデジタル知への転換について，筆者の一人が新日本製鐵の高炉プロセスの事例をもとに分析を行った[13]。同社資料によると，1962年の高炉では，全体で4種類のセンサーが装備されていた。一方，1992年になると高炉に14種類のセンサーが挿入され，その情報をもとに12種類の情報処理が同時並行的に行われるようになっていた。すなわちかつては「暗黙知」と形容するしかなかった技術知識・熟練が，一般性のある「物流・伝熱・反応モデル」などの科学知識として，あるいは経験の蓄積としてデータベース構築の形で「形式知」に変換されていることを意味している。暗黙知から形式知への変換過程は「文節化」（articulation）と言われる。日本の鉄鋼産業では，現場の作業者が，自らの作業をコンピュータ・プログラムに書き落とすという形で，生産プロセスのコンピュータ化が実現されていった。すなわち，現場作業者が自らの持つ暗黙知を形式知として「外部化」（externalize）したのである。1985年以降，高炉容積の拡大を伴わないで，日本鉄鋼業の生産性が急上昇している。直接の因果関係は明確でないものの，暗黙知のデジタル知への転換の進行と時期が一致しており，何らかの寄与があったことは想像に難くない。

加工技能のデジタル知への転換についても，金型産業を事例に筆者の一人が分析を行っている[14]。加工に関する技能は非常に属人的であり，技術移転が難しいと考えられている技術である。その代表的な産業の一つが金型産業である。金型は大量生産には欠かせないツールである。プラスチック，金属，ゴム，ガラス，ありとあらゆる大量生産品が金型を用いて成形されている。それらの部品は多種多様であり，その形状ごとに異なる金型が必要となる。従って，金型は部品ごとの一品特注品であり，形状もそれぞれに異なるのである。

1950年代，金型は職人の勘・コツ・ノウハウにより，ヤスリ，ボール盤，旋盤，研削盤などをもちいて，手作業主体で製作されていた。典型的な技能集約的な産業であった。それが，1970年代後半頃から数値制御による工作機械を用

---

13) 児玉文雄編（2008）pp.176-178 に詳述。
14) 馬場敏幸（2005）pp.159-175 に詳述。

いた製作法が多く取り入れられるようになり，1980年代にはコンピュータを用いた設計・製作方法が導入されていった。導入にあたり様々な問題が出現したが，金型メーカー，工作機械メーカー，ソフトウェアメーカーなどが協力して，問題を解決していった。問題解決の過程で，金型設計と加工のための様々な暗黙知が，ハードやソフトの形で，コンピュータ，ソフトウェア，NC装置，工作機械，などに体化されていった。

今日では，三次元CADで設計がなされ，設計段階で流動解析により構造に問題がないかシミュレーションで検証される。設計データは三次元の加工データに変換され，コンピュータ制御の工作機械により金型が製作される。金型産業は手作業主体の技能集約的産業から，機械やソフトをいかに使いこなすかという資本集約的産業へと変容していったのである。

以上，鉄鋼産業，金型産業で1990年代までに，多くの暗黙知がデジタル知に転換した事例を述べた。今日，アジアのこの2産業はどのようになっているのであろうか。前述の通り，鉄鋼産業は資本集約的産業の代表的産業であり，アジア諸国は日本の製鉄所をモデルとして日本から技術導入し，設備投資を行い，鉄鋼プラントを建設していった。韓国のポスコは1968年に浦項総合製鉄として設立し，中国の宝山鋼鉄は1977年に上海宝山鋼鉄総廠として設立した。両社とも日本の製鉄技術を導入して発展してきた[15]。両国とも1990年代頃までは品質問題を抱えていたが，近年は急速に発展し，質量とも躍進がめざましい[16]。金型産業についても1990年代初期までは，日本が世界的に競争優位にあり，アジアの中でも抜きんでた存在であった。しかし1990年中葉以降，韓国などアジア諸国の猛烈なキャッチアップが顕著になった。

---

15) ポスコ（Posco）の前身である浦項総合製作所は1968年に設立。日本の富士製鐵と八幡製鐵（両社は現在の新日本製鐵），および日本鋼管（現在のJFEスチール）の三社が，日韓基本条約に基づき技術供与してきた。姜先姫（2001）によると，その期間は1967の総合製鉄建設推進委員会以来，1983年の第4期設備完成までの16年に及ぶとのこと。それ以後も，ポスコと新日鉄などの協力関係は継続された。一方，宝鋼と日本鉄鋼産業との協力開始は，1977年である。同年，中国政府より，大型一貫製鉄所建設への協力要請が日本政府になされ，技術協力プロジェクトが開始された。それ以来，新日鐵などと宝鋼の協力関係は継続している。新日鐵の宝鋼への技術協力の開始については劉（2003）など。

これらアジア諸国の猛追は様々な要因が重なった結果であるが，暗黙知のデジタル知への転換もその重要な要因の一つであったのである。

3 後発国のキャッチアップ成功要因　まとめ

以上，先発国としての日本，後発国としての韓国やその他アジアを事例に，後発国の技術導入によるキャッチアップ要因について，技術論・学習論の観点より考えを進めてきた。まとめると次のようになろう。

工業化に伴う技術には様々な形態がある。鉄鋼産業や石油産業などは，プラントなど資本財を導入してそれを操作して製品を作り上げる。自動車産業や電気電子産業などは，部品を購入して組み立てて製品を作り上げる。部品企業では，資本財により素材を作り上げたり，様々な素材を加工したり，電子回路を作り上げたり，またそれらを組み立てたりするなど，様々な技術形態が混在している。それらの技術は，体系化され言葉で表せるような「形式知」の形と，言語化が難しく感覚的な「暗黙知」の形態がある。前者は伝達，学習がしやすいので技術移転が比較的容易であるが，後者は学習者が体得する必要があり技術移転が難しい。

日本は産業発展の過程で，製造学習や利用学習などにより，様々なノウハウを獲得してきた。これらのノウハウには暗黙知的な技術も多かったが，日本では様々な暗黙知的技術を利用しやすく，伝達しやすい形に外部化させてきた。例えば，機械への体化，デジタル知への転換などである。これは日本の製造業の強みにもなったが，一方で，暗黙知だった技術の移転を容易にさせた面も

---

16) 世界鉄鋼協会資料に基づき計算すると，1980年時点では日本の鉄鋼生産は世界の19.6％のシェアを占め，世界一であった。当時の中国は世界シェア6.5％，韓国は1.5％に過ぎなかった。1990年時点でも日本の優位は揺るがなかった。その後，1996年に中国が鉄鋼生産で日本を追い抜き，差は拡大している。2010年時点では，中国の世界シェアは44.6％になり世界一位である。同年で日本は7.7％，韓国が4.1％である。またポスコ広報資料によると，世界鉄鋼ダイナミクス（WSD）による2012年度の世界鉄鋼企業の競争ランキングでは，1位がポスコ，宝山鋼鉄集団が5位にランク付けされている。日本は新日鐵の8位が最高位である。

あった。

　アジアの後発国は，それらの機械やコンピュータ，ソフトウェア，データなどを購入し，技術指導を受けたり，操業実践したりすることで，日本など先行国の蓄積した技術を比較的容易かつ短期間で享受することができるようになった。またOEMやOBMなどは，後発国地場企業による製造技術・開発技術の効率的学習に多いに役立った。さらにこうした技術受け入れの素地として，高度な技術人材育成が行われたことも，技術導入に多いに役立ったのである。

【参考文献】
Acer（エイサー）．(http://www.acer.com, 最終参照日 2012/06/25)
Arrow, K. J. (1962). Economic implication of leering by doing. *The Revjiew of Economic Studies,* **20**(3), 155-173.
馬場敏幸（2005）．アジアの裾野産業—調達構造と発展段階の定量化および技術移転の観点より　白桃書房
BAO Steel（宝鋼）　(http://www.baosteel.com/, 最終参照日 2012/06/24)
Bernard, C. I. (1938). *The function of the executive.* Cambridge, MA: Harvard University Press.
Foxconn（鴻海）．(http://www.foxconn.com/, 最終参照日 2012/06/25)
平川　均・石川幸一（2001）．新・東アジア経済論—グローバル化と模索する東アジア　ミネルヴァ書房．
Hobday, M. (1995). *Innovation in East Asia: The challenge to Japan.* Brookfield, VT: Edward Elgar.
Hobday, M. (2000). East versus Southeast Asian innovation systems: Comparing OME- and TNC-led growth in wlectronics. L. Kim & R. R. Nelson [eds.] *Technology, learning, and innovation: Experiences of newly industrializing economies.* Cambridge, New York: Cambridge University Press, pp.129-169.
JFEスチール．(http://www.jfe-steel.co.jp/, 最終参照日 2012/06/24)
姜　先姫（2001）．韓国における日本の経済協力: 浦項総合製鉄所建設をめぐる日韓経済協力　現代社会文化研究, **21**. (http://dspace.lib.niigata-u.ac.jp/dspace/bitstream/10191/994/1/18_0003.pdf, 最終確認日 2012/6/24)
韓国教育科学技術省（http://english.mest.go.kr/, 最終参照日 2012/06/18)
Kim, L., & Nelson, R. R.［eds.］(2000). *Technology, learning, and innovation: Experiences of newly industrializing economies.* New York: Cambridge University Press.
Kim, L. (1997). *Imitation to Innovation: The Dynamics of Korea's Technological Learning.* Boston, MA: Harvard Business School Press.

国連貿易統計データベース（UN comtrade）．(http://comtrade.un.org/, 最終参照日 2012/06/25)

LG エレクトロニクス（http://www.lge.co.kr/, 最終参照日 2012/06/25）

文部科学省（日本）（http://www.mext.go.jp/, 最終参照日 2012/06/18）

野中郁次郎・竹内弘高／梅本勝博［訳］（1996）．知識創造企業　東洋経済新報社

野中郁次郎・竹内弘高（2011）．「実践知」を身につけよ 賢慮のリーダー: Feature articles 偉大なるリーダーシップ　Harvard Business Review, **36**(9), 10-24.

野中郁次郎（1990）．知識創造の経営　日本経済新聞社

OECD（http://www.oecd.org/, 最終参照日 2012/06/25）

Polanyi, M.（1958）. *Personal knowledge: Towards a post-critical philosophy*. Chicago, IL: University of Chicago Press.（ポランニー, M./長尾史郎［訳］（1985）．個人的知識 : 脱批判哲学をめざして　ハーベスト社）

Posco.（http://www.posco.co.kr/, 最終参照日 2012/06/24）

Rosenberg, N.（1982）. *Inside the black box: Technology and economics*. Cambridge, MA: Cambrige University Press.

劉　志宏（2003）．宝山製鉄所の技術導入をめぐる政策決定　アジア研究, **29**(2), 3-25（www.jaas.or.jp/pdf/49-2/3-25.pdf，最終確認日 12/6/24）

三星電子（Samsung）．(http://www.samsung.com/, 最終参照日 2012/06/25)

政府統計（日本）．(http://www.e-stat.go.jp, 最終参照日 2012/06/18)

新日本製鐵（http://www.nsc.co.jp/, 最終参照日 2012/06/24）

World Steel Dynamics（WSD）（http://www.worldsteeldynamics.com/, 最終参照日 2012/06/24）

児玉文雄［編］（2008）．技術潮流の変化を読む　日経BP社

04 ハイテク産業からみた アジアの産業集積

近藤章夫

1 はじめに

本章では，半導体産業を題材にしてイノベーションと集積の関係をアジアにおける経済発展と関連づけて論じる。

● 1-1 イノベーションの地理的スケール

水平分業と国際分業の進展とともに，近年の半導体産業では科学技術への依存度が高まっており，知識の創造と活用が重要になるサイエンス型産業の色彩が強まっている。サイエンス型産業とは，基礎的な科学の重要性が高く，科学技術の成果が事業に利用されるまでの時間が短い産業を指す（後藤・小田切，2003）。

サイエンス型産業の特性に注目する理由は，さまざまな科学技術分野で生み出される創造的な発見・発明が市場を通じて経済社会に変革をもたらす「サイエンス・イノベーション」への関心が高まってきていることにある。現代において経済成長にはイノベーションが不可欠であるとの認識が広がりつつあるが，その原動力としてサイエンスへの期待が高まっており，広い意味で知識の生産活動とイノベーションとの関係が論じられるようになった[1]。

イノベーションの創出を促すシステムにはいくつかの地理的スケールが考えられる。北米，EU，東アジア，という大陸レベルのスケールから，日本など各国のナショナルスケール，都市や集積・クラスターなどの地域スケールまで縮尺に応じたイノベーションシステムが考えうる（Lundvall, 2010）。特に近年は，

サブナショナルスケールとしての地域イノベーションシステムが EU を中心に議論されており（Cooke et al., 2004），日本においてもクラスター戦略との関連から経済産業省の産業クラスター計画や文部科学省の知的クラスター事業などで議論されている。

　地域イノベーションシステム論で鍵となるのは，イノベーションの地域性をどのように考えるかという点である（Cooke et al., 2004）。科学者・技術者の国際的な流動が高まりつつあり，国境を超えた共同研究や共同開発が一般的になっている現代において，知識の生産活動はボーダーレスである。特に，研究活動では英語が事実上の国際公用語となり，グローバルスケールの人的なネットワークが密となっていることを鑑みると，サイエンスはグローバル化が常態となっている。一方で，米国のシリコンバレーやボストン周辺，英国のケンブリッジ，インドのバンガロール，台湾の新竹など特定の地域が「ハブ」として知識生産の中心地となっているという観察的事実がある（Bresnahan, 2004）。新製品や新規ビジネス，新しいアイディアなどがこうした集積・クラスターから続々と創出されているということは，経済的価値をもつ「テクノロジー」がローカル化しているとみることもできる。すなわち，知識のリンケージがグローバル化とローカル化の動きのなかで多層的になっているといえよう。

　半導体産業においては，こうした「サイエンスのグローバル化」，「テクノロジーのローカル化」という現象が特に顕著である。ムーアの法則にもとづいた国際半導体技術ロードマップ（ITRS：International Technology Roadmap for Semiconductors）が作成され，技術開発の方向性はグローバルで議論されている。基礎研究に近い部分の要素技術の開発では，国境を超えたコンソーシアムが数多く形成されるとともに，半導体国際会議などでは研究成果の発表を通じた情

---

1) こうした背景には，イノベーションをめぐる国際競争が激しくなっていることがあげられる。米国では「Innovative America」と題する 2004 年の米国競争力評議会報告で国家的イノベーションシステムの振興が打ち出され，他方 EU では欧州委員会（European Commission）が 2006 年に「Creating an Innovative Europe」と題する報告書を刊行するなど，国家戦略や公共政策にもイノベーションがキーワードとなりつつある。経済社会の広い分野で，既存の産業構造や諸制度，技術や製品などの「創造的破壊」を促すようなキードライバーをいかに見出すかが重要な課題となっている。

報交換などが活発に行われるなど，研究開発はボーダーレスで進んでいる[2]。特に，回路線幅の微細化に「物理限界」が見えはじめたことで，これまでの技術進歩の経路とは異なる方向性が求められるようになり，「More Moore」や「More than Moore」などが喧伝されるなかで，より一層グローバルスケールで密にリンクした研究開発が進められるようになってきている。他方，半導体産業の立地は米国西海岸や東アジア，欧州のいくつかの拠点に集積しており，水平分業化のなかで台頭してきた研究開発型企業の多くは特定の集積・クラスターから誕生してきている。知識生産の観点でみれば，知的財産権の1つである特許の出願地も特定の集積に集中する傾向が強まりつつあり，この点で半導体産業は「テクノロジーのローカル化」の様相を呈している。

● 1-2　知識生産と企業組織

半導体産業や関連する電子部品産業に連なる日本の製造業は1980年代に強い国際競争力を有し，その結果，鉄鋼，工作機械，自動車，電機，精密機械など多くのセクターで生産額を伸ばして世界を席巻した。こうした日本の産業競争力の源泉については，さまざまな論者によって議論，解釈されてきたが，製造現場，企業内部門間，企業間における知識活用とコーディネーションに日本の優位性があった点では共通の理解をみている。米国や欧州の産業・企業にキャッチアップしていく段階でのリニア的な技術開発では，こうした摺り合わせの強みが日本製造業の競争力となっていたとみることもできる（後藤・小田切，2003；藤本，2004）。

1990年代に入ると，一部の製造業を除いて国際競争力に翳りがでてきた。特に半導体産業は極めて深刻な不況期を数度経験し，メモリなどキードライバー

---

2) 例えば，国際的なコンソーシアムとして，International SEMATECH（ISMT）やIMECなどがあげられる。また，技術開発の発表の場として代表的な国際会議には，IEDM（International Electron Devices Meeting；電子デバイスに関する会議），ISSCC（International Solid-State Circuits Conference；固体回路に関する会議），VLSIシンポジウム（LSI製造技術および回路に関する会議）などがある。同様に，FPD（Flat Panel Display）関連の学会では，SID（Society for Information Display；国際情報ディスプレイ学会）が主催する会議などが代表的である。

となる製品で国際競争力が弱化していった。日本とは正反対に米国では1990年代に産業競争力が復活し，特にITや半導体などの分野で競争優位となった。このような80年代から90年代を通じて，日米産業の対照的な栄枯盛衰プロセスの要因についてもさまざまな議論，解釈がなされてきた（伊丹ほか, 1995; 藤村, 2000; 中馬・橋本, 2007; 湯之上, 2009）。その理由の1つは，ITの爆発的普及による情報のデジタル化と東西冷戦の終結による本格的な経済のグローバル化を背景にして，事業の不確実性や複雑性が増して，これまでの知識活用の方法とは異なる動きが生じたからだといえる。具体的には，組織内外のコーディネーションのあり方がモジュール化と呼ばれる方向にシフトし，垂直統合的な摺り合わせで競争劣位となる部分が出てきた。半導体産業では日本の大手電機メーカーが設計，製造，検査までを自社で行う垂直統合型ビジネスモデルで80年代を席巻したが，90年代は各工程に特化した専業企業が台頭して水平分業型ビジネスモデルが顕著になり，米国をはじめ台湾や韓国の成長によって日本の地位が低下した（山崎ほか, 2008）。

　さらに，90年代の産業技術にとって，ITのインパクトと関連してサイエンスの役割が高まったことも組織内外のコーディネーションが変化した要因としてあげられる。半導体などエレクトロニクスの要素技術の開発にサイエンスが深く関わるようになり，高度な科学的知識の創造と活用がイノベーションを起こすうえで極めて重要になってきた。半導体産業では特にこの傾向が90年代中頃から顕著になってきている。サイエンスの役割が高まり科学的知識の創造や活用が重要になったということは，これまでの組織内外だけでなく，一層広範に知識を探索し，異なるアクターとの協力関係や協調関係からイノベーションにつなげていくことが求められるようになったということを意味する。半導体産業において，日本をはじめ各国でアライアンスやコンソーシアムの形成が90年代中頃から数多くみられるようになってきたのもこの証左といえよう。

　このように，日本の産業競争力が弱化した要因を知識の創造や活用に関するコーディネーションの問題と捉えるならば，半導体産業のイノベーションを迅速に実現するためには広く内外の知識にアクセスできる環境や仕組み，異なるアクターとのリンクやネットワークなどが重要になってくる。プロセステクノロジーの急速な進展による投資額の高騰が事業リスクを高めているなかでは，

知識創造や知識活用において企業の境界を超えたアライアンスやコンソーシアム，産学官のコラボレーションなどが重要な方途となりうる。

● **1-3　イノベーションの地理的条件としての集積**

現代において産業集積は，知識生産のコーディネーションやネットワーク，研究開発におけるベンチャー創出の意義などからも再考されている（石倉ほか，2003; 山本，2005）。知識にはコード化可能な形式知と属人的な暗黙知に分類できるが，このうち後者の暗黙知は対面接触によってのみ伝播するのでローカルスケールでしかアクセスできないとされる。そのため，イノベーションを実現する必要条件として内外の知識へのアクセスを考えたときに，一般にさまざまなアクターが地理的に近接していてかつ集積している状態が有利に働く。また，研究開発のシーズ発掘やベンチャー創出などもローカルスケールにおける地域資源，風土，制度，地域労働市場などの特性によって大きな影響を受ける。揺籃期のベンチャーなどは規模が小さく，事業を進めるうえで十分な知識・ノウハウが欠如しているケースが多いため，地域における制度的な厚み（institutional thickness）が重要になってくる（Martin, 2000）。

こうした点から，イノベーションを実現して行くうえで地理的条件が浮びあがってくる。従来のリニアモデルが限界をむかえ，不確実性と複雑性が高まっている現代経済において，研究開発から事業化にいたるプロセスではさまざまな段階で異なるアクター間で相互に学習することによってイノベーションの実現確率が高まるとされる。また，地理的に近接した状態では知識のスピルオーバーが起こりやすく，新しい発見や発明が次の知識創造や知識活用につながるという正のフィードバック効果がいくつか事例研究から明らかになっている（山崎ほか，2008）。このような学習効果とフィードバック効果から，イノベーションにおいて地理的近接性が重要であり，知識リンケージの観点から産業クラスターの役割が再考されている。

産業集積やクラスターの議論の焦点は，輸送費用や取引費用の低減効果からイノベーション実現の確率上昇効果という点に移っている。集積の利益については特定の産業に特化した地域に生じる特化の経済と多様な産業が存在する地域に生じる都市化の経済に分類される。集積とイノベーションの近年の議論で

は，イノベーション創出には外部とのつながりが重要であるという主張が多く見られるようになってきている（水野, 2005; 與倉, 2008）。さらに，新奇性のある知識が循環するには内部の多様性や流動性の必要も指摘される。集積やクラスターをイノベーションの文脈で考える際には，近接性だけでなく多様性と結合性という要素も重要になる。集積の内外でいかにリンケージやネットワークが形成されているかという視点がイノベーションの議論では主眼となる。

半導体産業において，イノベーションをめぐる競争が激化しているという背景と特定の産業集積・クラスターに累積的な投資がみられるという観察的事実は相関していると考えられる。特に，東アジアにおいては先行した日本，キャッチアップしてきた台湾，韓国，新興勢力の中国の競争と協調と通じた相互依存関係が強まっており，各国・地域の産業集積間のネットワークも密になってきた（山崎ほか, 2008）。次節以降で，半導体産業と関連産業の特性と東アジアにおける立地と集積の動向をみていく。

2 研究開発と設備投資の集中化と集積

● 2-1 半導体産業にみる研究開発の高度化と集中投資

半導体産業の特徴の1つは「ムーアの法則 Moore's Law」と呼ばれるロードマップによって産業の発展が進む点にある。インテルの共同創業者である G. Moore 氏（現名誉会長）が 1965 年に主張した「半導体の集積度は 18～24 ヶ月で2倍になる」という予測は，過去 40 年の半導体産業の技術進歩を的確に表現したものであるとともに，半導体メーカーの道標としても重要であった。日本の半導体産業も含め，集積度の倍増ゲームというロードマップがデバイスメーカーに継続的な技術革新を強いるという点に半導体産業の特性がある（山崎ほか, 2008）。

半導体産業のもう1つの特徴は設備投資が巨額である点である。半導体生産では半導体回路を焼き付けるシリコンウェーハの面積（直径）が拡大すればするほどより多くの半導体チップを生産できるため，ウェーハの大口径化が生産コストの低減に直結する。また，ウェーハに焼き付ける回路加工技術も微細化が進み，近年では微細加工技術がマイクロメートル（μm）からナノメートル

(nm)の世界に入るなど,製造装置の高度化や大型化が進んでいる。そのため,継続的な半導体製造装置の刷新が競争力の向上や維持に必要である。一般に半導体産業では売上高の15%〜20%が設備投資の適正規模であるといわれるが,電子産業のみならず,幅広い産業に「産業のコメ」として半導体チップが用いられているため,メーカーにとってみると需要予測が難しく,事前に設備投資の適正規模を決めるのは不可能に近い。半導体産業のvolatility(業績変動の振れ幅)が非常に大きいというのは,こうした設備投資の巨額化と市場の不確実性に起因している。

代表的なデバイス製品であるメモリでみると,製品の大容量化とウェーハサイズの拡大にともなって設備投資額が高騰しており,300mm（12インチ）ウェーハでは1500億円から3000億円規模の投資が必要となってきている。最先端半導体デバイスではファブ（生産棟）あたりの累積投資額が3000億円を超えるケースも出てきており,先に述べた設備投資額の売上高に占める割合を鑑みると,最先端デバイス向けに投資できる生産工場は世界的にも限定されつつある。

地域別の半導体生産能力をみると,2000年以降は日本を含むアジアが北米および欧州の規模を上回っている（表4-1）。工場数や合計月産能力枚数だけでなく,1工場あたりの平均月産能力枚数で規模の拡大が顕著であり,アジアが生産量だけでなく生産規模の面においても,半導体産業における「世界の工場」となりつつあることが読み取れる。

また,東アジアの域内に目を転じてみると,日本,韓国,台湾において大型

表4-1 半導体前工程ラインの生産能力における地域別規模格差

	工場（ライン）数	合計月産能力枚数	1工場あたり平均月産能力枚数
		（200mm換算）	（200mm換算）
日本	36	601,915	16,720
アジア（日本を除く）	39	1,469,250	37,673
北米	36	922,925	25,637
欧州	16	408,550	25,534

（注）素子,純バイポーラIC,化合物を除くMOS,BicMOS系の前処理工程,微細度0.2μ以下。
（出所）『半導体の創造的破壊力の解放を目指して』機械振興協会経済研究報告書,2003年
（原資料）Strategic Marketing Associates『World Fab Watch』Oct. 2002ed.

のファブが集中しており，近年では中国においても本格的に半導体生産工場が立地しつつある。2000年以降はウェーハサイズで300mmの生産工場が主力となっているが，日本メーカーの東芝やエルピーダ，韓国メーカーのサムスン電子やハイニックス，台湾メーカーのTSMCやUMCなどへの集中投資が顕著である。これらの投資の特徴は同じ場所で敷地を拡張しながら，または近接的な場所を確保しながら，プロセスルールの発展に基づいてファブを建設していくことにある。そのため，表4-1の単位である各「工場」には数多くのファブが含まれている[3]。まさに工場がファブの集合体として，製造装置や部材なども含めて敷地内に集積しているといえる。そのため，半導体産業の設備投資は地理的には同一の場所や地域で累積的にみられるケースが多く，投資の巨額化が進むにつれ投資の地理的集中化も合わせて生じている。

● 2-2 半導体製造装置産業にみる裾野産業の集積

　半導体産業と近年急激に発展したFPD産業ではシリコン加工技術製造業として基盤的技術に共通点が多く，半導体産業の発展によるFPD産業への波及がみられる[4]。どちらも製造プロセスはクリーンルーム内で行われ，ウェーハとガラス基板への成膜，回路描写，エッチング，洗浄などの技術は共通するところが多い。そのため，露光装置，スパッタ装置，ドライエッチング装置，洗浄装置などの製造装置メーカーは半導体産業とFPD産業の両方で共通する企業が多く，裾野産業としての広がりがみられる（和田木, 2008）。半導体とFPDの製造装置産業では多くの日本メーカーが競争優位となっており，半導体デバイスやFPDなどの製品競争力が劣位になる一方で，いくつかの製造装置では日本メーカーがトップシェアとなっている。

---

3) 例えば，韓国メーカーのサムスン電子では器興工場が主力であるが，同工場にはFab1〜Fab20までの生産棟が集積している（『World Fab Watch』による）。規模や面積のうえでは工場というよりも「コンビナート」に近い。東芝の四日市工場やTSMCの新竹工場なども同様の形態がみられる。
4) この点は近年著しく成長している太陽電池産業についても当てはまると考えられる。太陽電池セルの製造には材料として主にシリコンが用いられ，クリーンルーム内での加工技術の多くが半導体デバイスのそれと親和的であるからである（和田木・横山, 2008）。

図4-1は『International Trade by Commodity Statistics』の年次データによる製造装置の国際貿易の変化を図示したものである。ITCSによれば、東アジアの各国・地域から世界への輸出額は2004年で510億ドル（約5兆6000億円）に達しており、この数字は10年間でほぼ倍増となっている。以前は、日本と北米が製造装置の主要輸出元であったが、韓国や中国などのキャッチアップによって東アジア全体が製造装置産業においても「成長の極」になってきたといえる。このことは東アジア各国・地域の貿易構造からも読み取れる。世界においても東アジアにおいても日本が輸出超過であり競争力を維持している一方、供給元として韓国の存在感が高まっている。特に、東アジア域内において韓国は中国と台湾に対しては輸出超過となっており、半導体とFPDの製品だけでなく、裾野産業としても韓国の発展がみられる。

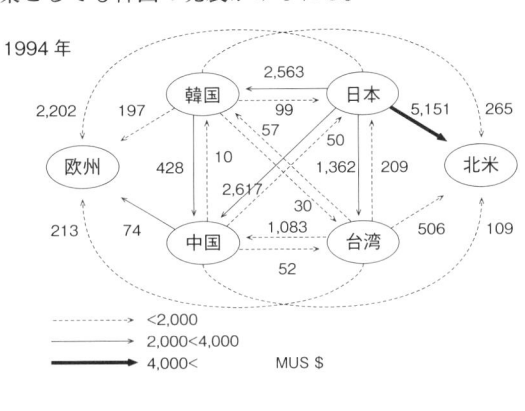

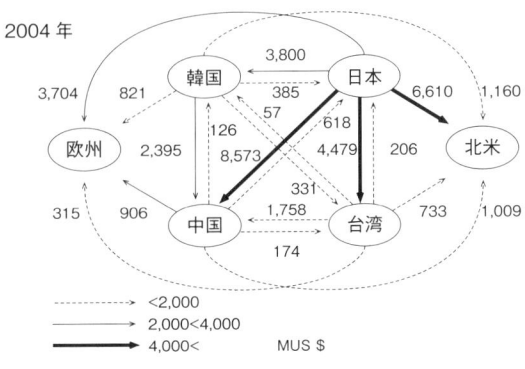

図4-1 東アジアを中心にみた製造装置の国際貿易

それでは製造装置産業からみた東アジアの立地と集積はどのように意味解釈できるのであろうか。一般的に，装置や部材，また幅広い製造基盤技術に立脚した裾野産業は最終消費財の生産拠点に影響を受けて発展する。最終消費財メーカーに比べて，裾野産業を構成する企業群は規模が小さいため，輸送費や取引費用の観点からも集積しやすい。日本においても製造基盤技術を支える中小企業は特定の地域に集積しており，東京都大田区や東大阪市などが代表例としてあげられる。また，製造プロセスにおける装置や部材などとのコーディネーションが必要であれば，すなわち摺り合わせ的であれば，コヒーレントな情報のやり取りが発生する。いずれにせよ，近接性が重要になってくるため，集積する傾向をもつといえる。

　半導体とFPDの製造プロセスにおいては，要素技術の多くが製造装置に内在化しつつあり，各製造装置をラインとしてつなぎ，それらをアライメントしてスループットを向上させるノウハウと時間コストが上昇している。言い換えると，製造装置を購入すれば「誰でも」生産することは可能になるが，競争力の源泉になるコスト削減やスループットの向上には多大なコーディネーションが必要であることを意味する。そのため，製造装置メーカーのエンジニアは工場立ち上げから安定的な量産に至るまで工場内に常駐することが一般的であり，デバイス・パネルメーカーと装置メーカーの工場内のコラボレーションがみられる。

　こうした点は，半導体やFPDにおける大型生産拠点の地理的集中化と関連して，生産拠点と製造装置産業との近接性の解釈に関わってくる。先端工場になれば装置も大型化し，ラインのアライメント作業も複雑になる。工場の立ち上げに際して量産化にいたるまでに，100人規模で装置メーカーのエンジニアが滞在する先端工場も出てきており，そのため装置メーカーは生産拠点に近接した場所に出張所や営業所，現地法人などを設立するケースが多い。裾野産業として製造装置をみた場合，特定生産拠点へのリンケージの集中だけでなく，生産工場内への技術知識の結集という二重の意味で「集積」と関わっているといえる。

3 アジアにおける先端産業立地

● 3-1 ハイテク産業の立地と集積

　サクセニアンの『現代の二都物語』で，米国のボストン近郊ルート 128 地区とサンフランシスコ郊外のシリコンバレーが比較され，後者の発展性と革新性に注目された 90 年代中頃から，世界各地でハイテク産業の集積が重要視されはじめた（Saxenian, 1994; Rosenberg, 2000）。その筆頭格であるシリコンバレーは米国国際競争力の復権のシンボルとして再び世界的に注目されるとともに，ハイテク産業のハブとして資金，人材，知識などが集積し，半導体産業の中核地域としても発展してきた。こうしたシリコンバレーの発展は，世界各地のハイテク産業集積に大きな影響を与えている。日本・韓国・台湾においても，頭脳立地や知識集約型産業集積などの掛け声のもと，ハイテク産業の「ハブ」としていくつかの産業集積が注目されはじめている。台湾の新竹，韓国の大徳や水原，中国の中関村などはそれぞれ各国の「シリコンバレー」と称され，ハイテク産業の研究開発と生産拠点として発展している。

1）台湾の集積

　台湾の半導体産業は，台北市の南西にある新竹科学工業園区（サイエンスパーク）の発展と軌を一にしている。ファウンドリの世界大手となった TSMC や UMC，FPD パネルメーカーなども新竹科学工業園区にファブがある。沿革を概観すると，1980 年に開設され，税制優遇と安価な土地，工業技術研究院（ITRI）の存在などを背景にして，パソコン産業の製造基地として発展しながら，半導体産業のファウンドリ拠点として世界的に注目を集めている。

　また，近年はファブレス企業が TSMC や UMC などのファウンドリ企業との技術支援や取引関係から急速に成長しつつあり，MediaTek や Novatek など世界的な設計企業が台頭している。こうしたファウンドリの成長，ファブレスの台頭には，公立研究機関である工業技術研究院（ITRI）による技術移転，共同研究開発，人材育成などが大きな影響を与えている。先端技術のインキュベーションセンターとして数多くのベンチャーを支援してきており，常時 60 社を超えるベンチャーが工業技術院内のラボに立地している。新竹科学工業園区では，米国留学経験者や起業家精神豊かな技術者が集まっており，300 社を超

えるハイテク企業が立地している。半導体産業の製造から設計まで垂直統合型の産業集積として新竹は東アジアの一大「ハブ」となりつつある。

台湾におけるFPD産業は液晶パネルを中心に急速に発展してきている。代表的なメーカーとして友達光電（AUO）や奇美電子（CMO）などがあげられるが，世界的にもトップランク企業に成長している。友達光電の本社およびマザー工場は新竹市に立地しており，奇美電子は台南に本社があるものの新竹市に生産拠点を有している。半導体産業でも同様であるが，新竹では工場敷地が手狭になってきたため，台中や台南に大型生産棟の建設がみられる。

2) 韓国の集積

韓国忠清南道大田市にある大徳専門研究団地は，日本の筑波研究学園都市に類似したモデルとして1973年に大規模な造成が行われて以来，政府関係研究機関，政府投資機関，サムスンやLGなど民間企業中央研究所，忠南大学など高等教育機関など60近い研究機関が集積している。2001年からは，大徳専門研究団地の研究成果を事業化し，産学官の連携を一層進めるために隣接する土地に大田科学産業団地の造成が進められている。こうした動きのなかで，大徳専門研究団地を中心に周辺の新都市も含めたこの地域は「大徳（テドク）バレー」と称されるようになった。テドクバレーでは，半導体，情報通信，バイオテクノロジーなどの先端分野において研究成果の事業化が進んでおり，ハイテクベンチャーの数が急増している。サムソン電子に代表されるように日本と類似の垂直統合型ビジネスモデルで発展してきた韓国において，米国シリコンバレーや台湾新竹のような研究開発とベンチャーの一大集積地が形成されるかどうか，今後の発展が注目される。

韓国の半導体やFPD産業では，メーカーごとの企業城下町型集積がみられる。サムソン電子では，半導体は器興（キフン），FPDは湯井（タンジョン）と天安（チョナン）に集中しており，半導体メーカーのハイニックスは利川（イチョン），FPDメーカーのLG電子は亀尾（クミ）などを拠点としている。これらの集積地では，大型の製造拠点を中心に研究開発施設，関連子会社，装置や部材などの裾野産業の集積もみられる。半導体・FPD製造装置メーカー，部品，材料メーカーといった裾野産業は，これまで親会社との系列取引が主であったが，近年では系列外の取引も増えており，日本への輸出額も増加している。畿

道内に立地する傾向にある。

　こうした裾野産業の発展と集積の形成には2つの要因があげられる。第1に，サムソン電子やLG電子などのメーカーから中高年層の技術者がスピンオフして，関連する部材メーカーを創業するケースが増加しているためである。第2に，日本に対して輸入超過になっている装置や部材を国産化すべく，政策的に裾野産業を支援する動きが出てきたためである。特に，半導体やLCDの製造設備の国産化を積極的に進めており，合わせて製造設備の標準化と共有化も進めた結果，裾野産業に関わる中小企業の躍進につながっている。

3）中国の集積

　中国のシリコンバレーと称されるのは，北京市西北郊の海淀区の一角を占める中関村である。中国の半導体産業は一世代から二世代古い製造技術が中心である一方，先端的な研究開発は急速に進展している。中関村には中国最大のIT企業である連想集団などハイテク企業の事業所や研究所が集積し，日本の秋葉原のような電気街としても発展している。中関村は1988年に北京新科学技術産業開発試験区が設立されて以来，ハイテク産業の集積地として発展してきた。2001年にはサイエンスパーク条例が施行され，税制優遇や戸籍緩和策などから投資の促進や高度人材の定住が一層図られることとなった。また，理系大学で中国最難関の清華大学や名門の北京大学などが近接しており，産学連携も近年著しく進んでいる。外資企業の研究機関も数多く立地しており，IBM，インテル，マイクロソフト，モトローラ，ノキア，松下電器などのR＆Dセンターが集まっている。中国の半導体産業は発展途上の製造技術と最先端の研究開発が混在しているが，北京中関村を含め上海や深センなど国家レベル・大学サイエンスパーク（大学科技園）は2007年には60を超え，ハイテク産業の育成が急速に進められている。

　このように東アジアの3カ国・地域においては，米国シリコンバレーをモデルに研究開発とベンチャー叢生の拠点としてハイテク産業集積地が発展しつつある。これらの共通点は以下の3点があげられる。第1に，政府が主導となって大規模な土地造成が行われ，税制優遇など政策的な誘導のもと形成されたことである。第2に，中核機関として大学，研究所などが立地し，技術支援や共同研究開発などをつうじて技術のスピルオーバーが生じ，ハイテクベンチャー

などが数多く創出されていることである。第3に，それぞれの国・地域におけるハイテク産業の中核地として研究開発拠点や高度人材が集中しつつあり，一極集中的な地理的ハブとしてこれらの「シリコンバレー」は成長している。

● **3-2 日本における半導体産業の集積**
1) 半導体産業の立地

　半導体デバイスの生産プロセスは，回路設計からウェーハを加工する前工程（拡散工程）と呼ばれる部分と，ウェーハをチップに切断してチップをリードフレームに接合する組立や品質検査など後工程（組立工程）と呼ばれる部分に大別される。一般に，前工程は資本集約的，後工程は労働集約的な側面が強く，設備投資は前工程に約8割，後工程に約2割に振り分けられるといわれる。こうした生産プロセスを工場立地からみると，日本では研究開発の拠点は大都市圏，前工程は地方圏，後工程は前工程に近接した地域や海外への展開，といった「産業地図」を形成してきた。特に，1970年代以降，地域間格差の是正を目的とした製造業の地方分散化政策（工場等立地法など）と相まって，半導体関連の生産工場も大都市圏から地方圏に展開したことが契機となっている。こうした政策的な側面にくわえ，地方圏への立地要因は低賃金労働力の利用，良質な工業用水の取得，地震リスクの分散，航空網・高速道路網の整備に伴う時間距離の短縮といった側面が複合的に絡み，全国的に半導体デバイスの生産工場が立地することとなった。

　図4-2は，大手デバイスメーカー20社の事業所立地について，本社，研究開発および設計部門（開発設計），前工程および後工程（製造組立），営業サービス，複合機能の5種類に分類して，地域別に集計したものである。地域別の特徴をみると，本社や開発拠点などは東京大都市圏に集中しているものの，それと比較して生産工場は分散している。地方圏のなかでも九州地方は「シリコンアイランド」と称されるまでに立地の集積が進み，近年では経済産業省の産業クラスター計画や文部科学省の知的クラスター事業で選定されるなど，日本半導体産業の一大集積地になってきている。地方圏の生産工場の設立年は1970年代の時期がもっとも多いが，生産工場の立地をつうじて経営幹部・技術者・ライン従業者などのプールが地方圏に形成され，それが近年の産業集積やクラ

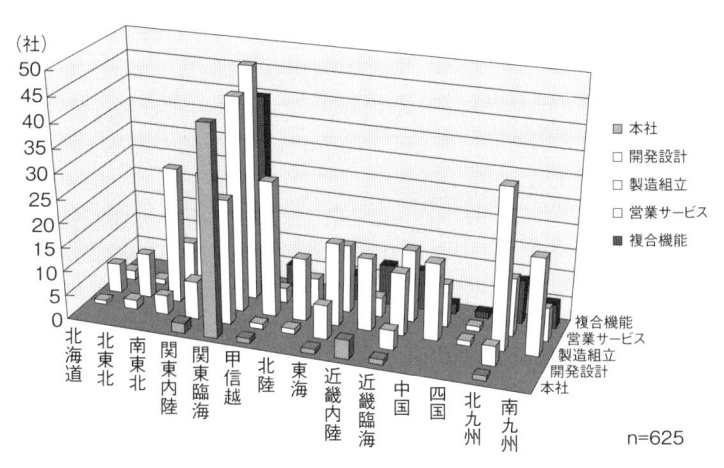

図4-2 日本における半導体デバイスメーカーの事業所分布（2006年）

スターの政策に一定の役割を担うなど，地方分散的な生産工場の立地は半導体産業の裾野や地方圏の産業集積の厚みを広げることにつながった。

このような地方分散に特徴をもつ日本半導体メーカーの立地パターンは，外国のデバイスメーカーとの比較でみると，1) 研究開発拠点からの前工程の分散，2) 前工程と後工程が近接して立地，3) 海外工場は主に後工程，という特徴があるとされる。特に1) の点でいうと，米国の主要半導体デバイスメーカーでは，研究開発拠点と主力前工程工場が比較的近接しているのに対して，日本では研究開発部門は東京大都市圏，前工程は地方圏に立地しており両部門が地理的に離れているのが特徴である。しかし，先端デバイスの生産においては，研究開発部門と生産部門との連携，経営資源の集中などが重要になってきており，地理的分散のデメリットも生じている。

これらの立地パターンの形成には，日本の半導体デバイスメーカーが垂直統合型ビジネスモデルにもとづいて，大都市圏から地方圏・海外へ階層的に立地展開したことが要因としてあげられる。図4-3はNEC（日本電気）半導体事業部門の歴史的な立地展開を示したものである。中央研究所を中心として，前工程および後工程を地理的に分散させ，東京大都市圏は研究開発と設計の拠点として位置づけ，東北や九州は生産拠点として域内での連関が形成されてきた。

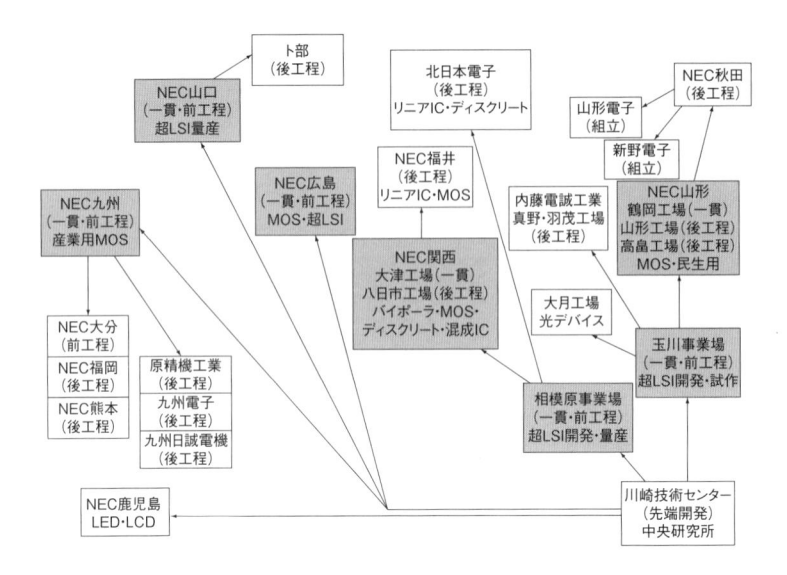

図4-3 NEC半導体事業部門における階層的立地

こうした階層的立地の背景には，中央研究所や玉川事業所で基礎研究を行い，製造装置の開発や生産準備を相模原事業所で進めた後に，漸次地方圏の生産拠点に段階的に展開していくという，リニアプロセスにもとづいた研究開発志向があった。1980年代末まではNECの半導体事業部門は「日の丸」半導体の代表的メーカーとして国際的な競争優位を築いていたが，その後は凋落した。競争力低下要因にはさまざまな論点があげられており，階層的立地にもとづく経営資源の地理的分散が及ぼした影響については今後の実証研究を俟たねばならないが，オープン・イノベーション時代に日本の半導体産業が窮地に陥っている事実は示唆的である。

2) ベンチャービジネスと集積・クラスター

研究開発とイノベーションを考えるうえで，ベンチャービジネスの動向は先に述べたように集積・クラスターの実効性と深く関わっている。半導体産業におけるベンチャービジネスでは，特定の集積地で活発化している。それらの集積地の特徴は主に次の2点である。第1に，シリコンバレーと同じく大企業の生産拠点や研究開発拠点が立地しており，知識のスピルオーバーや波及効果を

つうじて,関連企業の集積が進んだ点である。第2に,このような集積効果に加え,人材がプールされ,共同研究や産学連携などをつうじてスピンオフやカーブアウトなどによる新規事業が立ち上がり,ベンチャー企業の創出へとつながっていることである。特に,ベンチャービジネスで世界をリードする米国では,半導体産業の地域的集中とともに,集積内で既存企業とベンチャーとが協業する形で競争力の向上につながっているといえる。

他方,日本における半導体ベンチャーの叢生にはどのような特徴がみられるのであろうか。日本の半導体ベンチャーは生産拠点の地方圏への分散パターンとは異なり,東京および横浜に集中している（表4-2）。約8割が大都市圏に立地しており,ベンチャーの操業環境として都市集積が1つの要件となっていることが伺える。ただし,表4-2は大学発ベンチャーを含まない数値であり,産業クラスター政策や知的クラスター政策など産学連携や地域共同プロジェクトからの新規ベンチャーも数多く叢生してきた現状をふまえると,大都市圏のウェイトは総体としては下がるとみられる。例えば,台湾の工業技術研究院と類似した公的研究機関の独立行政法人産業総合研究所では技術移転ベンチャーが100社弱を数え,産業クラスター計画や知的クラスター創成事業で指定された九州では中小・ベンチャー企業が事業開始当初の9社から200社近くまで増加するなどベンチャー台頭の機運は少しずつ高まっている。九州半導体イノベー

表4-2 半導体ベンチャーの立地分布の推移

	2000年		2006年		増減数
	企業数	全国シェア	企業数	全国シェア	
北海道・東北	4	2.2%	11	3.2%	7
関東	120	67.0%	189	55.1%	69
（うち東京・横浜）	103	57.5%	165	48.1%	62
北陸・中部	2	1.1%	9	2.6%	7
東海・近畿	36	20.1%	89	25.9%	53
中国・四国	8	4.5%	13	3.8%	5
九州	9	5.0%	32	9.3%	23
計	179	100%	343	100%	164

（出所）産業タイムズ『ベンチャー年鑑』により作成

ション協議会やシリコンシーベルト福岡プロジェクトが立ち上がり，積極的にベンチャー育成に乗り出すことで，起業家が増加している．現に，『日本半導体ベンチャー年鑑』をみると，2000年から2006年にかけてベンチャー企業数は倍増しており，退出した企業を除く純増数では推計で200社を超えるなど，日本においても半導体ベンチャー企業が台頭してきた．

　こうしたベンチャー企業の地域分布が集積やクラスターとの関連で，地域発展へとつながるにはいくつかの課題がある．日本の半導体ベンチャーでは，経営者の多くが大企業で研究開発等の経験をもつ研究者や技術者であり，ベンチャーを創業した後も元の職場とのつながりを有しながら発展するケースが多い．こうした発展経路は経営が軌道にのるまでのアーリーステージからミドルステージには優位性があり日本における1つのパターンとなっているが，一方でベンチャーの発展経路には多様性があるほうが望ましいと考えられる．この点は，ベンチャー企業の産業イノベーションへの役割を，知識創造や知識活用の観点から評価する必要がある．

　先端的な科学的知識を創造して実用化するまでのプロセスは，従来のリニア型からノンリニア型になりつつあり，研究開発投資が巨額でハイリスク・ハイリターン化が顕著になっている．こうした研究開発へのリスクヘッジとしても，ベンチャー企業の存在感は高まっている．その意味で，米国半導体メーカーのIntelなどは世界各地の主要な集積地において新規ベンチャーへの投資を活発化させており，事後的なバイアウトも含め，研究開発の「アウトソーシング」を行っているといえる．既存企業がベンチャー企業との協業をつうじて知識活用するケースや，従来型の政策的な投資やベンチャーキャピタルからの融資だけではなく，大企業の研究開発投資のリスクヘッジとしてのベンチャーへの投資などで，先に述べた米国の産業集積地は活況になっている．こうした動きは，より大きな流れでみると研究開発活動における知識創造と活用でベンチャー企業の役割が高まっているといえる．翻って日本をみると，政策的投資や産学連携による大学発ベンチャーの創出効果は高まっているが，既存企業とベンチャー企業との協業や投資関係で今後に発展の余地を残している．設立後5年前後のベンチャー企業の成長率は高くなっているが，こうしたベンチャー企業が継続的に成長し，既存産業構造や産業集積にポジティブなフィードバックをもた

らすには，オープン・イノベーションを積極的に支援する諸政策が重要になると考えられる。

4 おわりに

　グローバルにおける中国市場の発展とともに，半導体産業の生産拠点は東アジアが中心になってきている。両産業とも技術発展が急速に進むなかで競争維持に必要な投資額の下限が上がってきており，メーカーの選別と集約を通じて寡占化が進んでいる。また，先行者利益が大きいという特徴により，製品のセグメントによっては「特定の勝者による市場占有（Winner-Take-All）現象」の様相を呈してきた。

　こうした競争環境の中，各メーカーは生産拠点への重点投資，部材・関連サプライヤーとの近接性重視，工業団地などの政策的優遇措置や地域資源の活用などを背景に，立地の集中を図っている。こうした立地集中の要因を読み解くには地理的近接性と，「集積の利益」の切り口が有効となる。特に，先行者利益を獲得するには量産化までの時間を短縮することが重要になる。研究・開発・生産が一体となって「垂直立ち上げ」で迅速に量産するために，各部門間の緊密な情報交換・共有をはかる必要が高まったといえる。産業集積において研究開発と製造との一体化が大きな集積の利益を生むようになってきたとも考えられる。

　また，半導体では製造装置や部材のウェイトが大きいため，装置メーカーや部材・素材メーカーとの近接性も重要になる。早期の量産立ち上げには部材・装置メーカーとの連携が欠かせないため，製造拠点の多くには自社の開発部門のエンジニアだけでなく，部材・装置のエンジニアなども駐在する。電子機器の生産では通常，設計が2年周期であるのに対し，半導体は1年，さらに機器の回路や機構は半年に1度のペースで設計するため，製造装置のアジャストメントなど工場内で頻繁に調整を行う。こうした工場内でさまざまな部門・メーカーのエンジニアが結集して集積効果を高めるには，部材・装置などが近接立地していることが1つの要件となる。

　市場の変動が激しい半導体産業では巨額の設備投資を迅速に回収するため，

さまざまな協業や連携が重要になってきており，立地調整もダイナミックに進行している。事例からは，投資の地理的集中化がみられる一方で，競争力の維持や向上に影響する，事業環境としての産業集積の「厚み（thickness）」が重要になってきていることが示唆される。

最後に，先端産業における立地と集積への含意に触れておきたい。先端的な科学的知識を創造して実用化するまでのプロセスは，従来のリニア型からノンリニア型になりつつあり，開発投資が巨額でハイリスク・ハイリターン化が顕著になっている。こうした技術開発へのリスクヘッジの点からも，装置や部材との事前の共同開発が重要になってきており，開発段階での装置・部材メーカーとのコラボレーションやネットワークが密になってきている。特に日々のフェース・トゥ・フェース・コミュニケーションが求められるなかで集積の形成による地理的な近接性が決定的な意味をもつ。韓国や台湾では産業集積における研究開発と製造との一体化によって成長してきた一方で，日本の半導体産業では地理的な乖離がその後の競争力を阻害した一要因と捉えることも可能である。ただし，これらの点はまだ十分に実証的に検討されておらず，本章で残された論点も含めて今後の研究課題である。

【参考文献】

天野倫文（2005）．東アジアの国際分業と日本企業　有斐閣
Bresnahan, T., & Gambardella, A. (2004). *Building high-tech clusters: Silicon Valley and beyond*. Cambridge, MA: Cambridge University Press.
中馬宏之・橋本哲一（2007）．ムーアの法則がもたらした複雑性と組織限界―DRAMビジネス盛衰の現代的意義．一橋ビジネスレビュー，**54**(4), 22-45.
Cooke, P., Heidenreich, M., & Braczyk, H.-J. (2004). *Regional innovation systems: The role of governances in a globalized world* (2nd. ed.), London: Routledge.
藤村修三（2000）．半導体立国ふたたび　日本工業新聞社
藤本隆宏（2004）．日本のもの造り哲学　日本経済新聞社
後藤　晃・小田切宏之（2003）．サイエンス型産業　NTT出版
石倉洋子・藤田昌久・前田　昇・金井一頼・山崎　朗（2003）．日本の産業クラスター戦略　有斐閣
伊丹敬之・伊丹研究室（1995）．なぜ「三つの逆転」は起こったか―日本の半導体産業　NTT出版．
伊東維年［編著］（2003）．日本のIC産業―シリコン列島の変容　ミネルヴァ書房

Lundvall, B.-Å. (2010). *National systems of innovation: Toward a theory of innovation and interactive learning*. London: Anthem.

Martin, R. (2000). Institutional approaches to economic geography. T. Barnes & E. S. Sheppard [eds.] *A companion to economic geography*. Oxford: Blackwell, pp.77-94.

松原　宏［編著］(2008). 立地調整の経済地理学　原書房

水野真彦 (2005). イノベーションの地理学の動向と課題—知識・ネットワーク・近接性　経済地理学年報, **51**(3), 1-20.

Murtha, T. P., Lenway, S. A., & Hart, J. A. (2004). Industry creation and the new geography of innovation: The case of flat panel display. M. Kenney & R. Florida [eds.] *Locating Global Advantage: Industry Dynamics in the International Economy*. Stanford, CA: Stanford University Press, pp.175-202.

小笠原敦・松本陽一 (2006). テレビ産業の競争と利益獲得方法の多様化　榊原清則・香山　晋［編著］イノベーションと競争優位—コモディティ化するデジタル機器　NTT 出版, pp.163-196.

Rosenberg, D. (2000). *Cloning Silicon Valley*. London: Reuters.

Saxenian, A. (1994). *Regional advantage: Culture and competition in Silicon Valley and Route 128*. Cambridge, MA: Harvard University Press.

山崎　朗・財団法人九州経済調査協会・財団法人国際東アジア研究センター (2008). 半導体クラスターのイノベーション—日中韓台の競争と連携　中央経済社

山本健児 (2005). 産業集積の経済地理学　法政大学出版局

湯之上隆 (2009). 日本「半導体」敗戦　光文社

與倉　豊 (2008). 経済地理学および関連諸分野におけるネットワークをめぐる議論　経済地理学年報, **54**(1), 40-62.

和田木哲哉・横山貴子 (2008). 徹底解析 半導体製造装置産業　工業調査会

05 アジアの発展と裾野産業（サポーティング・インダストリー）の貢献

馬場敏幸

1 はじめに

　本章では裾野産業（サポーティング・インダストリー：supporting industry）の定義，役割，認識に対する歴史的経緯，さまざまな貢献などについて述べたい。裾野産業の貢献は歴史的にはあまり着目されてこなかった。しかし今日では，後発国，先進国双方への貢献が認識されるようになっている。国に優秀な裾野産業が存在するメリットは，1) 産業リンケージ面での貢献，2) 貿易収支改善への貢献，3) R&D（研究開発：research & development）への貢献の3点で整理することが出来る。後発国にとっては主に生産面で寄与がある。1) と 2) の効果により，工業発展・高度化と貿易バランス改善に貢献が見込まれる。先進国にとっては 3) の効果により産業競争力向上への貢献が見込まれる。

　裾野産業は，国の戦略と選択によっては，その国での立地が必要とされない場合もある。無理な育成は高コスト化などの弊害を生むこともある。しかし市場や競争環境などの条件が整えば，優れた裾野産業の存在は，工業の発展から高度化まで，いずれの段階においても重要な貢献をもたらすのである。

●1-1 裾野産業（サポーティング・インダストリー）とは

　裾野産業とは，工業製品の製造に際し，多種多様の部品・部材・素材・機械・工具・資材などを供給する産業群の総称である。狭義には部品産業のみを指すこともある。しかし筆者は通常広義で裾野産業を用いている。

　工業化による発展を志向する国にとって裾野産業の果たす役割は大きい。例

表 5-1　裾野産業の果たす役割

産業リンケージ	裾野産業は各産業の各製造段階に対応できる国内技術基盤として必要である。前方・後方への生産波及効果，雇用拡大効果も重要な副産物である。裾野産業の充実により，川上から川下領域全てで，円滑生産が行われるようになる。
貿易収支改善	裾野産業が脆弱だと多くの部品・素材・機械設備などの輸入が必要となり国際収支は入超にふれる。裾野産業の充実により，中間財・資本財の自国調達が増加すると，貿易赤字体質から貿易黒字体質への転換が見込まれる。
研究開発	市場ニーズに対応するための最終製品メーカーのR&Dに際し，技術を提供できたり，設計に応えたりする裾野産業の存在は重要。イノベーションを製品の形に具現化する過程で大きな貢献がある。

(資料) 馬場 (2005) pp.1-25 をもとに作成

えば自動車産業の場合，さまざまな企業の生産する部品や素材が最終的に組み立てられて自動車が製造される。その製造に必要な部品点数は 2 ～ 4 万点であるといわれる。その製造に際しては金属，樹脂，ゴム，ガラス，皮革，繊維，炭素素材など多種多様な素材が必要となる。それらの加工にも様々な技術が必要である。例えば，切削，鍛造，鋳造，粉末冶金，熱処理，表面処理，プレス，成形，圧着，溶接，塗装，などなど。最終的に自動車が生産されるためには自動車部品産業を含め，多くの産業の協力が必要となる。

　国に優秀な裾野産業が存在するメリットは大きく 3 つに分類できる。産業リンケージ面，貿易収支改善，R&Dへの貢献である (表 5-1)。

● 1-2　国の工業化に裾野産業は必要？不要？

　国の戦略によっては，裾野産業がその国に立地しなくてもよい場合もある。第一にR&Dに特化し，製造は海外にゆだねるケースである。この場合R&Dで裾野産業が担う役割は，国自らが担ったり，産学連携などにより大学や研究機関が担ったりすることになる。第二に，部品が規格化されている製品が主力の場合も，その国での裾野産業立地は必要でないこともある。この場合，製品開発は既存部品の組み合わせにより可能かもしれないし，生産に関しても世界中から中間財・資本財を最適調達するだけで問題がないかもしれない。生産する製品に付加価値があって輸出が多ければ，中間財・資本財輸入を行っても貿

易収支は黒字である。第三に生産規模が十分でない場合である。そうした状況で無理に裾野産業育成を行っても高コスト体質となり，産業の国際競争力を低下させることもある。アジアではかつてのインドやインドネシアでそうした事例も観察された[1]。

このように，その国への裾野産業立地が必要とされないケースもある。他方，日本が工業的に成功したのは，優れた裾野産業の貢献が大きかったことは疑う余地がない。またアジアの多くの新興工業国では，未熟な裾野産業ゆえに発展が阻害されているケースも多々観察された。近年，アジア諸国は工業化を進めることにより持続的な経済発展を成功させてきた。成功したアジア諸国の多くは輸出志向工業化戦略を採用した。それらの国では当初は比較的簡単で労働集約的な工業製品生産が主力だが，やがてより高度な工業製品生産へとシフトしてきた。しかしそれらの国々では，最終的な製品（消費財）は製造するものの，中核部品，重要素材，精密加工機械などの中間財・資本財は，日本などに依存してきたのが実態である。またそれらの国外依存により，R&Dなどによる付加価値向上がなかなか進展しなかったという面も否定できない。

2 裾野産業貢献への認識の高まり

● 2-1 二つの経路

今日，裾野産業の産業競争力向上への寄与を完全に否定する人は多くない。しかしこうした認識の確立は，歴史的にはそう古いものではない[2]。裾野産業に関連する様々な議論の基礎は，古くから指摘されてきた。しかし裾野産業そのものが着目されるようになったのは，開発経済学では1960年代以降，国の産業競争力向上の観点では1980年代以降に思える。これについて主に二つの経路がある。第一が先進国発展への貢献アプローチ，第二が後発国発展への貢献アプローチである。前者は国に所在する産業の競争力向上に主な関心がおかれ，

---

1) 自動車部品産業国産化政策における失敗について，インドの事例は馬場敏幸（2011）pp.202-216，インドネシアの事例は馬場敏幸（2005）pp.114-130に詳述。
2) 裾野産業に関する議論の整理については馬場敏幸（2005）や井出文紀（2004）など。

後者は後発国の工業化進展に関心がおかれた。

● 2-2 先進国発展への貢献

第一のアプローチ、すなわち「先進国発展への貢献」について述べよう。議論誕生の大きな要因の一つは、1980年代に表面化した米国経済の減速と、日本など第二次世界大戦後に台頭した新興工業国の成功である。研究者らはその原因解明の一つの解として、国に所在する優秀な裾野産業とその機能に着目した。

国に所在する産業の国際的成功に関しては、経済学創設者のスミス（Smith A.）の絶対優位の概念にはじまり、多くの人が論じてきた。リカード（Ricardo D.）は比較優位（comparative advantage）の考えを進め、労働生産性（labor productivity）や技術に着目した。ヘクシャーとオリーン（Heckscher E. & Ohlin B.）は技術が一定の時、生産要素の差が比較優位を生むとした。

また、裾野産業とともに議論される概念に「集積（agglomeration）」がある。工業集積に関して古くは、ウェーバー（Weber A.）が立地因子（location factors）の一つとして議論を行った。マーシャル（Marshall A.）は外部経済（external economies）の一例として集積をとらえ議論を展開した。

しかしこうした議論も裾野産業の役割を明確に指摘するまでには至らなかった。こうした中、重要な契機となる研究はピオリ＝セーブル（Piore & Sabel, 1984）とポーター（Porter, 1990）の研究であろう。ピオリとセーブルは大量生産と大企業体制の限界を指摘し、裾野産業に多く見られるような小規模企業でも、柔軟な専門性など条件を備えれば、地域や国の産業競争力に大きく寄与すると指摘した。またポーターは、裾野産業が国の競争優位を規定する重要な4要素の1つであると指摘した。ポーターのクラスター論を大きな契機とし、今日では国に所在する裾野産業の存在が、明確に国の産業競争力に寄与すると認識されるようになった。

● 2-3 後発国発展への貢献

次に第二のアプローチ、すなわち「後発国発展への貢献」について述べよう。裾野産業がアジアで認識されはじめたきっかけは、第二次世界大戦後の各国の発展過程においてである。当初はインドなど植民地経済が独立国家として発展

する際の問題点として認識された。産業リンケージの欠落が工業化進展の阻害要因になるとの指摘である[3]。やがて新興工業国の発展が見られるようになっても，裾野産業未成熟による問題は残ったままであった。

　国の産業基盤が未熟な場合，当初に採用される工業化戦略は，消費財の輸入代替工業化戦略であることが多い。やがて国の規模や資源など，その国が持つ諸条件により次に採用される工業化戦略が決まる。アジアでは，当初は労働集約的な消費財の輸入代替工業化戦略，そして次第に労働集約的な消費財の輸出志向工業化戦略にシフトするケースが典型的である。人口が少ない国ほど発展の初期段階で輸出志向工業化戦略を採用する傾向がある。一方，人口が大きい国でよく見られるケースは，消費財の第一次輸入代替から，中間財・資本財の第二次輸入代替へと移行し，その後に遅れて輸出振興政策をとるパターンである。いずれの場合も裾野産業の未成熟による産業リンケージの問題，輸入超過の問題などが課題となった。

　この問題は，やがて「アジアの三角貿易構造」問題として表面化した。これはアジアで，輸出志向工業化戦略に転換して経済発展を目指した国々に典型的に見られた構造である。国の貿易収支全体では黒字でも，対日貿易では恒常的に赤字が継続するケースが多く見られた。これは工業製品の生産に際し，自国で労働集約的な組立工程を行うが，重要な部品・素材，機械・設備などは日本に依存することで生じた。これに陥った国々は工業基盤，特に裾野産業が未熟であったため，必要な中間財・資本財を日本に依存しなければならなかったのである。

　やがて1993年には日本が国を挙げてアジアの裾野産業の支援計画（Asian Supporting Industry Action Program）に携わるようになった。この前後から日本によるアジア諸国への裾野産業支援が活発に行われるようになった。また1990年代以降，アジアで自動車や電気電子産業など裾野産業のユーザー市場が急速に拡大した。このため日本など先進国の裾野産業分野の企業が，アジア新興工業各国に活発に進出するようになった。また需要拡大や海外からの技術導

---

3) Hirschman（1958）は産業連関分析による結果などから，後発国の工業化の阻害要因として産業リンケージの欠落を指摘した。

入などにより，地場資本企業の成長も盛んとなった。こうした結果，今日のアジアでは各国の裾野産業発展が顕著となり，かなり現地調達が可能となってきた。ただし需要の大きな分野や，技術移転が比較的簡単な分野での発展が先行し，そうでない分野の裾野産業は発展が遅れがちである。

3 産業リンケージ効果と調達構造の変化：国際産業連関分析より

● 3-1 産業リンケージ効果

裾野産業の産業リンケージ効果とアジアの調達構造の推移について，アジア国際産業連関表の分析結果から見てみよう[4]。図5-1は2000年の日本，韓国，アセアン4の自動車・二輪産業および電気電子産業の，国内・域内への生産誘発効果である。表5-2に1975～2000年までの各国・地域の生産誘発効果の計算結果を記した。国内・域内への生産誘発効果の数値は，それぞれの最終製品産業の一単位生産で，国内・域内産業全体に対してどれだけ波及効果があるかを示す。国内・域内の裾野産業が充実しているほど，波及効果は高くなる。

1975～2000年の日本では自動車・二輪産業一単位の生産に対し，2.7倍前後の国内生産誘発効果がある。韓国は1975年時点では2倍以下だったが，2000年時点には2.5倍に上昇した。アセアン4は2000年時点でも1.6倍に過ぎない。同様に電気電子産業で見ると，2000年の日本では一単位の生産に対し，2.1倍の国内生産誘発効果があった。ただし時間の経緯とともに値が下がっているのが特徴的である。これは，同産業の海外調達が増えたことを意味している。同

---

[4] 本章で用いたアジア国際産業連関分析の手法と結果の詳細は，馬場敏幸（2003, 2005）および馬場敏幸・馬場あゆみ（2011）に詳述。分析に用いたのはアジア経済研究所のアジア国際産業連関表である。国際産業連関表は各国の産業ごとの相互需給構造を分析するのに有用なツールである。国際産業連関表は国際的な産業相互の需給関係が中間需要の中に内生的に記されており，ある国のある産業がどの国のどの産業から中間物（部品・素材など）を調達したり，あるいは販売したりした内容が詳細に記されているからである。一方で，そうした詳細なデータ分類を行うためには十分な原データがそろえられた上で非常な労力が必要となる。従ってある年の国際産業連関表が作成されるのは5年以上たってからというケースも稀ではない。2012年6月時点で入手できるアジア国際産業連関表は最新のものでも2000年までである。

3 産業リンケージ効果と調達構造の変化：国際産業連関分析より

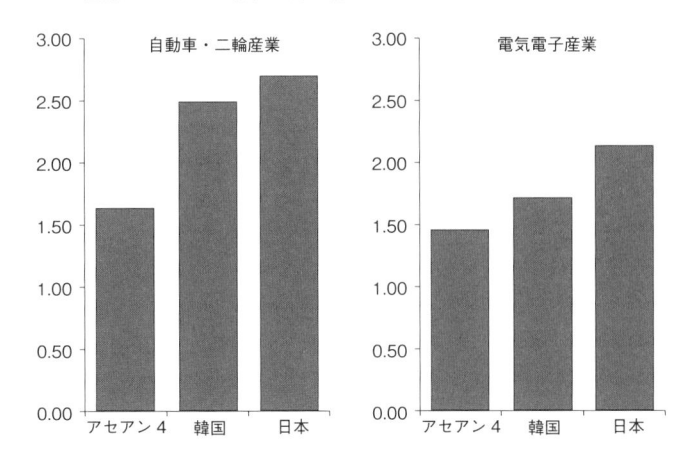

図 5-1 日本・韓国・アセアン4の国内生産誘発効果（2000年）
（資料）国際産業関連分析により筆者作成

表 5-2 日本・韓国・アセアン4の国内生産誘発効果（1975～2000年）

自動車・二輪産業

	1975年	1990年	1995年	2000年
アセアン4	1.45	1.46	1.52	1.63
韓国	1.92	2.17	2.16	2.49
日本	2.63	2.78	2.71	2.70

電気電子産業

	1975年	1990年	1995年	2000年
アセアン4	1.65	1.46	1.42	1.45
韓国	1.69	1.87	1.69	1.71
日本	2.31	2.24	2.18	2.12

（資料）図5-1と同じ

様に2000年の韓国では1.7倍，アセアン4では1.4倍だった。

　産業によって国内・域内への生産誘発効果の傾向は異なるが，国内・域内の裾野産業が発展しているほど，国内・域内産業全体に対する波及効果が高いことは明らかである。2000年時点でも，日本とアセアンで国内・域内への波及効果に大きな差があった。

● 3-2　産業による調達構造の違いと調達率の推移

　産業の違いによる調達構造の違いを考えてみよう。図 5-2 は韓国とアセアン 4 の 1975 年～ 2000 年の自動車・二輪産業の調達構造推移である。日本ではこの期間，ほぼ 100％近くを国内調達している。韓国は 1975 年時点では 73％であったが，その後国内調達率は上昇し，2000 年時点では 90％を国内調達する構造に変化した。

　アセアン 4 では 1975 年の域内調達率は 44％に過ぎない。日本からの調達が 27％と高いことが特徴的である。1970 ～ 80 年代にはインドネシアやマレーシアなどで自動車や部品の国産化政策がとられていたが，1990 年時点でもアセアンの域内調達率に大きな変化は見られない。この分析結果で見る限り，市場拡大が伴わない中での無理な部品国産化政策は，大きな効果をもたらさなかったといえる。しかし 1990 年代の自動車・二輪市場急拡大に伴い，域内調達は増えた。2000 年時点で域内調達は 61％にまで上昇し，日本からの調達は 16％に減少した。

　このように自動車・二輪産業では，産業発展に伴い，国内・域内調達が増える傾向が見られる。

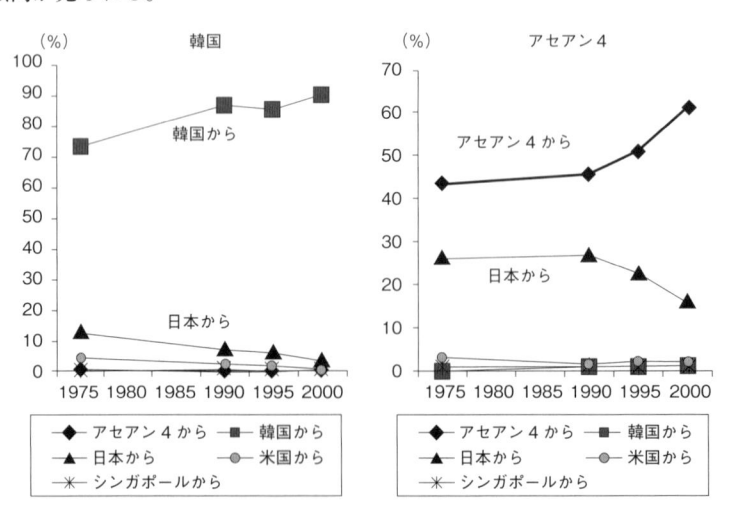

図 5-2　韓国・アセアン 4 の自動車・二輪産業の調達構造推移（1975 ～ 2000 年）
（資料）図 5-1 と同じ

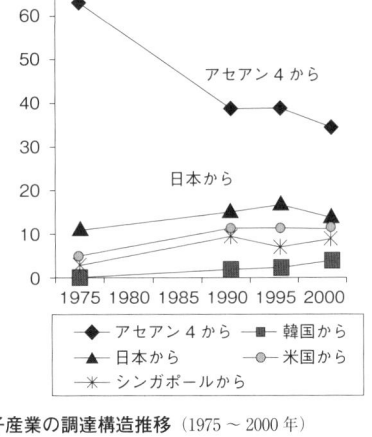

3 産業リンケージ効果と調達構造の変化:国際産業連関分析より

図 5-3 韓国・アセアン 4 の電気電子産業の調達構造推移（1975〜2000 年）
（資料）図 5-1 と同じ

次に電気電子産業についても同様に見よう（図5-3）。前図5-2と見比べてみると大きな違いに気がつく。自動車・二輪産業と電気電子産業は全く異なる調達構造推移なのである。電気電子産業では,産業発展とともに海外調達が増える傾向にある。自動車・二輪産業と真逆である。

日本は1975年時点では95％を国内調達していたが,2000年では88％に調達率が減少した。韓国の国内調達率は1975年の58％から1990年には66％に上昇した。ところが,2000年にかけて56％に減少した。

アセアン4ではさらに海外調達増加が顕著である。1975年の域内調達は63％であったが,2000年には34％にまで減少した。

● 3-3 調達構造の違いを生む要因

自動車・二輪産業も電気電子産業も同様に,多くの部品を組み立てて最終製品を生産する。それにもかかわらず何故,真逆の調達構造なのだろうか。その要因は次のように整理できる[5]。第一が部品特性の違い,第二が需要先による要求品質の違い,第三が政策の違いである。

---

[5] 自動車・二輪産業と電気電子産業における調達構造の差異要因は馬場敏幸（2005）pp.95-99に詳述。

第一の部品特性の違いについて述べよう。一般に自動車部品は重くかさばるものが多いが，電気電子部品は軽く小さなものが多い。電気電子部品は輸送しやすくそれにかかるコストも低い。また両産業では部品の特性が大きく異なる。自動車・二輪産業の製品設計は，企業を越えての部品互換が難しいクローズド・アーキテクチャ思想でなされることが多い。用いられる部品は企業あるいはモデルごとの特注品が多い特徴がある。一方電気電子製品の設計では，グローバルで部品互換が可能なオープン・アーキテクチャ思想でなされることが多い。用いられる部品は，カタログで注文できるような規格品が多い。従って電気電子産業では，コストと性能によっては，世界中どこからでも調達可能になる。

　第二が需要先による要求品質の違いである。アジアの工業化では，自動車・二輪産業は輸入代替型の代表産業である。需要先は国内向けが多い。一方，電気電子産業は輸出志向型の代表産業である。需要先は世界各国である。産業連関分析を行うと1995年の自動車・二輪産業の国内需要率は日本が82％，韓国が82％，アセアン4で94％であった。一方で，電気電子産業では日本が76％，韓国が47％，アセアン4で23％であった。需要先が世界各国である場合，他国との競争に勝つため，製品品質を高める必要性がより強くなる。従って，高品質部品を海外調達する必要性も高くなる。

　第三が政策の違いである。電気電子産業の場合は，輸出志向工業化戦略のもと，輸出品生産に必要な中間財や資本財は，輸入関税無税などの優遇策がとられてきた。他方，自動車産業の場合は輸入代替工業化政策のもと，多くのアジアの国で自動車部品の国産化奨励，自動車部品の輸入禁止，高関税付与などがなされてきた。今日，そうした国産化政策は撤回され，貿易自由化の流れが優勢である。しかし過去の経緯で海外進出した部品企業は多い[6]。

4　アジアの裾野産業の発展と日本依存の変化

　アジアでは部品・素材・機械などを日本に頼る，アジアの三角貿易構造が問

---

[6] 自動車部品産業国産化と部品企業の海外進出について，インドネシアの事例は馬場敏幸（2005）pp.119-130，インドの事例は馬場敏幸（2011）pp.205-216に詳述。

4 アジアの裾野産業の発展と日本依存の変化　*109*

題となった。今日のアジアは先進諸国企業の進出や地場企業の発展なども顕著である。裾野産業分野での日本依存は継続しているのだろうか。この疑問に対し，日本とアジア NIEs，アセアン，中国との貿易損益（自動車部品，電子部品，鉄鋼）を観察してみよう[7]。またそれぞれについて，韓国，タイ，中国の貿易状況を詳細に見てみよう[8]。なお，文中に出てくる「貿易特化係数」とは，輸出入依存度あるいはその国のその品目の国際競争力を表す尺度である。（輸出－輸入）／（輸出＋輸入）の式で表され，「－1」～「＋1」までの値をとる。「－1」の時は完全に輸入依存でその国のその品目の国際競争力は弱いとされ，「0」で輸出入はバランス，「＋1」が全量輸出でその国のその品目の国際競争力が強いとされる。

● 4-1　アジア NIEs

1988 ～ 2011 年のアジア NIEs と日本の貿易損益を見ると，自動車部品，電子部品，鉄鋼の 3 品目すべてで日本の貿易黒字が継続している（図 5-4）。自動車部品と電子部品では 1990 年代前半には日本の黒字はおおむね拡大傾向だったが，1997 年のアジア経済通貨危機や IT バブル崩壊などの影響で黒字幅は減少した。2000 年代前半に日本の黒字がやや拡大する局面も見られたが，2000 年代後半の一連の世界不況で日本の黒字は大きく減少した。2010 年に一時黒字拡大が見られたが，東日本大震災のあった 2011 年には再び黒字は減少した。鉄鋼は 2000 年代に入って日本の黒字が急速に拡大したが，2000 年代後半の一

---

7) 財務省貿易統計の「地域別・主要商品別輸出入の推移（暦年）」をもとに，アジア NIEs, ASEAN, 中国のデータを抽出して計算。値は名目値。（http://www.customs.go.jp/toukei/suii/html/time.htm）。この項で用いた用語と財務省貿易統計用語について，電子部品＝半導体等電子部品，自動車部品＝自動車の部分品，鉄鋼＝鉄鋼。
8) タイ（1988 ～ 2011 年），韓国（1988 ～ 2011 年），中国（1992 ～ 2011 年）の個別の貿易統計については国連貿易統計データベースで条件指定して抽出し，計算を行った。国連貿易統計では，台湾は「その他アジア」に分類されてしまうが，合理的に考えて，台湾としか考えられないケースもある。例えば電子部品の貿易相手国トップ 3 が「その他アジア」となっている場合などである。その際，台湾以外の「その他アジア」との貿易額が含まれている可能性も高いが，影響は少ないと考え，「台湾」と見なして扱っている。自動車部品は HS8708，半導体素子等電子部品は HS8541，鉄鋼は HS72 を使用。

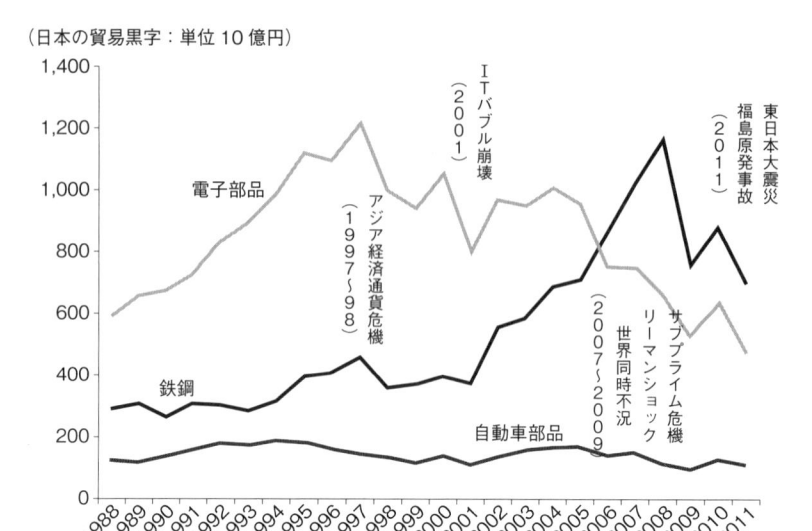

110 第5章 アジアの発展と裾野産業（サポーティング・インダストリー）の貢献

図 5-4 アジア NIEs に対する日本の貿易黒字推移：裾野産業分野（1988〜2011年）
（資料）財務省貿易統計より計算して筆者作成

連の世界不況と東日本大震災の影響で日本の黒字は大幅に減少した。

　韓国を例に各貿易品目の詳細を見よう（表5-3）。自動車部品の韓国と全世界との貿易は，1990年以降，1997年を境に赤字から黒字に転換し，その後黒字幅を拡大させている。1990年の貿易特化係数の値は−0.3でやや輸入依存であったが，1997年に値は正に逆転し，2011年では0.7と大幅な輸出超過構造に転換している。1995年の輸入トップ3は日本（54%），米国（23%），ドイツ（13%）だった。2010年には日本（34%），中国（25%），ドイツ（16%）になった。この期間，一貫して日本依存は継続しているが，その依存度は大きく低下している。他方，1995年には輸入シェア1%に過ぎなかった中国が，2010年には輸入先2位となった。中国の台頭が顕著である。

　電子部品の韓国と全世界との貿易では2009年まで赤字が継続したが，2010〜2011年は黒字になった。貿易特化係数の値は2009年までおおむね−0.1〜−0.4とやや輸入依存傾向で推移したが，2010年以降は0付近になり輸出入はバランスした状態になった。1995年の輸入トップ3は日本（65%），米国（10%），台湾（6%）だった。2010年には中国（32%），日本（25%），台湾（21%）

表 5-3　韓国の国際競争力推移と日本依存の変化：裾野産業分野

	貿易特化係数（対世界）			全輸入に占める日本のシェアと位置づけ					
	自動車部品	電子部品	鉄鋼	自動車部品	順位	電子部品	順位	鉄鋼	順位
1990	▲0.33	▲0.13	▲0.08	66%	1	68%	1	33%	1
1995	▲0.33	▲0.21	▲0.19	54%	1	65%	1	31%	1
2000	0.18	▲0.35	▲0.00	49%	1	49%	1	44%	1
2005	0.56	▲0.33	▲0.12	36%	1	40%	1	39%	1
2010	0.64	0.04	▲0.07	34%	1	25%	2	41%	1

（資料）貿易分析により筆者作成（分析に用いたデータは国連貿易統計データベースから）

になった。圧倒的な日本依存はなくなり，輸入先第二位になった。日本のプレゼンスは低下した。またここでも中国の台頭はめざましい。1995年には中国シェアはわずか3%に過ぎなかったが，2010年には輸入先第一位になっている。

　鉄鋼の韓国と全世界との貿易では，1990年代以降おおむね赤字傾向である。ただし貿易特化係数の値は全期間おおむね0前後で推移しており，輸出入はほぼバランスした状態にある。1995年の輸入トップ3は日本（31%），中国（18%），米国（13%）だった。2010年には日本（41%），中国（25%），米国（6%）になった。自動車部品や電子部品とは傾向が異なり，鉄鋼の場合は，むしろ日本依存が強くなった。

● 4-2　アセアン

　アセアンと日本の貿易損益は，自動車部品，電子部品，鉄鋼の3品目すべてで日本の貿易黒字が継続している（図5-5）。自動車部品と鉄鋼はアジア経済通貨危機で日本の黒字幅は減少したが，その後は再び日本の黒字は増加した。電子部品は1990年代前半に日本の黒字幅は大きく拡大したが，アジア通貨危機後は一貫して黒字幅は減少している。全品目とも，2008年末からのリーマンショックの影響で日本の黒字幅は大きく減少したが，2010年には再び黒字は急増した。2011年の東日本大震災の影響で自動車部品と電子部品は日本の黒字が減少した。

　タイを例にそれぞれの貿易品目の詳細を見よう（表5-4）。自動車部品のタイと全世界との貿易は1990年以降，おおむね赤字である。1990年の貿易特化係

112　第5章　アジアの発展と裾野産業（サポーティング・インダストリー）の貢献

(日本の貿易黒字：単位10億円)

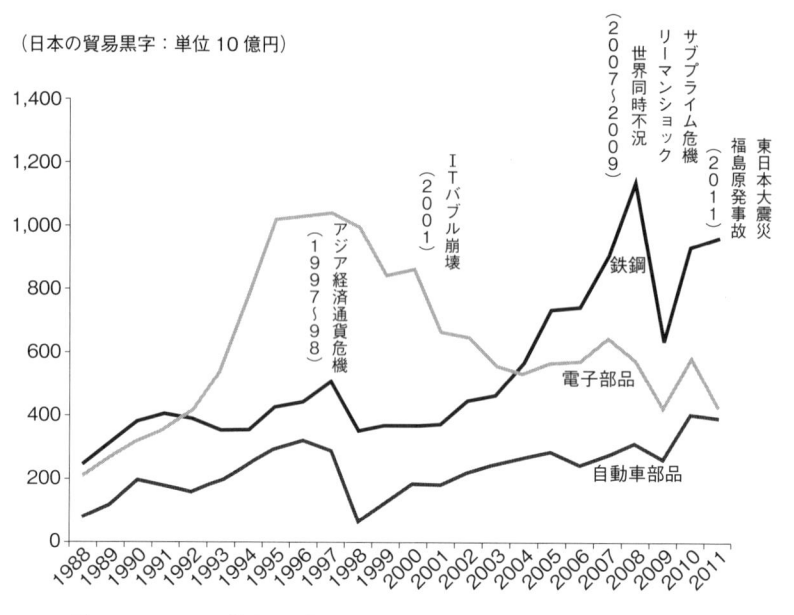

アジア経済通貨危機（1997～98）
ITバブル崩壊（2001）
サブプライム危機
リーマンショック
世界同時不況（2007～2009）
東日本大震災
福島原発事故（2011）

鉄鋼
電子部品
自動車部品

図5-5　アセアンに対する日本の貿易黒字推移：裾野産業分野（1988～2011年）
(資料) 図5-4と同じ

数の値は－0.9と極めて強い輸入依存状況にあった。しかし，2005年以降はおおむね0付近を推移しており，輸出入はバランスした状態となっている。1995年の輸入トップ3は日本（88%），フィリピン（4%），ドイツ（3%）だった。2010年には日本（65%），フィリピン（7%），インドネシア（5%）になった。日本への一極依存は継続しているものの，アセアン域内での相互依存の強まりも観察される。

　電子部品のタイと全世界との貿易は1996年を境に黒字に転換したが，2005年と2010～2011年は赤字だった。1990年の貿易特化係数の値は－0.4と輸入依存傾向だったが，1992年以降の値は0付近あるいはそれ以上であり，輸出入バランスはおおむね良好になった。1995年の輸入トップ3は日本（45%），シンガポール（21%），台湾（12%）だった。2010年には日本（31%），香港（21%），シンガポール（12%）になった。日本依存は弱まりつつも継続している。

　鉄鋼のタイと全世界との貿易では，1990年代以降，大幅な赤字が継続している。貿易特化係数の値も全期間－0.5以下と強い輸入依存構造が継続してい

4 アジアの裾野産業の発展と日本依存の変化   113

表5-4 タイの国際競争力推移と日本依存の変化：裾野産業分野

	貿易特化係数（対世界）			全輸入に占める日本のシェアと位置づけ					
	自動車部品	電子部品	鉄鋼	自動車部品	順位	電子部品	順位	鉄鋼	順位
1990	▲0.89	▲0.42	▲0.98	83%	1	47%	1	38%	1
1995	▲0.85	▲0.11	▲0.90	88%	1	45%	1	36%	1
2000	▲0.45	0.16	▲0.58	71%	1	42%	1	48%	1
2005	▲0.13	▲0.01	▲0.72	68%	1	47%	1	38%	1
2010	▲0.10	▲0.03	▲0.76	65%	1	31%	1	43%	1

（資料）表5-3と同じ

る。1995年の輸入トップ3は日本（36%），ロシア（20%），中国（9%）だった。2010年には日本（43%），韓国（11%），中国（9%）になった。タイでも鉄鋼日本依存の高まりが観察された。

● 4-3 中国

中国と日本の貿易損益は，自動車部品，電子部品，鉄鋼の3品目すべてで日本の貿易黒字が継続している（図5-6）。2000年代以降，3品目とも日本の黒字はおおむね拡大傾向であった。中国では2000年代後半の一連の世界不況で各品目の動向が異なっている。輸出志向が強い電気電子産業では世界不況の影響で電子部品の需要が減り，日本の貿易黒字は一旦減少したが，2010年に再び増加に転じた。一方，自動車部品や鉄鋼は世界不況の影響をそれほど受けていない。2000年代後半の世界不況期，輸出は減速したが，一方で内需は大きく拡大した。このため，内需向けの品目はそれほど影響を受けなかったのである。

自動車部品の中国と全世界との貿易は1992年以降2011年まで，2007～2008年をのぞいて赤字である。ただし貿易構造は大きく改善している（表5-5）。1992年の貿易特化係数の値は−0.7と強い輸入依存状態であったが，2005年以降は貿易特化係数の値はおおむね0付近であり，輸出入はほぼバランスした状態になった。1995年の輸入トップ3はドイツ（53%），日本（21%），米国（9%）だった。2010年には日本（43%），ドイツ（27%），韓国（13%）になった。この期間で日本への依存は拡大した。

電子部品の中国と全世界との貿易は1992年以降2007年まで赤字が継続し

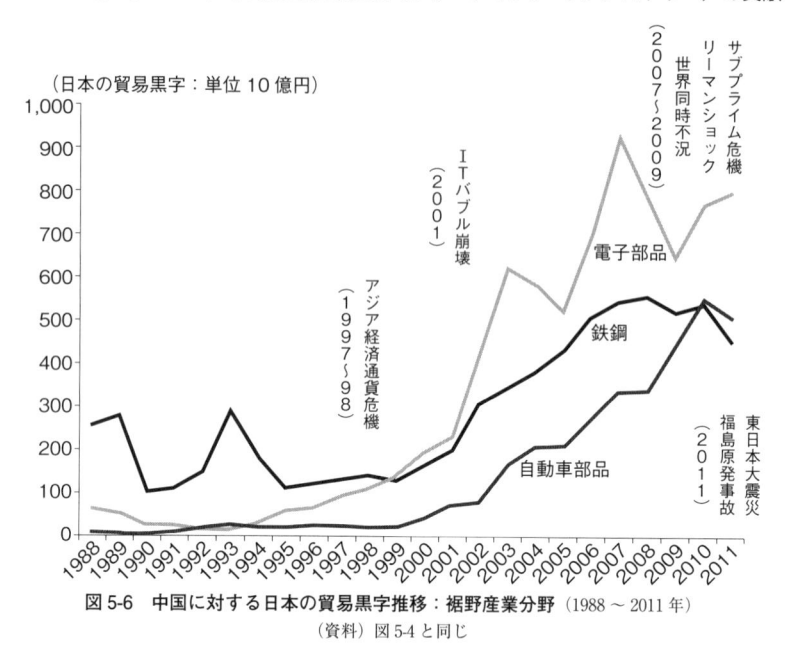

図5-6　中国に対する日本の貿易黒字推移：裾野産業分野（1988～2011年）
（資料）図5-4と同じ

た。2008～2009年とほぼ輸出入が拮抗した後，2010～2011年は明確に黒字に転じた。貿易特化係数の値は1990年代以降おおむね−0.2～−0.5前後と輸入超過状態だったが，2010～2011年には貿易特化係数の値は＋0.2に改善した。1995年の輸入トップ3は日本（42%），台湾（22%），香港（18%）だった。2010年には中国（22%），日本（20%），台湾（19%）になった。日本依存は継続しているが，依存度は大幅に低下し，第二位の輸入先となった。中国の第一位輸入相手国は中国である。これは再輸入と呼ばれ，華南の電子部品取引でよく見られる[9]。

鉄鋼の中国と全世界との貿易は1990年代以降赤字だったが，2006年以降は2009年を除いて黒字となった。貿易特化係数の値は1992年で−0.5だったが，

---

9) 中国では輸出企業として優遇を受けている場合，ほぼ全量を輸出する必要がある。ただし，輸出企業では部品輸入は無税である。そのため一旦国外に輸出されるが，すぐに中国での使用のために輸入される「再輸入」がよく見られる。華南地区と香港との間で顕著である。実際に商品が動く場合もあるが，書類上だけの輸出入も多い。この場合，実際の商品は中国国内の移動にとどまる。

表 5-5　中国の国際競争力推移と日本依存の変化：裾野産業分野

	貿易特化係数（対世界）			全輸入に占める日本のシェアと位置づけ					
	自動車部品	電子部品	鉄鋼	自動車部品	順位	電子部品	順位	鉄鋼	順位
1995	▲0.33	▲0.11	▲0.10	21%	2	42%	1	45%	1
2000	▲0.30	▲0.40	▲0.45	28%	2	33%	1	29%	1
2005	▲0.01	▲0.45	▲0.27	38%	1	30%	1	23%	1
2010	▲0.04	0.18	0.07	43%	1	20%	1	40%	1

（資料）表 5-3 と同じ

2006年以降値はおおむね正になった。1995年の輸入トップ3は日本（45%），ロシア（16%），韓国（12%）だった。2010年には日本（40%），韓国（17%），台湾（10%）になった。中国でも鉄鋼の日本依存が強まった。

● 4-4　アジアの貿易構造の変化：日本依存の低下とアジア域内多極化

　1990年代以降の貿易損益，貿易特化係数，輸入シェアなどで貿易分析を行った。その結果，アジアの貿易構造は大きく変化しつつあることが明らかになった。1990年代初頭は自動車部品，電子部品，鉄鋼など，裾野産業分野での日本依存は顕著だった。しかし，1990年代後半以降，世界情勢の変化，アジア各国への活発な海外からの直接投資，アジア地場産業の成長など，さまざまな要因により貿易構造は大きく変化した。

　この1990年代以降の変化を一言で言うと，アジア新興諸国裾野産業の国際競争力向上と，裾野産業分野での日本一極依存集中からアジア域内相互依存への転換である。ただし国や品目によって状況は異なる。

　一般的に後発国では，完成品産業の発展が先行し，裾野産業分野の発展が追随する。完成品産業の発展初期の段階では，裾野産業分野の需要は増えるが，現地調達は難しい。そのため海外依存は強まる傾向にある。1990年代後半から2000年代の中国がそれにあたる。

　やがてそれぞれの国で現地生産拡大や製品高度化が行われると，部品・素材分野での直接投資増加や関連資本財輸入増加，地場企業の参入，技術導入増加などが積極的に行われるようになる。そうしてその国の裾野産業の発展が進行する。そうなると現地調達は増え，日本依存はその国で調達できない部品・

素材が中心となる。アジア NIEs で観察された日本依存の低下がこれにあたる。他方，高度な製品を生産する際に，特殊な素材調達の必要も多くなる。このため，自動車部品や電子部品の日本依存が低下する一方で，鉄鋼の日本依存は逆に高まった。しかし 2000 年代後半には，鉄鋼でもアジア NIEs やアセアンで日本依存低下が見られるようになった。世界不況の影響もあるが，韓国鉄鋼産業などの発展の影響もあるように思える[10]。

このようにアジア各国の裾野産業発展が顕著になると，その国で調達できない部品・素材を，日本以外のアジア域内で調達するケースも増える。同品質のものが調達できたり，コストが安かったり，輸送距離が近かったり，あるいは企業戦略の一環だったり，国の政策の影響だったり，個々の要因は様々である。

1990 年代以降，このような複層要因が，重層的にかつ広域的に進行した。その結果，アジアの貿易構造は大きく変化した。今日，裾野産業分野での日本依存は低下しているが，未だ顕著に残っている。一方，新興国の台頭，他の先進国の存在感の高まり，などによりアジアの裾野産業分野での貿易構造は多極化しつつある。

5 優秀な裾野産業の存在による品質・生産性・R&D などへの貢献

● 5-1 金型，そしてその貢献とは？

国に立地する優秀な裾野産業は様々な貢献を行う。ここでは金型産業を例に，最終製品の品質，生産性，R&D などに与える貢献を見てみよう。金型とは文字通り金属の型である。その基本機能は単純明快で，迅速かつ安定的に大量の同形状品を複製することである。金型により成形されるワーク（加工される成形品）は，金属，樹脂，ゴム，ガラス，炭素素材など多岐にわたる。金型は大量生産を行う製造業に不可欠の財であり，国の金型産業の実力は，その国の様々

---

[10] 筆者がアジアの企業を訪問している時，日本依存が残っている部品・素材について聞き取りを継続的に行っている。企業によりそれぞれ異なるが，例えば鉄鋼関連では，亜鉛メッキ鋼板やハイテン鋼材などはまだ日本から輸入しているとの声も多く聞いた。一方で，2010 年頃，韓国のポスコを訪問した際には，それらの鋼板はすでに生産供給できる体制を整えていた。

な産業の競争力に大きな影響を及ぼす。それは，製品品質，生産性，製品価格，製品開発など多岐にわたる。

　金型を用いて成形される部品の形状や精度は，金型品質に大きく左右される。このため，高品質部品成形のためには，高品質金型が必要なのである。一般的に金型の精度はワークとなる部品精度より一桁高い精度が求められる。例えばある電子部品で±1/100mmの精度が求められる場合，金型にはミクロン一桁台の精度が求められる。

　また高品質金型による生産性への貢献も大きい。高品質金型を用いて生産性が向上すれば，コスト低減効果で製品価格を下げることができるとよく言われる。しかし，金型による生産性向上について定性的な記述は多いが定量的な説明は少ない。これは現場に携わらない者にとっては金型効果がブラックボックスである一方で，現場では当然すぎることが理由にある。「昔かたぎ気質の金型職人は，当たり前のことの説明を七面倒臭く思う[11]」との意見もあった。しかしその点を明確に示さないと，「高品質金型が生産性を向上させ，産業競争力向上に重要だ」と言われても説得力を持たない。

　そこで日本で用いられる２大金型[12]である金属プレス用金型とプラスチック成形用金型について，高品質金型[13]を用いた際の生産性向上効果を定量的に考えてみたい。その後，産業競争力向上への金型の重要な役割であるR&Dへの寄与についても考えてみたい。

● 5-2　金型による生産性向上分析：金属プレス用金型

　金属の複雑形状部品製作を想定し，高品質金型を用いた際の生産性への寄与について考えてみたい[14]。想定する部品は大きさ数センチ角の精密電子製

---

11) 2007.12 並木金型会長への聞き取りに基づく。
12) 工業統計（H20）によると金型生産額１兆65百万円のうち36％がプラスチック用金型，35％がプレス用金型。
13) 高品質金型は高精度・高効率の加工や，難加工材の成形が可能な金型。部品の形状・精度・性能が要求される機構部品や外観部品に多く使われる。一方，カバー用など精度要求が低かったり（それでも部品公差1/50mmクラス，金型加工1/100mmクラスの精度は普通），製作が簡単であったりする金型は低～中品位と定義している。企業では前者を精度物，後者を駄物と表現することもある。

品用機構部品である。この部品は，素材に鉄鋼板を用い，せん断加工，曲げ加工，絞り加工，穴あけ加工，鍛造加工など，複数加工を組み合わせ成形されるタイプのものである。この部品成形に際し，第一に高品質順送プレス金型を用いる場合，第二にタンデムプレス金型を用いる場合，第三に職人による手作業の場合，の3ケースを考える[15]。

　第一のケースは，一つの金型内に必要な15の工程を持つ順送金型を想定した。ただしアイドル工程があるので実際には28ステップを要する。実際の加工ではロール状の0.2mm厚の鉄鋼板が次々に送り込まれ，一分間に400回プレス機械が上下する，60tonのリンクモーションプレス機での成形を想定した。このケースでは，1分間に400個の部品が成形される。部品1個あたりの述べ加工時間は4.2秒であり，最小タクトタイム（takt time）は0.15秒である。タクトタイムとは一つ一つの製品ができる時間間隔のことである。タクトタイムが短いほど生産性が高い。成形される部品精度は±3μmであり，成形されるどの部品も均質である。一人当たり3台のプレスを担当するが，場合によっては5台担当も可能である。板厚が薄い場合はロール交換時間が長く，回転数調節によって夜間無人自動運転も可能となる。さらに2個取りが可能な部品形状の場合，タクトタイムは0.07秒になり，さらに生産性向上が見込める。

　第二のケースは，複数のタンデムプレス金型による加工を想定した。複数工程を一つの工程で行えるよう工夫して金型を製作し，タンデムプレス8台で成形を行う。ワークをマグネットでつかみ，プレスに取り付け，プレス加工を行

---

14) 設定はこれまでのフィールド調査に基づき行った。この際，工学分野の専門家である芝浦工業大学相澤教授，精密プレス金型・加工を専門に行う大垣精工社に相談した上で設定を決定した。
15) 順送金型とは，一つの金型で複数の工程が行えるように製作された金型である。プレス機は一分間に数十～数百回上下するが，その上下の間に少しずつ金属板が進められる。そうして一つの金型で数工程～数十工程が行える。タンデム金型とは，一つの金型で一つの工程を行う金型である。順送金型は折り紙を想定するとわかりやすい。一つ一つの作業は紙を折ったり，押したりするだけであるが，その連続の結果，一枚の紙が複雑な形状となる。順送金型も一つ一つの工程は，金属板を折ったり，穴を開けたり，金属をよせたり，などの単作業である。それが組み合わせられることで，結果として複雑形状の部品が作り上げられるのである。

い，成形済みワークを取り外し，容器に入れる。この一連の時間を熟練オペレーターによるとして7秒と見積もる。ストックされたワークを次のプレスに移動させ，プレス職人がプレスを行うまでの一連の段取りを5秒と見積もる。この際，一つの部品にかかる延べ必要最小時間は91秒であり，最小タクトタイムは7秒に近づく。成形される部品精度は±50μm程度である。

第三のケースは，分業を行わず，職人ひとりですべての作業を行う。職人は金属板をある形状に切り取る。そして精密旋盤を用いて大まかな部品形状を削りだす。次にハンマーを用いて穴をあけ，板金による曲げや成形を行う。微小な曲げや成形のために，さらに切り込みを入れ，穴あけや精密板金を行う。ある部分は精密ペンチで折り曲げる。このような一連の作業によって，一つの部品が製作される。この一連の作業を一人の熟練職人が行う。旋盤に取り付け，加工し，取り外すのに15分，加工に15分の計30分で部品を作り上げる。実際に精度を上げようとすると一つの部品製作に数日を要するが，ここでは類似形状で精度±500μmと想定する。この場合，最小タクトタイムは1800秒に近づく。

以上のケース比較を表5-6にまとめた。部品一個の延べ加工時間でみると，ケース1：ケース2：ケース3＝1：22：429である。次に最小タクトタイムでは，ケース1：ケース2：ケース3＝1：47：12,000となる。高品質金型使用による生産性向上は極めて顕著である。さらに高品質金型使用の方がワーク精度も高く，必要な人員も少ない。

● 5-3　金型による生産性向上分析：プラスチック金型

次に高品質プラスチック用金型を用いた生産性への寄与を考えてみよう。ここでは金属部品がプラスチック部品に置き換わった事例を考える[16]。第一に従来の金属部品製作のケース，第二がプラスチック部品に置き換わったケースである。

第一のケースは従来製法を用いた場合である。部品製作は細かい部品もあわせ，部品70点から構成される。複数の主要部品は砲金鋳物を機械加工して製作される。その際，特注の専用NC加工機を用い，機械加工に30分を要す

---

16) 2007.12 並木金型会長への聞き取りに基づく。

120　第5章　アジアの発展と裾野産業（サポーティング・インダストリー）の貢献

表5-6　Die タイプ金型の生産性比較

	加工時間比 （実数）	タクトタイム比 （実数）	ワークの精度	成形に必要な 最少人数	同時生産個数
高品質順送金型 （2個取り）	1倍 （4.2秒）	1/2倍（0.075秒）	±3μm	0.2～0.3人	2個 24時間稼動可
高品質順送金型 （1個取り）	1（4.2秒）	1（0.15秒）	±3μm	0.2～0.3人	1個 24時間稼動可
タンデム金型	22倍（91秒）	47倍（7秒）	±50μm	8人	1個
熟練工 （分業なし）	429倍 （1,800秒）	1万2千倍 （1,800秒）	±500μm	1人	1個

（資料）筆者作成（分析に基づいたデータは筆者の聞き取りによる）

る。鋳物工程および組立工程を除外したとして，最小タクトタイムは1800秒に近づく。この機械加工により材料の3割のロスが発生する。機械への段取りなどで加工前後には必ず作業員が必要となる。専用NC加工機は一台あたり約1千万円であり，新規設備購入する場合の投資総額は億単位となる。

　第二のケースはプラスチック金型を用いて同形状製品を成形する場合である。この製法では，4個同時に成形でき，成形サイクルタイムは1分である。最小タクトタイムは15秒に近づく。この場合の金型設計・製作は難易度が高い。それは，金属部品と同等以上の耐久性をもつ特殊プラスチックを用いるためである。通常のプラスチック材料を用いる場合と比較して，材料収縮，流動性，高温高圧での成形，重力の影響など，様々な要因を考慮に入れ，金型設計を行う必要がある。新規設備購入は，金型とプラスチックインジェクション成形機で，合計約1千400万円にとどまる。

　金属からプラスチックへの転換のケースでの最小タクトタイムは，ケース1：ケース2＝120：1である。さらに転換の利点は生産性向上にとどまらない。その他利点を列挙すると，製品重量が1/3～1/6と大幅な軽量化，材料費削減1/4～1/3，耐腐食性の大幅向上，24時間自動稼動の実現，複数工程の一工程集約化などである（表5-7）。

● 5-4　金型のR&Dへの寄与

　高品質金型使用で生産性が格段に向上することを観察した。しかし金型産業

表 5-7　Mold タイプ金型の生産性比較

	タクトタイム比（実数）	製品重量	材料費	工程数	同時生産数	初期投資	その他
Mold 金型使用新しい生産法	1（15秒）	1	1	1 工程	4 個	1,400 万円	耐腐食性向上 24 時間稼動
旧来の生産法	120 倍（1,800 秒）	3〜6 倍	3〜4 倍	7 工程	1 個	億単位	

(注) タクトタイムと工程数に砲金鋳造および組み立ては含んでいない。
(資料) 表 5-5 と同じ

のもっとも重要な役割の一つは製品開発段階にある。ポーター（1990）は国の競争力向上への最も重要な裾野産業の貢献は，イノベーションとグレードアップの過程であるとし，「引き出し効果」が重要と指摘した。金型産業はまさにこの引き出し効果の役割を担う。これは製品アーキテクチャの形態にかかわらず，大きな効果をもたらす。

　例えば自動車産業の例について考えてみたい。日本の自動車産業の国際競争力が高い要因として，自動車開発・生産システムの高さが指摘されている。そしてその競争力の源泉の一つは自動車メーカーと自動車部品メーカーとの共同開発にある。金型はこの自動車および同部品の開発にも重要な役割を担っている。

　筆者が訪問した九州の金型メーカー[17]はハイブリッド車の中核部品用金型製作・部品成形を行っており，その部品のグローバルシェアはかなり高い。この企業の創業者は，仲間と 3 人で金型ビジネスを立ち上げた。そして従来，金型で加工できなかった部品を，金型を用いることで，迅速に精度よく安定的に大量生産する技術を生み出した。これがきっかけとなって業績は飛躍的に伸びた。その後ハイブリッドカーの中核部品も，金型で安定的に大量生産することに成功した。

　このように新製品開発の陰に，金型企業の開発力があるケースは多い。金型企業の具体的貢献の基本は，設計で考えられた材料で設計した形状が作れるか，安定的に大量生産できるか，性能が発揮できるか，などである。金型が開発に

---

17) 2004.10 訪問。

与える寄与を細かく列挙すると，新素材・新機能製品の成形，複数工程の単一化，部品の大幅軽量化，耐腐食性向上，強度向上，難加工材の加工，複雑形状の加工，多数部品の一点化，複数材料を用いての一体成形，コスト低減，生産性向上などである。

このようにこれまで加工できなかった何か，あるいはある新機能を持つ何か，の開発が日本の金型産業によりこれまで無数に可能になった。金型はある意味，構想・設計という「夢」を，製品に「実現化・具現化」させる橋渡しの機能をもつのである。日本の金型企業には，ユーザーの困難な要望に応えることが最高の営業だと考える経営者は多い。日本では，精度の高い金型はできて当たり前なのである。差別化の重要な源泉は開発力なのである。

6 むすび

以上見たように，裾野産業は工業後発国と工業先進国の双方に重要な貢献がある。後発国には主に生産面で寄与があり，工業発展・高度化と貿易バランス改善に貢献が見込まれる。先進国には開発支援，産業競争力向上への貢献が見込まれる。

アジア国際産業連関分析でみたとおり，国内・域内の裾野産業が発展しているほど，国内・域内への生産波及効果は大きい。ただしユーザー産業の市場拡大を伴わない中での，無理な裾野産業育成の効果は限定的であった。また産業によって，裾野産業からの調達構造は大きく異なることも特徴的であった。

貿易分析からは，1990年代以降にアジアの裾野産業分野での調達構造が大きく変化したことがわかった。1990年代初頭は自動車部品，電子部品，鉄鋼など，裾野産業分野での日本依存は顕著だった。しかし1990年代後半以降，世界情勢の変化，活発な海外からの直接投資，アジア地場産業の成長など，さまざまな要因により貿易構造は大きく変化した。裾野産業分野での日本依存は色濃く残っているものの，アジアの裾野産業分野の貿易構造はアジア域内で多極化した。

金型の分析からは，高品質金型は，外観デザイン・性能・精度などの品質向上だけでなく，生産性向上と大量生産安定性に大きな貢献があることがわかっ

た。そして開発段階ではイノベーションとその具現化への貢献に重要な意味があった。

　国の戦略と選択によっては，裾野産業は必ずしも必要ではない。また市場を無視した理念のみの無理な育成は，高コスト化などの弊害を生むこともある。しかし市場や競争環境などの条件が整えば，優れた裾野産業の存在は，工業発展のいずれの段階においても重要な貢献をもたらすのである。

【参考文献】

Amin, S. (1976). *Unequal development: An essay on the social formations of peripheral capitalism*. translated by Brian Pearce. Hassocks, UK: Harverter Press.

アジア経済研究所 (1982). International Input-Output Table for ASEAN Countries 1975, SDS, **39**.

アジア経済研究所 (1998). International Input-Output Table for ASEAN Countries 1990, SDS, **81**.

アジア経済研究所 (2001). International Input-Output Table for ASEAN Countries 1995, SDS, **82**.

アジア経済研究所 (2006). International Input-Output Table for ASEAN Countries 2000, SDS, **90**.

馬場敏幸 (2003). アセアン4，韓国，日本の裾野産業に関する調達構造の定量分析. 2004年度組織学会年次大会 報告要旨集: 34-39.

馬場敏幸 (2005). アジアの裾野産業　白桃書房

馬場敏幸 (2011). 自動車産業とサポーティング産業　石上悦朗・佐藤隆広［編著］現代インド・南アジア経済論　ミネルヴァ書房, pp.202-227.

馬場敏幸・馬場あゆみ (2011). アセアン4，韓国の自動車，電子産業における調達構造の変遷 (1975～2000年) 研究・技術計画学会 第26回 年次学術大会 講演予稿集: 148-153.

藤本隆宏 (1997). 生産システムの進化論　有斐閣

Helleiner, K. G. (1973). Manufactured exports from less developed countries and multinational firms. *Economic Journal*, **329**(83), 21-47.

Hirschman A. O. (1958). *The strategy of economic development*. New Haven: Yale University Press. (ハーシュマン, A. O.／麻田四郎［訳］(1961). 経済発展の戦略　巌松堂)

井出文紀 (2004). サポーティングインダストリー研究の展開—研究史的視点をもとに. 立命館国際関係論集, **4**, 1-25.

国連貿易統計データベース. (UN comtrade, http://comtrade.un.org/, 最終参照日 2012/07/25)

Piore, M. J., & Sabel, F. C. (1984). *The second industrial divide*. New York: Basic Books. (ピオリ, M. J.・セーブル, F. C.／山之内靖・永易浩一・石田あつみ［訳］

(1993). 第二の産業分水嶺　筑摩書房）

Porter M. E. (1990). *The competitive advantage of nations*. New York: The Free Press.（ポーター, M.／土岐　坤・中辻萬治・小野寺武夫・戸成富美子［訳］（1992）. 国の競争優位　ダイヤモンド社）

山崎幸治（1998）. 自動車産業　伊藤正二［編］インドの工業化―岐路に立つハイコスト経済　アジア経済研究所, pp.269-284.

財務省貿易統計（http://www.customs.go.jp/toukei/, 最終参照日 2012/07/11）

第二部

各　論

06 東南アジアにおける自動車産業の発展経路と展望

折橋伸哉

1 はじめに

　本章では，東南アジアにおける自動車産業の発展経路を，タイを中心に概観し，そして今後の展望について考えていく。東南アジアの自動車産業の歴史は，日本の自動車メーカーの東南アジア事業展開のそれとほぼ符合する。したがって，まず第二次大戦後における日本の自動車メーカーの海外事業展開を，タイを中心に俯瞰する。なお，紙幅の関係で，歴史的経緯などについて詳しくは拙著，折橋 (2008) を参照いただきたい[1]。

　日本の自動車メーカー各社が，本格的に海外への事業展開を始めたのは，日本の外貨事情が好転してきた1960年前後からであった。まだ国際的な競争優位は確立できてはいなかった各社が最初にその製品の販路を求めたのは，市場は小さいものの地理的に近く，しかも地場に強力なライバルが存在していなかった東南アジアであった。より近い中韓には，政治的事情などから輸出が出来なかったこともある。しかし，次第に日本メーカーの実力が世界的に認められ，自らもまたその実力に自信を深めるにつれ，その目は米国をはじめとする先進国の巨大市場へと向かった。だが，先進国へ集中豪雨的に輸出したことが貿易摩擦を生み，ついには輸出自主規制に踏み切らざるを得なくなった。そこで市場を確保するために欧米に生産拠点を相次いで立ち上げ，その運営に多くの経営資源を注いだのである。

---

[1] なお，本章前半の記述は，折橋 (2008) 補論4を増補改訂したものである。

しかし，重点を置いてきた国内および先進国の市場にはもはや大幅な成長が見込めなくなり，日本メーカーの目は再びアジアに向かっている。いうまでもなく世界最大の中国市場が，その重点市場の第一に挙げられている。その一方で東南アジア市場も，インドネシアを筆頭に多くの人口を抱えており，潜在的な可能性は大きい。しかも先述のように，早くから多くの日本メーカーが進出して脈絡と事業基盤を築いてきた。さらに，昨今の中国における反日運動の高まりと，日本製品の不買運動の広がりにより，中国ビジネスのリスクの高さを改めて認識させられた。したがって，日本メーカーにとってその戦略的重要性は急速に高まっている。こうした日本メーカーの対東南アジア戦略の変遷は，東南アジア拠点の経営・生産システムにも大きな変化をもたらしてきた。

2 日本自動車メーカーの東南アジア拠点の変遷

まず，日本メーカーの対東南アジア戦略の変遷を概観する。その上で，戦略の変化が各社の現地法人の経営・生産システムにどう影響してきたのかについて，主にタイの事例について検証したい。

● 2-1 1950年代終わりから60年代：海外展開の黎明期

東南アジアに日本メーカーが完成車を輸出し始めたのは1950年代後半以降である。

大戦後の東南アジアではナショナリズムが高揚し，独立運動が活発であった。独立に伴って成立した各国政府が次に目指したのは工業化だった。植民地化を経験しなかったタイも同様の方向を目指した。工業化の手段として各国政府が採ったのが，完成工業製品の輸入を，高率の関税を課したり輸入規制を実施したりすることで事実上禁止し，その製品をこれまで輸出してきた企業に法人所得税や設備の輸入関税の減免などの特典を付与して自国内で生産させ，それを梃子に自国の工業化を進めようという，いわゆる輸入代替工業化政策であった。こうして，東南アジアへの完成品輸出は困難になった。

そこで，多くの日本メーカーは市場を確保するために，1960年前後から現地市場だけを対象にしたノックダウン（KD）組立工場を各国に設立し，多品種少

量生産を行った。ただし，厳しい外資規制もあって単独進出はなく，現地輸入代理店や日本の大手総合商社といった，完成品輸出時代から関係を築いてきたパートナーと合弁を組んだケースがほとんどだった。メーカーの財務基盤がまだ強固でなかったことや国際ビジネスのノウハウ不足，東南アジアの戦略的地位が日本国内や欧米よりも相対的に低かったこともこの背景にはあった。

● 2-2　1970 年代から 80 年代：円高の進展
1）概　　況

1971 年の「ニクソンショック」に伴い，急速に円高が進行した。しかし，自動車産業では，電気機械産業で見られたような人件費削減を狙ったオフショア生産拠点設立の動きはなかった。現地市場の緩やかな拡大に伴って事業規模を徐々に拡大させたが，依然として専ら狭小な現地市場に供給する小規模な輸入代替拠点であることには何ら変わりなかった。

自動車産業の各メーカーが電機産業のような戦略を採らなかった背景には，まず製品特性や産業特性の違いが大きく影響している。自動車は数多くの部品からなっている上に高度な安全性，居住性の担保が求められることから構成部品間での微妙な調整・すり合わせが重要で，「インテグラルなアーキテクチャ（設計思想）」の製品である（藤本, 2003）。したがって第一に，消費者の目の肥えた先進国への輸出にたえられる品質を確保するには電機産業の場合よりもはるかに高度な品質の作りこみが不可欠で，それに必要な生産システムと現場能力とが，KD 組立のみを行ってきた現地拠点にはまだ備わっていなかった。第二に，その構成部品・材料の中にはその要求品質水準の高さゆえに高度な技術力が要求されるものが少なくなく，裾野産業が未発達であった東南アジアでは調達できるものが限られていた。そのために，そうした部品・材料の多くは日本から供給を受けなければならなかった。第三に，素材，たとえば自動車生産に欠かせない防錆鋼板なども現地で生産することができず，これまた日本から供給を受けざるを得なかった。つまり，生産現場のケイパビリティがまだ低かったことに加えて，調達コストも日本で生産する場合よりもかなり割高で，こうした比較劣位は労働コストでの優位性を打ち消してなお余りあったのである。

さらに，以上に加えて製品が大きいために輸送コストがかかること，裾野が

極めて広く，かつその雇用力・波及効果が極めて大きな産業なので，各国政府がその産業政策の要に位置づける傾向が強く，保護政策の対象になりやすいこと，などが挙げられる。こうした要因から，円高に即応して生産の東南アジアへの移転を進めた電気機械産業とは採る戦略が違ってきたと考えられる。

2) この時期の経営・生産システム

自社が日本国内で行っている，いわゆる日本型経営・生産システムの移転・適用には積極的ではなかった。その背景には，主に以下の二つの要因があった。

第一に，ほぼ各国の国内市場のみを対象としており，市場の狭小さから東南アジア拠点の戦略的重要性が日本国内や欧米のそれと比較して相対的に低く，その運営に本腰を入れていなかったこと。この間，先述の通り，欧米との自動車貿易摩擦の深刻化とそれに伴う輸出自主規制の導入といった事態に対応するため，主要市場である欧米において相次いで工場を建設し現地生産を開始したため，そちらにより多くの経営資源を投入していたのである。

第二に，元々完成車輸出をしていたのが，現地政府の保護政策に対応してKD 生産に切り換えたといった経緯から，輸出担当部門が引き続き東南アジア事業を担当するというケースも少なくなかった。したがって，生産部門が直接担当するケースとは違って「ワンクッション」が入ることで，立ち上げ時など必要なときに必要なだけ「応援」を受けるというスタンスであった。

● **2-3 1990年代前半：東南アジアでの経済成長の進展とその影響（タイを中心に）**

1990年代には，東南アジアでは経済成長が軌道に乗り，所得水準も次第に向上した。一方で先進国では市場は成熟化していた。そこで，世界中の自動車メーカーは，東南アジアの潜在的な成長力に期待するようになり，生産力増強や戦略的な位置づけの転換を図るところも出た。以下では，東南アジアで自動車産業の集積が最も進み，しかもこの時期から大きく変化したタイの状況を概観する。

タイでは，市場の9割程度を日系が占め，現地オリジナルモデルを生産する現地資本メーカーは一貫して存在してこなかった。韓国やマレーシア，インドネシアで行われたような，現地資本メーカーを担い手として自動車の国産化を目指した産業政策は採られなかったのである。また，目立った輸出振興策は採

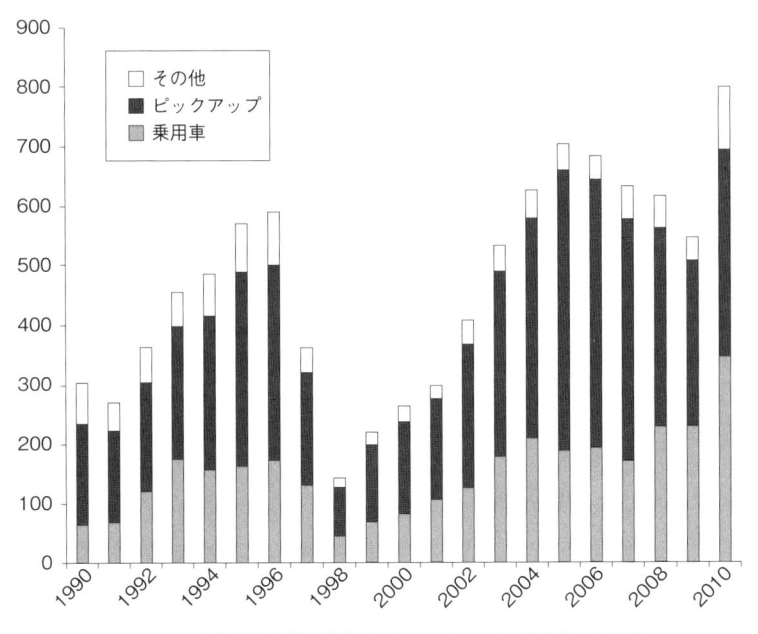

2 日本自動車メーカーの東南アジア拠点の変遷　*131*

図 6-1　タイ国内自動車市場の推移（単位：千台．各社提供資料より作成）

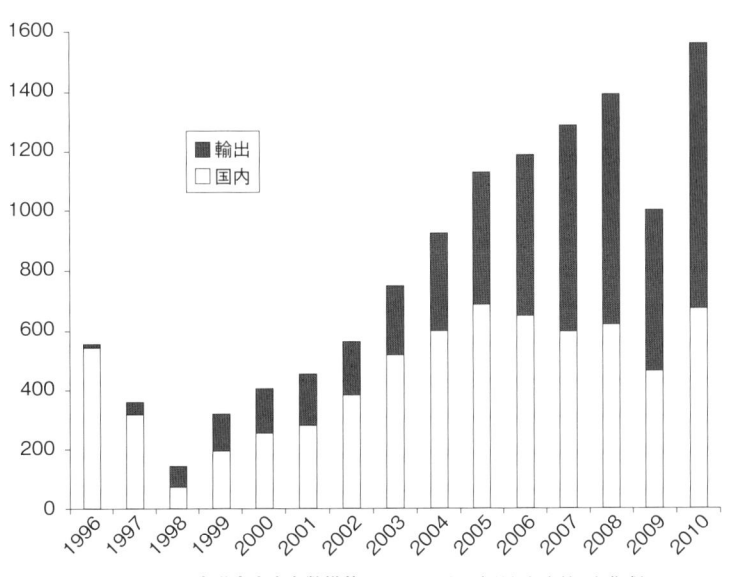

図 6-2　タイ自動車生産台数推移（単位：千台．各社提供資料より作成）

第一部　総論

第二部　各論

られていなかった。このようにタイ政府の自動車産業政策の重点は，1960年代以来ほぼ一貫して，外国資本メーカーの誘致とその国産化比率の向上による国内自動車産業の育成，すなわち輸入代替工業化にあった。

なお，自動車市場の最大の特徴は，図6-1にも表れているように1トンピックアップトラック（以下，ピックアップ）が大きなシェアを占めていることである。これに最も寄与しているのがピックアップに対する「優遇税制」である。ピックアップにかかる物品税は3％と，排気量2.4リットル以下の乗用車の35％に比べてかなり低い。タイの生活習慣・風土と共にこうした税体系が，周辺諸国とは違った特異な自動車市場を形成している。一方で，隣国マレーシアではタイとは違って乗用車が大きなウエイトを占めている。税制上の優遇を受けている国民車メーカー・プロトンやプロデュアが生産しているのは主に乗用車であるためだと考えられる。インドネシアでは，トヨタのキジャン（ただし，現行モデルはIMVに統合）に代表されるように，独特の形状をしたワンボックスタイプの自動車が，タイと同様に税制上の優遇を受けて人気である。このようにアセアン各国では，それぞれのユニークな自動車税制によって，自動車の需要構造が事実上決定されてきた。

タイ国内市場は図6-1のように，1996年までは好調な経済成長を反映して大幅に伸び，当時は，近い将来100万台を超えることが期待されていた。これを受けて，大幅な能力増強を行ったメーカーが幾つかあった。さらに，タイは他のアセアン諸国よりも部品産業が育っていたためなどから，欧米メーカーも相次いで進出を表明した。

ただ，この時期に大幅な能力増強を行ったメーカーの戦略は，企業によって大きく違っていた。さらにそれは，当然のことながら，各社の経営・生産システムにも少なからず影響を及ぼした。以下では，その戦略から2つの類型に分類して説明していく。

1) **類型1：急成長する国内市場のみがターゲット**

タイ自動車市場の急速な伸びに対応して，主に国内市場をターゲットに大幅な能力増強を行ったのがトヨタと本田，そして日産であった。このうちトヨタは，当時育ちつつあった中間所得層を主なターゲットにしたアジア専用モデル・ソルーナの生産拠点として，バンコク郊外のゲートウェイ地区に新たに乗

用車組立工場を建設した。これで同社の生産能力は，既存のサムロン工場（主にピックアップを生産）と合わせて年産20万台になった。本田は，既存工場では塗装が全て手作業であったことなどから，量・品質の確保が困難だったため，バンコクの北にあるアユタヤに新工場を建設して四輪車生産を移すことを決めた。さらに，トヨタと同様に中間所得者層を主なターゲットにしたアジア専用モデル・シティの投入を決めた。また，日産も既存工場の敷地内に生産設備を増強し，増産体制を整えた。

ただし，ここであげた3社共に，増産の主なターゲットは国内市場であり，輸出は考えていなかった。つまり，タイ拠点の基本的な戦略的位置づけが変わったわけではなかった。

次に，経営・生産システムをみてみよう。この時期に新設された生産ラインは，確かに主にタイ国内向けの生産拠点という点では変わりなかったのだが，既存のラインとはかなりその性格を異にしていた。

トヨタのゲートウェイ工場では，むろん賃金水準の低さを反映して溶接組立工程の自動化率は低いものの，品質上重要な部分や難作業の部分にはロボットが導入された。塗装工程にもスプレーマシーンなど最新設備が，プレス工程にも最新鋭の設備が導入された。そして，現場マネジャーによるミーティングを毎朝実施し，提案制度を積極的に導入したなど，日本での管理手法を幅広く導入した。こうした取り組みの結果，各工程の直行率は高水準，プレス工程や成形工程における段取り替え時間も短時間に抑えられたなど，海外工場としてはかなり高いパフォーマンスの工場となった。このように，これまでの工場とは違い，日本的な経営・生産システムが広範に取り入れられ，依然として国内向けが主とはいっても，市場の拡大および高度化を背景に，高生産性でかつ高品質，そして一定の量産が可能な工場が建設されたのである。同様の傾向が本田の新工場，日産の新設工程（特に塗装ライン）にも見られた。

2）類型2：輸出専用工場・国際分業拠点として新工場設立

この時期に大幅な生産能力増強を行った自動車メーカーには他に三菱自動車工業（三菱自工）があるが，その戦略とその背景は類型1のそれとは大きく違っていた。1990年代前半当時，三菱自工は日本国内においてRVを中心に販売が好調で，日本国内の生産設備には余裕が無かった。しかも日本国内ではピッ

クアップの需要は極めて少なかった。そのため，限られた経営資源を有効利用するという戦略的観点から，三菱自工にとってピックアップの販売台数が最も多かったタイを同車種の全世界向けの供給基地としたのである。1996年にピックアップの輸出専用工場をバンコクの南東にある主要貿易港・レムチャバン港に隣接する工業団地内にて稼動させ，まずタイと同じく右ハンドルである豪州向けの輸出を開始し，2, 3ヵ月後には欧州向け，次いでその他の地域への輸出（General Export）を開始した。なお，1992年から，同じ敷地内に乗用車工場を稼動させ，一時はクライスラーカナダにランサーを供給していた。その際にサプライヤーとの密接なコミュニケーションを通じてその能力向上を図る体制を構築していたことが，比較的短期間のうちに輸出を軌道に乗せることができた背景にはあった。

タイからの輸出が軌道に乗ったのに伴い，1997年前半にはピックアップの日本国内での生産は全て終了した。すなわち，アジア経済危機前には既に国内向けのKD生産拠点から世界分業の一角を担う輸出拠点への転換が行われていたのである。

次に，経営・生産システムをみてみよう。溶接自立工程等の自動化率が低いのは他メーカーの生産拠点とも共通しているが，ラインの設計思想などはKD工場のそれとは異なっており，輸出品質を確保することに重きを置いている。成熟した自動車社会であり，一般に消費者の自動車についての要求品質がより高い先進各国に輸出するとなると，品質の確保がとりわけ重要になり，それを実現するためには現場能力のこれまでにない強化が必要になった。すなわち，戦略転換が，他のメーカーに先駆けた現場能力の強化を促したのである。

また，徹底して外注化していることも注目される。プレス工程のみならず，溶接組立工程についても荷台の組み立てなどは外部メーカーに委ねている。これを可能にするために，大物部品を中心に主要部品メーカーを同じ工場団地内に配置している。そして，コンピュータネットワークを通じてそうした工場に生産情報を流し，生産の同期化を図っている。さらに，外注化を円滑に進めるため，部品メーカーへの技術指導を積極的に実施している。つまり，きっかけは限られた投資余力を背景に自社による投資を極力抑制することにあったものの，結果的には欧州などで多く見られるいわゆるサプライヤーパーク方式と相

通じるところがかなりある。

● 2-4　1990年代後半以降：アジア経済危機とそれに伴う役割転換（タイを中心に）
1) 概　　況

　1997年7月にタイバーツが暴落したことに端を発したアジア経済危機の影響で，タイのみならず東南アジア全体が深刻な経済危機に晒された。直前までの急成長に伴う市場拡大を見込んで工場増設・新規進出が相次いでいた自動車産業が受けたダメージはとりわけ大きかった。市場が落ち込んだ一方で，先述のように生産能力は急拡大していたからである。図6-1，図6-2からも，各社の当時の苦境がわかる。稼動確保のために，各メーカーが取りうる手段は国外に販路を求めることしかなかった。すなわち，否応なく輸出拠点への転換を迫られたのである。

　こうした輸出拠点への転換に向けた動きがとりわけ著しかったのは，最も関連産業の集積があり，危機前に大幅な生産能力増強が行われたタイであった。タイの主力車種であるピックアップは，インドネシアの主力車種とは違って，世界的に一定の需要があり，しかもそれをベースにミニバンやSUVにも展開できるなど，汎用性が高かったことも幸いした。以下では，タイについて，その戦略の変化に伴う経営・生産システムの変化を検証する。

2) アジア経済危機とそれに伴う変化

　経済危機の影響で，タイ国内のみならずアセアン地域全体の自動車需要に急ブレーキがかかり，各自動車メーカーの稼働率は急低下した。そのうち，タイの国内自動車市場は，1996年まで順調に伸びていたのが経済危機を境に急減し，1998年には1990年水準をも割り込んだ。これにより，とりわけ本社から支援が受けられないタイ資本の部品メーカーは苦境に立った。

　さらに，市場の急激な縮小にも拘らず，アセアン市場の将来性を見込むGM，フォードなどの欧米メーカーが相次いで進出し，メーカー間競争が一層激化した。こうしたことから，生産能力と市場規模とのギャップは大きく，危機前から輸出拠点であった三菱自工を除き，稼働率は極端に低下した。稼動確保のために各メーカーが採りうる選択肢は，先述の通り輸出しかなかったのである。

　危機に伴うバーツ安もこれを後押しした。ただし，輸出は直ちに行い得た

わけではなかった。タイ国内向けの品質基準では通用せず，格段の品質向上と輸出先のタイ製への不安解消への努力が要求され，各社はその対応に追われた。また，人員削減，日本からの大規模な資本注入，部品メーカーへの各種救済策実施などに追い込まれたメーカーもあった。以下ではその代表例としてトヨタ，本田について概観する。それに引き続き，欧米メーカーの代表例として，フォードとGMのケースを概観する。

3) トヨタの戦略的対応と経営・生産システム

経済危機による生産の落ち込みに対応して，採用見送り・期間工打ち切り・早期退職優遇制度などによる人員削減，財務体質の改善・強化を狙った大幅な増資と共に，輸出拡大策をとった。同時に，日本政府などが提供した各種スキームを利用するなどし，従業員の日本への研修派遣を大規模に実施した。また，工場の稼動を維持するために1998年9月には，従来日本で行っていたオーストラリア向けピックアップの生産をタイに移した。さらに，アジア専用モデル・ソルーナ，欧向けピックアップ用のディーゼルエンジン，エンジンブロックを始めとするエンジン部品の輸出拡大を図った。

2004年のピックアップのモデルチェンジに合わせて，その世界供給基地への転換が段階的に進行し，急速な変貌を遂げた。IMV（Innovated International Multi-purpose Vehicle）プロジェクトでは，従来は国によって多様化していた，海外向けのピックアップトラック，多目的車について，北米向けを除いて車台を統一し，タイトヨタをその中核拠点として世界規模での新たな供給体制を構築しようとした。日本では完成車生産を行わないのはもちろん，ベース車も持たず，部品もほぼ100%日本国外で調達することを目標にした。海外の生産拠点を有機的に結びつけ，世界最適開発・調達・生産を進めることで，飛躍的に競争力を高めるのを狙った。中核拠点のタイからは，90カ国以上に年間14万台の完成車を輸出すると共に，KD部品もインドネシア，インド，南アフリカ，アルゼンチンなど9カ国に供給する。ただ，一方的にタイから供給するわけではなく，アセアン域内，インド，南アフリカとの間で部品・生産設備の相互補完体制を整備することで，輸出入の不均衡の予防にも配慮した。このように，全世界向けの戦略車を全量日本以外で生産するのは，トヨタ初だった。こうした重要プロジェクトの中核拠点としてタイが選ばれたのは，それだけ現場能力

が高く，日本本社もそれを認めたことを反映している。

このように，仕向け地の増加は，生産の複雑性や生産変動の増大につながる。これに向けて，他のトヨタ海外生産拠点に先駆け，親工場への依存度を低めて自己完結的に事業活動を行えることを目標にした自立化プロジェクトの推進に取り組んだり，人事制度を改善（キャリアパスの明確化）したりすることなどを通じ，現場能力の一層の向上を図った。

急速な生産台数の増加に伴う大幅な人員増，すなわち未熟練労働者の大量加入や生産の複雑性の増大などから，製造ラインへの品質管理専門要員の配置など，製造現場でのチェック体制を強化し，プロジェクトの成功に万全を期した。これは，現場作業者一人ひとりによる作業現場での品質の作りこみを重視してきたトヨタ生産システムからの方針転換とも捉えられそうである。その一方で，問題の早期発見を担保して早期の問題解決を促すといった効果が見込まれることから，むしろ品質の作りこみを強化すると共に現場能力のより一層の向上を促す機能・役割を担ったとも捉えられる。

なお，乗用車ではソルーナの後継として，2002年11月にソルーナVIOSの生産を開始した。同モデルは，グローバル小型車ヴィッツと共通のプラットフォーム（車台）を使用した「NBC（New Basic Car）シリーズ」の一つでアジア戦略車として開発され，台湾，中国でも相前後して生産を開始した。先代と同じく「ソルーナ」を冠していたが，最新の機構を採用しており，やや旧型の車両がベースだった先代とは性格を全く異にした。同モデルの投入もトヨタのタイ，さらには東南アジア戦略の転換を象徴していた。

4）**本田の戦略的対応**

新工場での生産が本格化する前に危機に遭遇したため，幸い人員削減は回避した。多くのメーカーが実施に追い込まれた増資による資金支援も実施する必要はなかった。それでも，むろん稼働率の低下は避けられず，他社と同様に現地人従業員の日本への研修派遣などを行った。また，稼動を維持するために，完成車及び部品の輸出を図った。完成車ではシティを中近東向けに，乗用車2モデルを大洋州向けに輸出した。このうち，アジア専用モデル・シティについては日本本社から輸出市場を割り当ててもらったわけではなく，自ら開拓したのだという。同時にシティのKDセットや各種部品の輸出も積極的に進めた。

検査ジグ・装置などを日米と共通化することで，同程度の品質確保を担保している。

なお，シティのフルモデルチェンジ（フルモデルチェンジ後はフィットと共通プラットフォーム採用）に合わせ，それを東南アジア各地に供給するとともに日本向け完成車輸出も開始した。さらに，ジャズ（日本名フィット）を投入するなど，乗用車分野で積極的なモデルラインアップの充実を図り，経済の回復と共にシェアを拡大した。元々二輪車事業で長い歴史を誇り，タイ国内でブランドイメージが高かったことも業績向上を後押しした。

5）AAT（フォード，マツダの合弁）

1995年に，マツダとフォードは，ほぼ折半出資にてタイでの生産能力13.5万台の合弁工場設立を発表した。東南アジアでの販売増のために現地生産拠点が欲しいフォード，自前の投資を抑えつつも生産拠点の近代化・増強を図りたいマツダ，といった双方の思惑が一致したことが背景にある。当初からアセアン域内向けを中心に輸出を想定していたが，危機を受けて，1998年の稼動開始当初から大半を北米以外の全世界に向けて輸出した。

経営・生産システムは，親会社のそれぞれ強い部分を導入した「ハイブリッド」である。

マツダは，生産管理および製品開発などにおいて相対的に強いケイパビリティを持っている。そのため，生産モデル（ピックアップおよびその派生車種）の開発を日本本社で行い，フォードからの派遣者がトップを務める購買部門を除き，タイ工場での生産準備から実際の生産まで，製造にかかわる機能部門を全て担当している。実際，防府工場で採用している，管理オフィスを囲むように各工程を配置する工場レイアウトや，自動化工程とマニュアル工程をそれぞれまとめる工程設計上の考え方など，「マツダ色」がかなり濃く出ている。作業管理でも，ポカヨケを多用して誤組み付けを防止したり，ラインサイドの在庫を最小限に抑えて見通しを良くしたりしている点など，フォードシステムにはない，日本的生産システム由来の要素が多く見られる。もっとも，部品ヤード内でPBSアウトの順序情報に基づいて部品の順立作業を行いラインサイドに供給するといった，熟練度の低い作業者でも多品種生産に対応できるための工夫も行っている。

その一方で，財務管理，人的資源管理など，スタッフ部門については，相対的に強いケイパビリティを持つフォードからの影響が色濃い。例えば，フォードが推進しているレイヤーを減らしたフラットな組織や，全従業員の職務満足度を管理職の報酬に反映させる方式を採用していることなどが挙げられる。同社では，現場作業者にも査定に基づく能力給を導入していたが，これはUAWの力の強い米国では行われていなかった。ただ，査定は直属の上司ではなくスーパーバイザーが一元的に行い，評価項目も日本で一般的なものとは違う。オフィスレイアウトも，日本企業およびその現地法人で一般的な，情報の共有化を促す「大部屋方式」ではなく，高めのパーテーションで仕切られており，各スタッフに一定のプライバシーを保証している。（面白いことに，同じAATでも生産管理部門は「大部屋方式」を採っている。）つまり，こうした部門にはマツダからの影響はほとんど見られない。

なお，同社については，ヘラー・折橋（Heller & Orihashi, 2003）により詳しい記述がある。

6）GMタイランド

GMタイランドは，米国ゼネラル・モータース（GM）の100％子会社である。経済危機を受けて，投資計画は当初の7億5千万ドルから1億ドル前後削減された。ただし，それでもAATの倍近い初期投資であった。また，当初はGMの欧子会社オペルが開発した小型乗用車アストラを主にアセアン市場向けに生産する計画だったが，その縮小に伴って域外向けの輸出にも対応できる工場に変更した。

2000年の生産開始当初から，オペルが開発し欧州で生産していたミニバン・ザフィーラを生産し，欧州にオペルブランドで輸出すると共に，タイ国内ではシボレーブランドで販売した。さらに，2003年からいすゞの全面的な参画を得て，新たにピックアップ生産ラインを新設し，いすゞタイからその輸出向けの生産を全て移管した。生産されたピックアップは輸出のみならず，後にタイ国内でもシボレーブランドで販売された。なお，現在乗用車ラインではザフィーラの生産は終了し，GM大宇が開発した小型乗用車のKD生産が小規模に行われている。そのため，ライン長は大幅に短縮され，設備の半分が遊休化していた。

経営・生産システムは「米・欧・日のハイブリッド」といえる。

乗用車ラインでは，車両の開発を担当したオペルの影響から，コックピットやドアなどのモジュール組立をはじめとする，いわば欧州的要素が多く取り込まれていた。また，従来のタイ国内工場ではあまり見られなかった，エルゴノミクスへの配慮も特徴といえる。

その一方で，北米のある日系メーカー出身者による技術指導や日本の大手プラントメーカーによる工程設計などから，日本的生産システムからの影響が随所に見られた。例えば，標準作業表は，現場の作業長であるチームリーダーが作成している。これは通常の米系工場とは違って決して固定されてはおらず，日本では一般的なように，チームリーダーが主導する改善活動によって随時改定されていた。また，工程内かんばんを採用し，ラインサイドに在庫を溜めないようにしていた。その他，アンドンを設置して，不具合の発生箇所を一目で確認可能にしていた。なお，ピックアップのラインは，いすゞがレイアウト設計を担当し，いすゞからの派遣者が多数立ち上げに参画した。こちらは，完全に日本的な生産システムが採られていた。

ちなみに，乗用車の最終組立ラインはTの字を描くように設計された。これは1990年代以降建設された，アルゼンチン，ポーランド，中国上海，ブラジルにおける，GMの米国外の工場に共通したレイアウトである。これらの工場では，NUMMIでの学習に基いたGM版のリーン生産方式であるGMS（Global Manufacturing System）を推進していた。

7）アジア経済危機の歴史的意義について

経済危機は各国内メーカーに試練を与えたが，その一方で否応なしに構造改革を行わせ，結果的にその国際競争力の強化，さらにはその戦略的な位置づけの変化へとつながった。また，危機前には著しかった中間管理職や技術者のジョブホッピング（転職）が著しく減少し，結果的にメーカー各社が安心して人材育成投資を行えるようになったことも大きい。つまり，アジア経済危機は，短期的には確かに各社を苦境へと追い込んだが，中長期的なタイの自動車産業の発展という観点で見れば大きな飛躍につながるチャンスであり，多くのメーカーは実際にこれを十分に活かして，従来の輸入代替拠点から本社の世界分業の一角を担う重要拠点へと脱皮したのである。

当初は，タイ政府も各メーカーも，タイを国際分業の一角を担う重要生産拠点にするというビジョンは持っていなかったに違いない。しかしながら，経済拡大期の大幅な能力増強とその後東南アジアを襲ったアジア経済危機といった，相次ぐ激しい環境変化への対応から，結果的に輸出拠点へと変貌を遂げた。ミンツバーグ・ウォーターズ（Mintzberg & Waters, 1985）や藤本（1997）はこうした戦略構築パターンを創発的戦略（emergent strategy）と呼んでいる。創発的戦略とは，ポーターなどのいう予め計画された戦略ではなく，環境変化への状況適応的な（contingent）対応の積み重ねにより，結果的に事前には意図していなかったような戦略が実現することをさしている。タイのケースは，事前には意図されていなかったものの，事後的には（少なくとも現時点までは）特にタイ政府・国民にとっては願ってもない方向に向かっているといえ（事後合理性がある），まさに戦略形成の創発的な側面を映し出した典型的なケースであるといえる。

3　タイ自動車産業の近況及び課題

　以上で述べてきたように，タイの各拠点はピックアップの輸出拠点へとまさに脱皮した。生産台数および輸出台数は，リーマンショックに伴う一時的な落ち込みはあったものの，短期間でV字回復を遂げ，順調に増加している。ただ，2011年秋の洪水被害で，自然災害への脆弱性を露呈させるなど，課題も顕在化している。まず，エコカー・プロジェクトなど最新の動きを概観した後，タイの自動車産業の抱える課題について指摘していきたい。

● 3-1　エコカー・プロジェクト

　いわゆるエコカー・プロジェクトは，タイ政府が，ピックアップに続く第二の自動車産業の柱づくりを目指して推進しているプロジェクトである。以下の条件を全て満たす場合，8年間にわたって法人税と機械輸入税とが免除される。第一に，ガソリン（または軽油）1リットルで20km以上走り，二酸化炭素の排出量は1kmあたり120グラム以下で，排気量1300cc以下（ディーゼルの場合1400cc）の小型乗用車を生産すること。この条件を満たす小型乗用車は「eco car」に分

類され，車両購入時に賦課される物品税は17%に抑えられる。第二に，投資額が50億バーツ以上であること。第三に，エンジンの主要部品（シリンダーヘッド，シリンダーブロック，クランクシャフト，カムシャフト，コネクティングロッドなど）にタイ製を使用していること。第四に，5年以内に年間10万台以上を生産すること。

次に，参加各社の対応を概観していこう。日産は2010年にマーチの生産を日本国内向けも含めて追浜工場から全面的に移管した。本田も，2011年に新興国向け戦略車Brioの生産を開始し，三菱も，現工場の近隣に用地を確保し，エコカー専用工場を建設して，2012年初頭から生産開始している。三菱は，今回は外注化を徹底せず，プレス工程からの一貫工場である。スズキは，従来は二輪のみを生産していたが，四輪車の生産を2012年から新たに始めた。このほか，トヨタも参加の認可を受けており，2013年から新工場を建設し，生産を開始する。

● 3-2 タイ自動車産業の主な課題・リスク

第一に，部品メーカーのレベルアップが依然として課題である。特に純粋タイ資本，2次以下において。

第二に，高張力鋼板をはじめ，素材・原料のタイ国内調達が依然として困難で，日本，韓国，中国などからの輸入に依存していること。

第三に，リーマンショック後の一時期，タイ経済は落ち込んだが，比較的短期間のうち景気は回復し，各社とも生産規模を拡大させている。ただ，拡大しているのは，自動車産業だけではない。各産業においてタイへの工場進出が相次いでいる。そうなると，労働需給が逼迫し，かつてアジア経済危機前に見られたような転職ブーム再燃の不安がある。そうなると，タイの強み（安価な多能工）の喪失の危険性が高まる。特に，「世界の工場化」に伴う，エンジニア不足の深刻化が懸念される。また，既に建設現場など不人気3K職場は多くをカンボジア，ミャンマーなど近隣諸国からの出稼ぎ労働者に依存するようになっていたり，実際に生産現場の求人への応募倍率が低下したりしてきているように，直接労働者の確保が次第に難しくなる懸念がある。

加えて，主要貿易港であるラムチャバン港がパンクしてしまう恐れもある。

また，輸出が増大し，国際収支が向上すると，将来的にはバーツ高も考えられる。これまでの急成長はバーツ安に支えられていた面も大きいため，その局面にも耐えられるだけの実力を付けておく必要がある。

第四に，中国・インド・インドネシアの台頭。いかに競争力を高め，独自色打ち出して共存していくかが課題である。基本的には，「ものづくりの組織能力」を高め，すり合わせ製品の国際分業の一翼を任されることで生き残りを図るしかなく，それだけの能力は十分にあると考える。

第五に，昨今の国内政情不安。万一，産業政策にブレが生じた場合，カントリーリスクと捉えられ，新たな投資に冷や水を浴びせる恐れがある。

第六に，国内生産メーカーは全て日・欧・米出身の多国籍自動車企業である。当然，それぞれの世界戦略はそれぞれの出身国にあるグローバル本社で決定される。ということは，タイ拠点が比較優位性を失った場合，「EXIT」戦略も有りうる。

第七に，国内市場におけるピックアップの比重が近年じわじわ低下してきている。商用車から乗用車への需要のシフトは，モータリゼーションの進行に伴い，各国において共通して見られるごく自然な現象であるが，タイ自動車産業の成長は国内でも旺盛な需要があるピックアップの輸出に支えられてきた面があり，これまでタイの輸出拠点化を支えてきた一要素の消失となるかもしれない。

第八に，先般の大洪水による甚大な被害は，タイ政府の対応の拙さも含め，タイの生産拠点としてのリスクを全世界的に印象付けた。精密機器など「足」が軽い産業は他国に流出するかもしれないが，自動車産業に限っていえば，塗装工程やプレス工程をはじめ，設備の移設が困難で「足」が軽くはない上，本田を除いて洪水による直接被害を免れていることなどから，流出することは無いだろう。本田も，浸水した生産設備を大幅に更新することを余儀なくされながらも，2012年春に稼動を再開した。しかしながら，前述のヒトの供給面での不安もあり，今後は新たな進出を躊躇する企業も出てくることが予想される。

第九に，自動車自体のドミナント・デザイン，さらには製品アーキテクチャの変化の可能性。これは，タイだけに限らず，既存自動車メーカー・自動車部品メーカー各社にとっても重大な脅威であり，各社ともに技術開発に余念がな

いのであるが，主流が電気自動車になった場合など，多様な可能性への対応について，タイ資本の部品メーカーも予め考えておく必要がある。

● 3-3 タイ自動車産業の展望

現在は，自由貿易体制による恩恵を最大限享受している。これは裏返して考えると，常にグローバルな自由競争の只中にいるということである。また，多国籍自動車メーカーの現地法人がその担い手であることから，他国拠点に競争力の面で後れを取るようなことがあれば，すぐにでも輸出拠点としての地位を失う可能性がある。したがって，タイ資本も多い裾野産業も含め，タイ拠点の国際競争力を向上させる努力を不断に継続する必要がある。

前項において，タイの自動車産業が抱えている様々な懸念事項を列挙したが，こうした課題を克服していくことが，タイの自動車産業が獲得してきた国際的な地位を維持・発展していく上で重要である。とりわけ，根幹となるヒトの問題は，息の長い取り組みが要求される。タイの自動車産業の国際競争力の維持は，中国リスクの高まりもあって，日本の自動車メーカー各社にとっても，今や重要な経営課題であり，末永く共存共栄していってほしいものである。

● 3-4 インドネシアの台頭

インドネシアは，2億3,760万人（2010年）と，アセアンで最大の人口を抱えており，潜在的には間違いなくアセアン最大の市場である。実際に，2011年の自動車販売台数はタイを上回った。また，当然労働力の供給余力はタイ以上である。ただ，これまで政情不安などからなかなか経済成長を軌道に乗せられなかった。それが2000年代以降，ようやく経済が成長軌道にのってきた。また，FTAについても自動車関連では近年政情がなかなか安定しないタイよりもむしろ積極的であることも，外資にとっては魅力的に映る。

こうしたこともあり，日系をはじめ，外資自動車メーカーおよび部品メーカーによる投資が相次いでおり，国内市場及び国内生産は急増している。このうち，市場規模はタイを完全に抜くのは時間の問題である。もちろん，タイと同様に今後解決していかなければならない課題を数多く抱えているのも確かであるが，これからその発展経過を注視していかなければならないだろう。

【参考文献】

藤本隆宏（1997）．生産システムの進化論　有斐閣

藤本隆宏（2003）．能力構築競争　中央公論新社

Heller, D. A., & Orihashi, S. (2003). Pooling capabilities abroad for global competitive advantage: investigating Ford-Mazda cooperation in Southeast Asia. *International Journal of Automotive Technology and Management*, **3**(1), 122-143.

Mintzberg, H., & Waters, J. A. (1985). Of strategies, deliberate and emergent. *Strategic Management Journal*, **6**, 257-272.

折橋伸哉（2008）．海外企業の創発的事業展開―トヨタのオーストラリア・タイ・トルコの事例研究　白桃書房

07 先端技術と投資競争からみた電子産業

近藤章夫

1 はじめに

　電子産業は，日本の製造業中で最大の生産と輸出を誇った主力産業の一つであり，戦後から半世紀における生産金額の平均年成長率は約18％に達した。20世紀の末期には，多くの製造業で「電子化」が進むことによって，半導体技術をベースとした電子産業は多くの産業部門への広範な波及効果を産むとともに，国際的な競争優位を支える裾野産業の一つとしても重要性が増しつつある。

　日本の電子産業は大きな構造転換期を迎えている。機器や部品を製造する「ハードウェア」としての側面から，ソフトウェアやコンテンツなどを情報処理する「メディア産業」やビックデータを扱う「ユビキタス社会」を支えるインフラ的役割へと変貌している。そのため，電子産業は常に先端技術を吸収して成長しており，先端産業もしくはハイテク産業ともいわれる。産業特性としては研究開発投資が巨額であり，その生産プロセスにおいて高度な技術を要する。OECD（経済協力開発機構）の定義によれば，先端産業は，航空・宇宙，事務機器・電子計算機，電子機器（エレクトロニクス），医薬品，医用・精密・光学機械の5産業をあげており，主に半導体技術をベースにした広義の電子産業を現代のハイテク産業と位置づけている。また，電子産業の先端技術は科学技術の知に依存しており，科学的な発見・発明をもとに事業化されたものであることから，サイエンス型産業の特性ももつ。工学的な技術をベースにして，改善や改良によって品質の向上をめざすエンジニアリング型産業と対比される。

　本章では，電子産業のうち薄型パネルディスプレイ（FPD）産業を題材に

して，日本における代表的な企業であるパナソニックとシャープに焦点をあてて，1990年代末からの急激な成長について技術発展と設備投資のそれぞれの潮流と動向から素描し，電子産業における先端技術と投資競争の特徴を考察する。

2 電子産業における立地と投資

　戦後日本経済において，電子産業の立地は「分散」を特徴としていた。特に，1960年代後半以降，大都市圏の工場が分散し，労働志向型の製品や工程が地方圏に数多く立地した。これらの立地は工場間分業のもとで階層化・ネットワーク化され，さらに関係会社，協力企業や下請企業などがサプライヤーとして近接立地することで，地域経済に大きな波及効果をもたらした（近藤, 2007）。工業統計表によれば，電気機械器具製造業の地方圏[1]のウェイトは事業所数，従業者数それぞれにおいて，1955年の15.7%，21.2%から，2000年には50.6%，59.4%まで上昇した。また，こうした立地パターンは国内から海外へも同様に進んだ。海外生産比率も同様に，1980年以前は数%程度であったが2000年には21.9%にまで高まった。電子産業が成長するにつれ，その立地範囲も国内から海外へと広がっていったのである。

　しかし，ここ10数年の間で，電子産業の立地調整は加速化している。1990年代以降，円高基調による国内生産コストの相対的上昇や海外市場への戦略的参入などを背景に，事業組織のリストラクチャリングが進み，国内生産拠点の集約や国際購買の進展による域内リンケージの衰退などで一時「空洞化」が生じた。2000年代以降には日本の「ものづくり」の復権のもと「国内回帰」がみられるなど，国内と海外を含めたより広範囲の空間スケールにおいて立地調整が進行している。

　立地調整の加速化には経済環境の激動が背景にある。第1にグローバル化お

---

[1] ここでは地方圏を三大都市圏を除いた地域と定義している。三大都市圏は，首都圏（埼玉県・千葉県・東京都・神奈川県），中京圏（岐阜県・愛知県・三重県），阪神圏（京都府・大阪府・兵庫県）とした。

よびボーダーレス化があげられる。最終製品市場のみならず，情報，資金，人材，原材料，中間財，などの流動性が高まり，国境の障壁が極めて低くなった。第2に，国際競争の激化である。韓国や台湾などのメーカーが成長し，中国市場も本格的に立ち上がりつつあるなかで，日本を含めた東アジアが電子産業の一大生産拠点となり，域内の競争が激しさを増している。このような経済環境の激動のなかで，国内のみならずアジア全域での立地の再配置と調整が進んでいる。第3に，製品を構成するテクノロジーの進化である。IT化，デジタル化などと喧伝されるが，電子デバイスの技術的深化と複雑化が進み，研究開発費や設備投資額が高騰している。それと並行して，生産システムのプロセスの相互作用も複雑化し，内製と外注の「企業の境界」の見直しを含め，企業内および企業間のコーディネーションが戦略的に重要性を増している。

　こうした経済環境のもとで，国内の工場投資の大型化も鮮明になってきた。特に，高付加価値製品の生産拠点として国内立地が見直され，半導体や薄型パネルディスプレイ，鉄鋼などの分野で1000億円を超える大型投資計画が相次いでいる（表7-1）。生産の大規模化を志向しているとともに，海外への技術流出を防ぐために垂直統合型のビジネスモデルで製造現場を「ブラックボックス化」する狙いも背景にある。さらに，これらの大型投資が特定の生産拠点で継続的に行われつつある点も近年の特徴といえよう。半導体分野では，東芝の四日市工場に2003年度から総額5000億円を超える投資が行われ，日本唯一のDRAM生産拠点である広島エルピーダには累計で6000億円超の工場投資が行われている。液晶パネルでは，シャープや日立製作所などが出資するIPSアルファテクノロジのほか，富士写真フィルムの液晶パネル向け偏光板保護フィルムの生産拠点に約1000億円が投じられるなど，「デジタル家電」の素材・部材にまで大型投資が波及しつつある。

　上記の経済環境の激化をふまえ，薄型パネルディスプレイ（FPD）産業の事例を発展史として解読することで，近年の大型投資の背景にある構造的要因を考察することが本章の目的である。特に，パナソニック（旧松下電器）のテレビ事業とシャープの液晶事業を取りあげる。近年，テレビ受像機は技術革新が進み，ハイビジョン放送やデジタル放送などの普及と並行して，CRT（Cathode Ray Tube）を用いたテレビ受像機，通称「ブラウン管テレビ」から，FPDを

表7-1 設備投資額1000億円以上の主な国内工場

企業名	立地場所・事業所	生産品目	稼動時期	投資額
エルピーダメモリ	広島県東広島市 (300ミリウェーハ棟)	DRAM	2003年より 段階的に増強	約3300億円 (03-05年度) 約3000億円 (06-08年度)
東芝	三重県四日市市 (300ミリウェーハ棟)	NAND型フラッシュメモリ	2003年より 段階的に増強	約3300億円 (03-05年度) 約2800億円 (06-08年度)
富士通	三重県桑名市 (三重工場)	システムLSI	2007年4月	約1600億円 (05-07年度)
パナソニック	富山県魚津市 (魚津工場)	システムLSI	2005年10月	約1500億円
シャープ	三重県亀山市 (亀山第2工場)	液晶パネル	2006年8月	約1500億円
シャープ	大阪府堺市	液晶パネル・太陽電池	2009年 (予定)	約3800億円
IPSアルファテクノロジ	千葉県茂原市	液晶パネル	2006年7-9月	約1100億円
富士写真フィルム	熊本県菊陽町	液晶パネル向け偏光版保護フィルム	2006年12月	約1000億円
パナソニック	兵庫県尼崎市 (尼崎工場)	プラズマパネル	2005年より 段階的に増強	約950億円 (第3工場) 約1800億円 (第4工場) 約2800億円 (第5工場)
富士通日立プラズマディスプレイ	宮崎県国富町 (三番館)	プラズマパネル	2006年10月	約850億円
東京製鉄	愛知県田原市	鉄鋼	2009年 (予定)	約1000億円
住友金属工業	和歌山市 (和歌山製鉄所)	鉄鋼	2009年 (予定)	約1000億円

(資料) 日本経済新聞,「半導体工場ハンドブック」各年版

用いた,通称「薄型テレビ」を事例にして近年の電子産業における産業構造の変化をとりあげる。薄型テレビは液晶テレビ,プラズマ・ディスプレイ・パネル (PDP)[2] テレビ,リアプロダクションテレビという異なる映像表示デバイス方式が並存している[3]が,「デジタル家電」のなかでも市場規模が大きく,グローバルで市場が成長している。そのため,経営資源の集中や戦略的な設備投資のもと立地調整が加速化している。先に見た表7-1では,2000年以降において累積で1000億円以上の設備投資がなされた国内生産拠点のうち,大部分が半導体や先端電子部材に特化した電子産業の生産拠点であり,戦略的に特定の

工場へ投資額を集中させてきたことが伺える。こうした動向をふまえ，パナソニックテレビ事業の製品転換プロセスとシャープ液晶事業の戦略を題材にして，技術サイクルと設備投資の観点から立地変動の方向性を探り，こうした2社のFPDメーカーの事例から，技術戦略と設備投資との関係，産業立地の動向について考察する[4]。

3 パナソニックのテレビ事業：PDPへの傾斜

● 3-1　CRTテレビ時代

　パナソニック（旧・松下電器産業）のテレビ事業は，1953年から本格的に開始され，当社における基幹部門の1つとして発展してきた。国内の生産拠点の変遷をみると，高度経済成長期の前半まで大阪・茨木工場と守口工場で生産を行っていたが，1963年に白黒テレビ用ブラウン管組立工場として神奈川・藤沢工場，1967年にカラーテレビ組立専門工場として栃木・宇都宮工場が設立され，製品需要の拡大とともに立地が分散した。

　1970年代中頃になると，白黒テレビからカラーテレビへと主役が交替し，輸出用テレビや白黒テレビに関する事業組織の整理統合を経て，1970年代末以降，カラーブラウン管テレビの生産は主に大阪・茨木工場と栃木・宇都宮工場の2工場で主に担われるようになった。海外にも北米市場向けにメキシコ工場，アジア市場向けにマレーシア工場などが設立され，国内で新製品を開発し，成熟

---

2) プラズマ・ディスプレイ・パネルは，ガラス基板の内部に封じ込めた特殊なガスに電圧をかけてプラズマ放電させる映像表示デバイスである。液晶パネルはバックライトを光源とするが，プラズマはガラス基板内部の三色の蛍光体が発光するため，色彩再現や動画表示の能力に優れる（泉谷，2004）。ただし，近年はパネル製造と画像処理回路の技術革新が進み，プラズマの優位性は崩れつつある。特に，薄型化の技術では液晶パネルが優位になりつつある。
3) このほかの映像表示デバイスの形式として，有機EL（エレクトロ・ルミネッセンス），SED（Surface-conduction Electron-emitter Display）などがある。
4) 本章では主に2008年前後までの特徴的な動向を主に扱う。2009年以降，パナソニックとシャープの両者は急激に業績が悪化し，韓国や台湾メーカーの後塵を拝するようになった。2009年以降に競争劣位となった構造的要因とその考察については，別稿にゆだねる。

製品を海外へ移管する「リニアモデル」的なプロダクトサイクルのもとで国際分業が形成された。1980年代中頃にはカラーブラウン管テレビの生産がピークをむかえ，パナソニックのブラウン管テレビの生産台数は最盛期で1000万台を超えた。

1980年代末より国内市場の飽和，海外製品との競合のなかで国内生産が減少した。1990年代には平面ブラウン管テレビなど高付加価値製品の生産に特化するものの，製造コストで競争劣位となり，事業のリストラクチャリングが行われた。特に，1990年代末から2000年代初頭にかけてパナソニックグループ全体が経営危機に陥り，森下洋一社長から中村邦夫社長に交代してから抜本的な経営改革が行われた。この流れのなかで，テレビ事業も大幅に見直され，CRT（ブラウン管）テレビからPDP（プラズマ・ディスプレイ・パネル）テレビへ製品転換していった。

● 3-2　PDPへの「集中と選択」

1990年代後半からのテレビ事業の再編は，新規事業の立ち上げ，ブラウン管事業の縮小，本格的なPDP事業への傾斜，という段階を経ている。国内のPDP事業は，1994年から「ハイビジョン用プラズマディスプレイ共同開発協議会」が契機となって，本格的に開始された。パナソニックは1998年にPDP事業部を発足させたが，当時，富士通，NEC，日立などはすでに量産準備に入っており，国内でPDPメーカーとして4番目の参入であった。そのため，後発メーカーとして大規模な投資でキャッチアップする必要があり，2000年7月にPDP製造子会社「松下プラズマディスプレイ」を設立，同年10月に東レと事業提供し，資本金12億円（松下75％，東レ25％）で「松下プラズマディスプレイ（MPDP）」を設立した。PDPの製造を別会社にして東レと共同出資にしたのは，投資リスクの分散と垂直統合型ビジネスモデルへの志向があった。

一方，パナソニックは「ポスト・ブラウン管」としてPDPだけではなく，液晶パネルの事業も1990年代を通じて投資を継続していた。しかし，事業の「選択と集中」が進められ，PDPへの経営資源の集中投資を選択した後は，ブラウン管事業と液晶事業の再編が行われた。液晶事業は2002年に東芝へ売却される形で，東芝が出資比率60％，パナソニックが40％をもつ製造子会社「東芝松

下ディスプレイテクノロジー」が設立された。2004年10月末には日立が主導する形で，東芝とパナソニックも出資し，テレビ向け液晶パネル生産会社「IPSアルファテクノロジ」が設立され，パナソニックの液晶事業は他社と協業する形で再編された。ブラウン管事業も2003年に東芝との間で合弁会社「松下東芝映像ディスプレイ」を設立し，グローバルにおけるブラウン管の開発，生産，販売で協業体制をとった。このように，パナソニックの場合，他社との提携によってブラウン管事業と液晶事業のウェイトを下げ，PDP事業に集中的に投資する環境を整えた。

● 3-3 生産拠点の集中

　このようなPDP事業への傾斜のなかで，立地調整はどのように進行したのであろうか。ワッツ（Watts, 1987）の分類に従うと，立地調整は複数工場企業が生産設備を再編成するプロセスと定義され，工場の新設，既存工場での変化（in situ adjustment），工場閉鎖などの各フェーズがある。テレビ事業のリストラクチャリングにともなう立地調整を各フェーズで分類すると，まず，ブラウン管およびテレビ部材の工場閉鎖が生じた。パナソニックのブラウン管生産は，松下電子工業の高槻工場と宇都宮（平出）工場で行われ，最終組立工場の茨木，宇都宮のそれぞれに近接していた。宇都宮工場は2003年8月に閉鎖，高槻工場は2004年9月までに量産ラインが海外へ移管され，試作ラインの一部のみを残すこととなった。それにともない，ブラウン管の周辺部材を生産していたサプライヤーの多くも国内工場を閉鎖，もしくは海外への移管を進めた。

　次に，ブラウン管テレビ生産設備から薄型パネル生産設備への切り替えにみられる既存工場での変化である。1998年にPDP事業部が発足した当時，PDPの生産設備は高槻工場に試作レベルのラインを持つだけであったが，2001年6月に茨木に第1工場が建設され，高槻工場と茨木工場それぞれにPDPの生産設備が本格的に導入された。2004年4月に稼動を開始した茨木第2工場とも，ブラウン管生産設備を移管して空いたスペースに建設された。また，従業員の配置転換においても，2000年に製造子会社の松下プラズマディスプレイが設立されたときに，パナソニック本体から子会社の全従業員に相当する約700人が出向扱いとなり，各工場への配置転換が進んだ。開発部門では，高槻工場から

は約400人の従業員が2004年に茨木第2工場などに異動，同年にテレビの茨木工場とその他 AV 製品の門真工場に分かれていた開発部隊を門真に集約すべく，テレビ部門約1500人の開発担当エンジニアが門真に異動した。その他の地区では，ブラウン管テレビの国内最大拠点であった宇都宮工場は液晶テレビの組み立て拠点として[5]，液晶パネル生産拠点であった石川工場は東芝との合弁事業のもとで中小型液晶パネルの生産に特化するなど，それぞれ既存工場を活用して生産資源の調整が行われた。

　最後に，既存工場の変化とともに，大規模投資を特徴とする工場の新設が行われた。薄型パネルの生産では企業間の合従連衡が多くみられるが，それは特定の映像表示デバイスへの投資額が巨額になったことの証左でもある。そのため，新設される工場は大規模であり，経営自体を大きく左右するほどの投資額となってきた。パナソニックの PDP 生産工場は，既存工場を再活用した高槻工場と茨木の2工場に続き，上海工場（2002年），尼崎国内第3工場（2005年），尼崎国内第4工場（2007年）の3工場が新設された。この結果，パナソニックの PDP 事業におけるパネル生産の工場立地は国内4ヶ所，海外1ヶ所となった。グローバルにみると，パネルの生産地は日本および上海に集中，最終セットにする組立工程に関しては，北米市場はメキシコ，南米市場はブラジル，欧州市場はチェコ，東南・南アジア市場はシンガポールなど最終消費地に近い各工場で，日本からパネルを輸入して組み立てを行う分業に移行した。

4　FPD の技術特性と設備投資

● 4-1　薄型パネルディスプレイ産業の特性

　ブラウン管（CRT）から薄型パネルディスプレイ（FPD）へ映像表示デバイスの主役が交代するなかで，テレビ（ディスプレイ）産業の特性も大きく変化した[6]。第1に，商品サイクルの特性である。商品サイクルが短いうえ，競争

---

5) 松下電器の液晶テレビに用いる液晶パネルは外部メーカーから購入している。
6) FPD 産業の黎明期から本格的な発展までを概観したものに Murtha, Lenway & Hart (2004) がある。

が激しく、商品単価は短期間に下落する。2003年以降、テレビ用薄型パネルの単位面積当たりの価格は、1年ごとに約25％低下してきた。需要が好調なうちに商品を投入できれば収益を確保できるが、時機を逸すれば十分な収益を上げることができなくなる。先行者利益（first movers' advantage）が大きいため、市況の変化に迅速に対応することが極めて重要になってきている。投資効率の点からいえば、同じ投資額であればいち早く生産開始したほうが高い。また、商品サイクルが短いため、製品差別化が小さくなるうえ価格競争に陥りやすいので、「コモディティ（汎用）」化しやすい（小笠原・松本, 2006）。

第2に、技術的な特性である。アセンブリが主体であったCRTテレビ生産では、製造工程が「良く見えた」が、プラズマや液晶は工程が可視しにくくなった。特に、パネル製造工程はクリーンルーム内で行われるため、歩留まりや限界利益率の見極めに「デバイス」の世界の概念が必要となった。また、製造原価に占めるパネル部材の割合が高く、付加価値の源泉はガラスパネルと画像処理回路に大きく依存する。このことは、パネル部材や半導体など電子材料に関する開発や購買のマネジメントが生産システムのなかで大きなウェイトを占めることを意味する。

第3に、競争環境である。大型の薄型テレビはシャープが1999年に初めて商品化、世界で2002年ごろから普及し、2005年にブラウン管の出荷台数を逆転した。1990年代後半までは中小型の液晶パネルが主で日本メーカーの独断場であったが、薄型テレビ市場が本格的に立ち上がったここ数年では韓国、台湾の投資額が急増しており、日本の薄型パネルディスプレイの出荷額シェアも相対的に急落している（図7-1）。

また、サムソン電子やLG電子などの韓国メーカーや台湾メーカーの台頭による、東アジア3ヶ国間の生産増強競争だけでなく、薄型テレビは液晶パネル、PDP、リアプロダクションという異なる映像表示デバイス方式が競合しているため、実需に対して供給過剰になりがちになる。そのため、本格的普及期を迎え低価格化が進み、事業の収益性はトップシェアメーカーを除き、急激に低下している。薄型テレビ・メーカーが収益性をあげるには、規模の経済による資材調達コストの削減と巨額の設備投資を継続的に行うことが可能な財務体質が不可欠になっている。

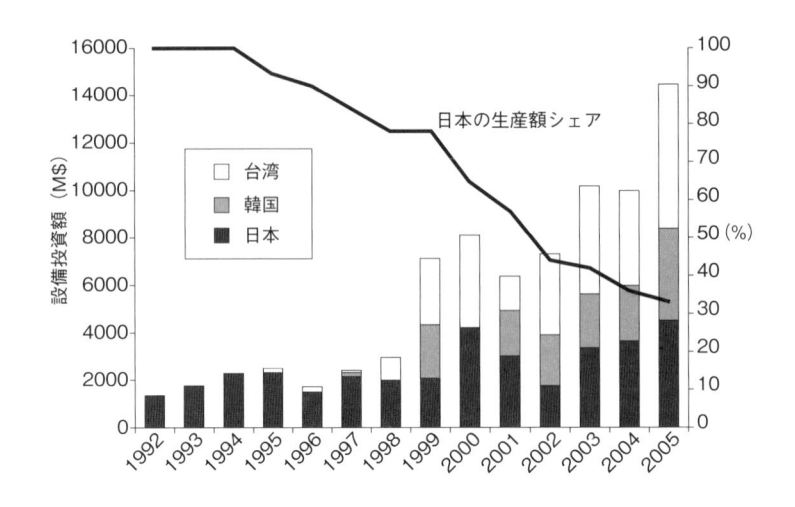

図7-1　薄型パネルの投資額と生産額シェア

● 4-2　パナソニック PDP の工場投資と技術特性

　PDP の生産システムを工程でみると，板ガラスに電極と誘電体を形成する背面板工程，前面板工程，パネル組立工程，完成組立工程に分けられる。茨木にある国内第1工場では，1階と2階に前面板工程，3階が食堂，4階が前面板と背面板の封着工程，5階がセット組立工程（ドライバ LSI 装着後）となっている。背面板工程は高槻工場に分かれており，茨木と高槻で工程間分業となっていた。また，海外で唯一のパネル生産拠点である上海工場は，当初第1工場のコピーラインとして，2001年10月に完成し，同年12月から稼動した。当面はパネルを日本から持ち込んで完成品の組み立てから始めた。2003年4月からパネルの生産設備を導入し，2003年8月より PDP を生産出荷した。このように PDP 事業の当初は，既存工場を活用する方向で立地調整が進み，漸進的に垂直統合型モデルへ移行していった。

　一貫生産体制となるのは，茨木の第2工場以降である。PDP の低コスト化は，(1) プロセス標準化，(2) 省エネ・材料削減と部材の使用量削減，(3) 生産性向上，の3つの方向で取り組むが，これらの前提にはガラス基板の大きさが極めて重要になる。ガラス基板が大きければ，パネルの面取り数が多くなる

4 FPDの技術特性と設備投資　*157*

からである。薄型パネル生産ではパネルの面取り数が非常に重要な変数であり，面取り数が2倍になれば，製造コストは約半分になる。そのため，低コスト化を進めるにあたっては，扱うガラス基板を大きくする必要があるため，工場棟，生産設備等の規模も大きくすることが合理的となる。

表 7-2 はパナソニックの PDP 生産拠点の概要である。茨木の国内第1工場では，42型換算で1面取りしかできなかった生産ラインが，国内第2工場では3面取り，尼崎の第3工場では6面取り，2007年6月に稼動開始した第4工場では8面取りにまで拡大した。パネルの面取りは生産性にも直結し，同じ投資額でパネルを何枚作れるかという投資生産性は国内第1工場を1とすると，尼崎第4工場では5.3倍に上る。その結果，1工場あたりの設備投資額は急激に増加しており，尼崎第4工場では投資額が約1800億円まで膨れ上がっている。

表7-2　パナソニックの PDP 生産拠点

	茨木工場			尼崎工場		中国
	国内第1工場	国内第2工場	国内第3工場	国内第4工場	国内第5工場	上海工場
敷地面積	12万2000m^2			14万7000m^2		4万7000m^2
延床面積	3万m^2	7万5000m^2	14万7000m^2	19万2000m^2	28万4000m^2	1万7000m^2
稼動開始時期	2001年6月	2004年4月	2005年9月	2007年6月	2009年5月	2002年10月
階数	5階建て（管理部門含む）	4階建て	4階建て	6階建て	6階建て	―
投資金額（建家・原動・設備費用を含む）	約350億円	約600億円	約950億円	約1800億円	約2800億円	200億円
月産台数（42型換算）	3万台	10万台	25万台	50万台	100万台	2.5万台
投資生産性	1	2.4	4.3	5.3	―	1〜1.5
人員生産性	1	2.3	4.2	―	―	―
面積生産性	1	1.7	2.6	―	―	―
マザーガラス1枚あたりのパネルの面取り数	1	3	6	8	10	1

（資料）松下広報資料および各種新聞・雑誌記事

さらに，尼崎第5工場では世界最大のPDP生産拠点として，総額で約2800億円の設備投資額になり，延床面積で第1工場の約9倍強という巨大な生産工場となった。

　パナソニックの投資額はPDPへの本格的投資を始めた2001年から2007年上半期までで累計7000億円を超えている。こうした累積的かつ継続的な設備投資により，2006年にはプラズマテレビ（完成品）とプラズマパネルのそれぞれにおいて世界トップシェアとなった[7]。パナソニック電器の単一商品への投資額としては過去最大である。設備投資額に比例して，PDP売上高も急伸しているが，全社設備投資額に対するPDP投資額の比率も20%を超えるに至った。ただし，難しいのは，市場での格付け維持のためキャッシュフロー経営が強まるなかで，手元のキャッシュの範囲内で設備投資が行うことが求められることである。負債を過度に増やすことのリスクが高まっているともいえ，巨額の設備投資の回収が十分でないと，投資の縮小，負債の拡大，格付けの下降と負のスパイラルに陥る危険と隣り合わせとなる。どのタイミングで，どの生産システムに投資を行うのかという戦略的な行動はますます重要になっている。先に述べた技術特性とこうした戦略的な設備投資行動の結果，工場投資の大型化と集中化が進展した。

5　シャープの液晶事業：亀山と堺への集約

　2000年以降，シャープは液晶パネルのリーディングカンパニーとして国内生産を増強している。シャープの液晶事業は電卓で市場を席巻した1970年代に遡る。1970年に中央研究所で液晶ディスプレイの研究開発を始め，73年に世界初の液晶ディスプレイ電卓を開発した。それ以降，1984年にはSTN液晶[8]

---

[7] 日経産業新聞の2007年版「世界シェア26品目」によると，出荷金額ベースでプラズマテレビは松下電器産業29.5%，LG電子（韓国）15.8%，サムスン電子（韓国）14.1%の順，プラズマパネルは松下電器産業31.5%，LG電子（韓国）28.2%，サムスンSDI（韓国）22.1%の順であった。

[8] STN液晶はSuper-Twisted Nematic displayの略で，単純マトリクス方式を用いた液晶ディスプレイの表示方式を意味する。

の量産を開始し，1980年代末にはTFT液晶[9]の開発を世界に先駆けて行うなど，シャープは液晶の研究開発や生産技術の確立で当該産業を牽引してきた。

転機となったのは1990年代後半である。カラーで高輝度，高開口率，高精細を実現する要素技術が開発され，パネルの大型化が進むと，従来のブラウン管テレビに代替して，液晶テレビが本格的に普及した。2000年頃のシャープの事業所立地は，本社が大阪府阿倍野区，研究開発拠点が奈良県天理市，パネル生産は三重工場（三重県多気町），TV組立拠点は矢板工場（栃木県矢板市）となっていた。

その後，液晶テレビの需要拡大とパネル大型化技術の進展などを背景にして，一貫生産拠点として2004年1月に亀山第1工場が稼動した。亀山に立地選定された理由は，①研究開発拠点の天理，三重工場とそれぞれ道路距離で1時間圏内にあること，②当時の三重県知事とシャープによる「クリスタルバレー構想」のもと，県と亀山市による積極的な誘致活動があったことなどがあげられている。亀山第1工場では「第6世代」と呼ばれるマザーガラスのサイズを用いており，32型パネルであれば8面取り，42型パネルでは3面取りが可能である（表7-3）。2006年8月には隣接地に亀山第2工場が稼動し，世界初となる「第8世代」のマザーガラスを用いた最先端製造技術が確立された。両工場とも生産ラインの投資額で1000億円を超えており，大型投資化が著しい。また，亀山工場に近接して部材・素材メーカーなど最盛期には関連企業67社，78拠点が集積するに至った。

こうした大型投資の継続が競争優位の条件になるとともに，最先端の量産技術の確立を迅速にするために関連メーカーとの連携も重要になってきている。亀山第2工場では第1工場と比較して，装置間のガラス搬送距離が半減，TAT[10]も半分に短縮，投資生産性は約2倍になっている。関連企業の近接による集積効果が大きいことが示唆される。

---

9) TFT液晶はThin Film Transistor（薄型トランジスタ）の略で，アクティブマトリクス方式を用いた表示方式を意味する。現在では液晶の主流技術となっている。
10) Turn Around Timeの略で，生産期間，生産工期，納期などの意味で用いられる。ここでは部材搬入から製品出荷までの生産期間を指す。

表7-3 マザーガラスのサイズでみたシャープの生産工場

画面サイズ型	第6世代 1500×1850 2004年~	第7世代 1870×2200 or 2005年~	第8世代 2160×2460 or 2006年~	第9世代 2400×2800	第10世代 2850×3050 2009年~
23	12	21	32	30	40
26	12	18	18	21	32
32	8	12	15	18	24
37	6	8	8	12	18
40	4	8	8	12	15
42	3	6	8	10	12
45	3	6	8	8	10
46	3	6	8	8	10
47	3	6	8	8	10
52	2	3	6	6	8
55	2	3	6	6	8
57	2	3	3	6	8
60	2	2	3	6	6
65	2	2	2	3	6
80	1	—	2	2	2
100	—	—	1	2	2
	シャープ 亀山第1工場		シャープ 亀山第2工場		シャープ 堺工場

（注）各世代の下にある縦横比はマザーガラスの大きさ．表中の数値は1枚のマザーガラスから取れるパネルの面取り数を指す．

　シャープの立地戦略は集積効果をさらに高める方向で進められ，その一環で2007年に大阪府堺市へ進出することが発表された．立地場所は新日鉄堺製鉄所の跡地で敷地面積は127万 m^2 に及ぶ．液晶パネル工場のほか，太陽電池工場，部材・素材，装置メーカーなどの工場が集積した．2009年度に稼動し，亀山工場の約4倍の敷地にコンビナート型の一大生産拠点が形成され，シャープの液晶パネルおよび太陽光パネルの生産が集約された．液晶関連だけで約3800億円の投資額となり，2850×3050mmのマザーガラスを生産できる最先

端である第 10 世代の液晶パネル工場が新設された。

このように，シャープの液晶生産は特定の生産拠点への累積的かつ集中的な大型投資が顕著であるとともに，三重県を軸にした「クリスタルバレー」から，三重，奈良，大阪を結ぶ「クリスタルゾーン（地帯）」へ，広範囲な産業クラスターとして発展する方向で進んだ。

6 継続的設備投資による立地集中：産業立地へのインプリケーション

グローバルに見渡せば，FPD 産業の生産拠点は東アジアに集中している。特に，パネル生産は日本，韓国，台湾の 3 カ国で 9 割以上を占める。ブラウン管の生産が米国，欧州，アジアと分散したのに対し，薄型パネルの生産は東アジアに一極集中している。そのため，東アジア域内での競争で勝ち抜けば，そのままグローバルでの勝者になるという一種の「特定の勝者による市場占有（Winner-Take-All）現象」の様相を呈してきた。こうした東アジア域内で競争が激化するなかでは，コスト削減，知的財産の保護，「時間」の短縮の各マネジメントが重要になってきている。

こうした競争環境の中，薄型パネル・メーカーは生産拠点への重点投資，パネル部材・関連サプライヤーとの近接性重視，工業団地などの政策的優遇措置や地域資源の活用などを背景に，立地の集中を図っている。前節でみたように液晶パネルで集中投資を続けるシャープは亀山，サムソン電子は天安（チョンアン）・湯井（タンジョン），PDP は前述したように松下の茨木・尼崎などである。こうした立地集中の要因を読み解くには地理的近接性（proximity）と産業クラスター[11]の切り口が有効となる。

パナソニック PDP 事業の立地調整をみると，高槻，茨木から尼崎への工場展開は地理的近接性が 1 つのキーポイントとなっている。類似した事例では，米国半導体メーカーの Intel による「立地共有（co-location）」の実験が示唆に

---

11) ポーターによれば，クラスターは「特定分野における関連企業，供給業者，サービス提供者，関連機関などが地理的に集中し，競争しつつ同時に協力している状態」と定義される（Porter, 1998）。

富む（榊原, 2005: 152-154）。立地共有とは研究・開発・生産を同一場所で行うことをさす。Intel の事例から示唆されるのは，研究・開発・生産が一体となって「垂直立ち上げ」で迅速に量産するために，各部門間の緊密な情報交換・共有をはかる必要が高まったということである。近接性を最大限に活かしたIntel の手法と同様に，パナソニックも高槻，茨木，尼崎の立地間でスムーズに量産の立ち上げを行ってきたのである。

　また，FPD ではパネルの材料費が40%〜65%を占めるので，立地共有は研究・開発・生産だけでなく，部材・素材メーカー，製造装置メーカーとの近接性も重要になる。早期の量産立ち上げには部材・装置メーカーとの連携が欠かせないため，松下のPDP 生産工場やシャープの液晶工場では自社の開発部門のエンジニアだけでなく，部材・装置のエンジニアなども駐在する。さらには，パネルの設計が2 年周期であるのに対し，半導体は1 年，さらに機器の回路や機構は半年に1 度のペースで設計するため，担当箇所のエンジニアなども工場内で頻繁に調整を行う。こうした工場内でさまざまな部門・メーカーのエンジニアが結集して集積効果を高めるには，部材・装置などが近接立地していることが1 つの要件となる。

　近接性が重要になるもう1 つの要件として，搬送の問題があげられる。ガラス基板の大型化とともに装置や部品・材料は巨大化し，搬送は深刻な問題となる。そこで薄型パネル生産拠点の近隣に装置メーカーや部材メーカーが集積するクラスター化が有利となる。かつて立地の分散化がみられた時期には，労働コストが立地条件となり，高速交通網の発達によって輸送コストのウェイトが下がっていた。しかし，FPD など「デジタル家電」の多くは設備投資額が巨額となり「装置型産業」となるなかで，労働コストなどの変動費よりも固定費のウェイトが高くなり，さまざまな企業内の部門，部材・装置メーカー，関連サプライヤーなどとの緊密な連携の観点からも，輸送コストや移動コストの重要性が再び高まりつつある。パナソニックのPDP 事業にとってみれば，高槻，茨木，尼崎のある阪神大都市圏の産業クラスターが，シャープの液晶生産にとってみれば大阪，奈良，三重にかけての東西ライン沿いの集積が大きな優位性を生みつつある。

　市場の変動が激しいFPD 産業では巨額の設備投資を迅速に回収するた

め,さまざまな協業や連携が重要になってきており,立地調整もダイナミックに進行する。FPDの事例研究からは,立地調整の加速化を可能にする一方で,競争力の維持や向上に影響する,事業環境としてのクラスターの「厚み(thickness)」が重要になってきていることが示唆される。

　最後に,FPDの事例から特定工場への巨額な設備投資がもたらす工場立地のメリットとデメリットについて触れておきたい。パナソニックの尼崎工場やシャープの堺工場の進出による大阪湾岸部への大規模立地と集積は,かつて重工業のコンビナートが数多く立地していた地域に散在する遊休地や空き地を有効活用するという地域政策的な意義がある。衰退する旧来の産業地域(OIA: Old Industrial Area)の問題は,日本を含めた先進諸国共通の悩みであり,阪神工業地帯の核心ともいえる大阪湾ベイエリアにおいては長年問題視されてきた(加藤,1994)。湾岸部の工業用地は,電気やガスなどの供給拠点が近くにあること,空港や港湾などの物流インフラが整備されていること,大規模な敷地が確保できること,などの利点があるため,FPDの生産拠点進出による集積・クラスターの形成はOIAのリノベーションという側面をもつ。他方,本論で取り上げたFPDなどの先端技術志向型製品・部品の生産では,設備投資の大型化と主要拠点への集中化が顕著であり,言い換えれば,特定製品や部品に依存する集積・クラスターになりやすい。そのため製品市場もしくは部品市場で競争優位のときには集積・クラスターの強化につながるが,競争劣位に陥った場合は急激に衰退する危険性をはらむ。設備投資が巨額であるゆえ減価償却や生産維持の費用も大きく,一定期間稼働率を維持して利益を生み出さなければ,その損失額も巨額になる。2009年以降,パナソニックとシャープのFPD事業は経営的に悪化しており,巨額の設備投資による立地集中の負の側面が顕著になってきている。わが国において先端技術の設備投資を軸とした産業立地が中心となるなかで,立地と集積の持続性には多くの困難があることを物語っているといえよう。

【参考文献】
濱本賢一(2006).変革期を迎えたディスプレイ関連産業　知的資産創造,2006年1月号,72-79.

平本　厚（1994）．日本のテレビ産業―競争優位の構造　ミネルヴァ書房
泉谷　渉（2004）．次世代ディスプレイ 勝者の戦略― 衝撃レポート！ 液晶vs プラズマ vs 有機EL　東洋経済新報社
加藤恵正（1994）．企業の空間組織再編と都市経済のダイナミズム―動的取引モードからみた「集積」概念の再検討　経済地理学年報, **40**(4), 292-302.
近藤章夫（2007）．立地戦略と空間的分業―エレクトロニクス企業の地理学　古今書院
Murtha, T. P., Lenway, S. A., & Hart, J. A. (2004). Industry creation and the new geography of innovation: The case of flat panel display. M. Kenney, & R. Florida [eds.] *Locating global advantage: Industry dynamics in the international economy.* Stanford, CA: Stanford University Press, pp.175-202.
小笠原敦・松本陽一（2006）．テレビ産業の競争と利益獲得方法の多様化　榊原清則・香山　晋［編著］，イノベーションと競争優位―コモディティ化するデジタル機器　NTT 出版, pp.163-196.
Porter, M. E. (1998). *On competition.* Boston, MA: Harvard Business School Press.（ポーター, M.／竹内弘高［訳］（1999）．競争戦略論（I，II）　ダイヤモンド社）
榊原清則（2005）．イノベーションの収益化―技術経営の課題と分析　有斐閣
Watts, D. H. (1987). *Industrial Geograp*hy. Harlow, UK: Longman Scientific & Technical.（ワッツ, D. H.／松原　宏・勝部雅子［訳］（1995）．工業立地と雇用変化　古今書院）
山本健兒（2005）．産業集積の経済地理学　法政大学出版局

08 アジア諸国における鉄鋼業の発展と技術[1]

佐藤　創

1 はじめに

　鉄鋼業の変化は近年とみに顕著であるように思われる。1970年代前半以降およそ7～8億トンで推移していた世界の粗鋼生産量は21世紀に入って急速に増加し，2010年には14億トンを超え（後掲図8-1参照），また国際的な企業再編も活発化している[2]。それゆえにこそ，変化の底流にある歴史的に形成された各国鉄鋼業の構造と特徴を把握することが重要である。また，鉄鋼業は「産業の米」と呼ばれることもあるように，素材産業として一国の産業発展に重要な位置を占める。本章の課題は，アジア諸国において鉄鋼業がどのような特徴をもち，どのような問題に直面しているかを明らかにすることである。

　鉄鋼業の発展において，もっとも重要な要因の一つが鉄鋼生産の技術的な展開である。技術革新や技術移転，技術選択など技術にかかわる問題に規定されつつ各国鉄鋼業の構造も変化してきたからである。とりわけ，アジア諸国の鉄鋼業は発展著しく，そこでは，鉄鋼生産の諸工程を統合する動きを基軸としつつ，企業間の多様な分業関係の展開がみられる。そして，各国の鉄鋼業における技術および構造の変化を考察するには，鉄鋼業の素材産業としての性格と一国経済に占める重要な地位ゆえに，経済発展段階，具体的には鋼材を用いる諸産業の動向と，広い意味での産業政策の展開をも視野に入れねばならない。

---

1) 本章は佐藤創（2010）のデータや情報をアップデートし，かつ改稿したものである。
2) 本章における鉄鋼統計の数値は，とくに断りがないかぎり，World Steel Association（WSA）の Steel Statistical Yearbook に依拠している。

そこで，次節にて鉄鋼生産の技術的特徴を簡潔にまとめ，その鉄鋼業発展との関係を素描する。その上で，アジア各国につき，第3節において鉄鋼需要の変化を，第4節において鉄鋼生産および輸出入の構造を検討する。これらの検討を前提として，第5節にてアジア各国の鉄鋼業の発展プロセスと現状とを考察する。

2 鉄鋼業の概要

● 2-1 鉄鋼生産技術と企業類型

鉄鉱石から鉄鋼製品を生産する一連の技術的なプロセスは大きく3工程に整理できる（佐藤創，2008a）。①鉄鉱石を原料として，高炉により銑鉄を作る工程（製銑工程），あるいは直接還元炉により直接還元鉄を作る工程（製鉄工程），②銑鉄や直接還元鉄，鉄屑を原料として，平炉あるいは転炉，電炉により粗鋼を作る工程（製鋼工程）[3]，③粗鋼（ビレットやスラブといった鋼片（半製品））を様々な圧延機械により，最終的な形状に圧延，加工する工程（圧延工程）である。鋼材はその形状から，おもに土木・建設業にて用いられる条鋼類とおもに製造業にて用いられる鋼板類に分類され，おもな圧延機械としては，条鋼類の生産においては様々な条鋼圧延機，鋼板類の生産においてはホット・ストリップ・ミル（hot strip mill: HSM），HSMによって生産されたホットコイルなどをさらに加工するコールド・ストリップ・ミルなどがある。なお，転炉や電炉により生産された溶融状態の粗鋼（溶鋼）を，いったんインゴットにした上で鋼片にする造塊・分塊圧延工程を経ることなく（いったん冷やして固めることなく），直接に鋼片を生産する技術が連続鋳造（Continuous Casting: CC）である。

このような鉄鋼生産の技術体系は，鉄鋼企業のあり方と密接に関連しており，鉄鋼企業は技術的な観点からおもに3類型に分類できる（川端，2005; 佐藤創，2008a）。①製銑（製鉄），製鋼，圧延の3工程を統合しており，高炉と転炉によ

---

[3] 転炉は溶銑（溶融状態の銑鉄）を主原料とするためつねに高炉とセットである。電炉はおもに鉄屑を鉄源として粗鋼を生産する。平炉は銑鉄と鉄屑の双方を原料とする。

って鉄鉱石から鋼材を生産する製鉄所は高炉（銑鋼）一貫製鉄所と呼ばれ，直接還元炉と電炉による場合には直接還元鉄による一貫製鉄所と呼ばれる。一貫製鉄所を持つ企業が一貫企業である。先進国の高炉一貫企業において，そのおもな製品は鋼板類である。②電炉による製鋼工程と各種の圧延工程を持ち，おもに鉄屑から鋼材を生産する製鉄所を持つ企業が電炉による製鋼圧延企業である。この類型の企業はおもに条鋼類を生産してきた。③ビレットやスラブなどの半製品やホットコイルを購入して，様々な圧延機械にて鋼材を生産する企業は単純圧延（単圧）企業と呼ばれる。条鋼類の生産に特化する単圧企業と，鋼板類の圧延工程に特化する単圧企業がある。なお，厳密には圧延ではないが，亜鉛メッキなどの表面処理鋼板や各種の鋼管の生産に特化する企業も単圧企業のカテゴリーに含めることが多い。以上の3類型のほか，製銑・製鉄工程，製鋼工程のいずれか一つのみ，あるいはこれらの二工程に特化する企業が世界に存在しないわけではないものの，熱効率や運送コストなどの観点から競争力は低く，とりわけ先進国においてはきわめて少数である。

　このように，鉄鋼業における企業類型は生産技術に規定されており，企業類型ごとに最小効率生産規模と最低限の初期投資額が異なる。技術や機械の価格も変化しており，また製鉄所に関連するインフラのコストをどこまで含めるかといった問題があるため，厳密なものではないものの，おおまかな目安として表8-1にこの関係を示す。なお，この数値は後に説明するように，1970年代に

表8-1　鉄鋼生産技術の初期投資額と最小効率生産規模

	初期投資額 （億ドル）	最小効率生産規模 （万トン／年）
高炉一貫製鉄所	40.0〜60.0	300
単純圧延所（鋼板類，HSM）	4.0	200
電炉製鋼圧延所（鋼板類，薄スラブ連続鋳造，コンパクトなHSM）	3.0	100
電炉製鋼圧延所（条鋼類）	1.0	30
単純圧延所（鋼板類，コールド・ストリップ・ミル）	1.0	25
単純圧延所（条鋼類）	0.2	10
直接還元炉	1.0〜2.0	100

(出所)　川端（2005）第1章および各種報道より作成。

成熟期に入ったと考えられる技術体系を前提としている。

　表8-1から読みとれる重要なポイントは，第1に，初期投資および市場規模という観点から技術体系間ないし企業類型間に大きなギャップが存在することである。高炉一貫製鉄所を導入する場合には，初期投資額40億ドルあまりを調達せねばならない。また，その最小効率生産規模は年産およそ300万トンであり，大規模な設備の操業技術の習得，鉄鉱石などの原料調達の問題に加え，高炉法による一貫生産は技術的に稼働率をコントロールすることが困難なため，生産規模にみあう需要を確保できるかが重要となる。

　これに対して，条鋼類を生産する電炉製鋼圧延所であれば，最小規模では年産30万トン，初期投資額1億ドルあまりと格段に参入しやすくなる。また，電炉法による場合には，景気変動に対応して生産量をコントロールすることが高炉法と異なり技術的に容易である。しかし，一般に途上国では国内における鉄の蓄積量が少ないため鉄屑を輸入せねばならず，また電力の安定的供給が不可欠なため，電炉法を選択する場合においても電力や港湾などのインフラ整備は重要である。

　それゆえ，製鋼工程を終えた半製品を輸入して，建設用棒鋼などを生産する単圧企業から途上国の鉄鋼業は始まることが多い。棒鋼の生産であれば，もっとも小規模なケースで，年産10万トン規模，およそ2000万ドルの初期投資で可能である。

　第2に，工程間の組合せという問題がある。たとえば，はじめにHSMを持つ単圧企業として出発した場合には，後に，高炉と転炉を導入して高炉一貫という形での川上工程進出の可能性を残しているのに対し，はじめに薄スラブ連続鋳造とコンパクトなHSMによる電炉製鋼圧延を選択した場合には，後に直接還元炉を導入することによる一貫生産を目指すことは可能であるものの，大型高炉による川上工程進出と技術的な整合性をとることは困難である。

　以上，企業類型としては一貫，電炉による製鋼圧延，単圧の3種類であるものの，より詳しくその参入の容易さを考慮すれば，条鋼類生産の単圧，条鋼類生産の電炉製鋼圧延，鋼板類生産の電炉製鋼圧延（＋直接還元炉），鋼板類生産の単圧（熱延），高炉一貫という順序で，初期投資額と市場規模という観点から段階的に壁が高くなる。

2 鉄鋼業の概要

図8-1 世界の粗鋼生産量の推移（1900-2010, 100万トン）

年平均成長率

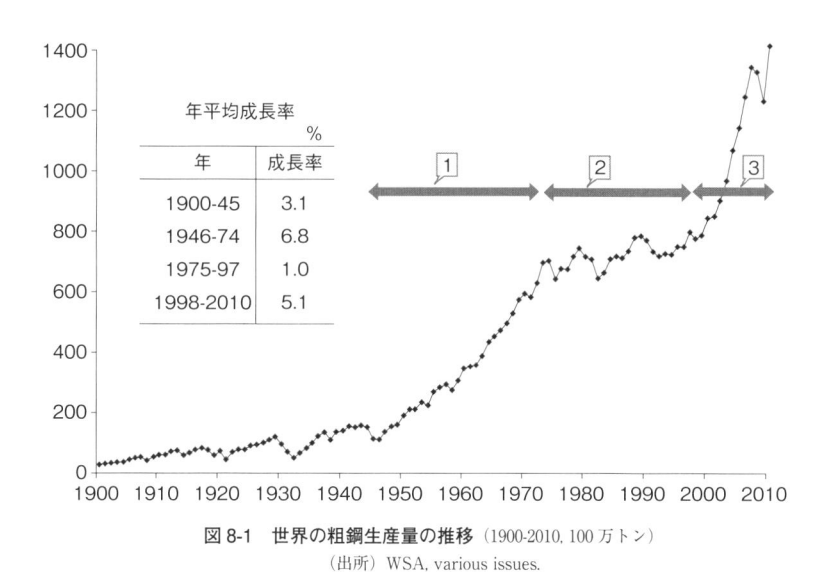

年	成長率 %
1900-45	3.1
1946-74	6.8
1975-97	1.0
1998-2010	5.1

（出所）WSA, various issues.

● 2-2 鉄鋼業の発展史

つぎに，鉄鋼生産技術の変化と鉄鋼業の発展の関係を瞥見しよう。世界全体の粗鋼生産量の推移を図8-1に示した。このうち第2次世界大戦以後に着目すると鉄鋼生産の歴史は大きく3つの時期に分けることができる。

第1の時期は1946年から1970年代中頃，具体的には第1次オイルショックの頃までであり，粗鋼生産量はおよそ1億トンから7億トンあまりに増加し，年平均成長率は6.8%である。第2の時期は1970年代中頃からアジア経済危機の起こる1990年代後半までであり，およそ6億5千万から8億トンの間で変動している。この間1975年から1997年までの年平均成長率は1.0%である。第3の時期は1990年代後半以降である。世界の粗鋼生産は2000年にはじめて8億トンを超えると，2007年には13億4400万トンあまりにまで急増し，2008年，2009年には世界経済危機の影響でやや減少しているものの，2010年には14億トンを超えており，1998年から2010年までの年平均成長率は5.1%と高い。このような世界の粗鋼生産長期推移の変化の背景には様々な要因がある。ここでは技術的要因をまとめておこう（川端，2005; 佐藤創，2008a）。

第二次世界大戦以前においては，高炉と平炉および様々な圧延機を持つ，鉄

鉱石や石炭を産する場所に近い原料立地型の銑鋼一貫製鉄所が確立され，このモデルに基づく粗鋼生産が主流を占めていた。このような戦前における技術発展を前提に，粗鋼生産量の増加の著しかった戦後第1の時期（1946年から1970年代中頃）においては，アメリカを中心に平炉の大型化による原料立地型銑鋼一貫企業の生産が増え，やや遅れて，高炉と転炉に基づく臨海型の銑鋼一貫製鉄所モデルを1960年頃に確立した日本の一貫企業の躍進が著しい時期である。臨海型は原料立地型と異なり，原料を海運にて輸入し，また最終鋼材の市場に近いことを特徴とする。さらに，高炉の大型化とHSMの導入が進んだ。この時期，たとえば1970年においては，アメリカ・日本・EU（15ヵ国）・ソ連の4地域で世界の粗鋼生産のおよそ80%を占めた。

世界の粗鋼生産量が停滞した1970年代中頃から1990年代後半までの第2の時期においては，一方で，鉄鋼生産の先進国においては，日本を先頭として連続鋳造やオートメーションの導入などエネルギー効率や工程間の統合的管理の革新あるいは高級鋼材の開発など，量的拡大から質的向上への転換が顕著であり，アメリカは原料立地型設備の老朽化や労使関係の悪化などの理由により競争力を低め，1990年代になるとソ連が崩壊したため旧ソ連邦の生産量は1990年代半ばまでに4割あまり減少した。他方で，韓国や台湾，中国などいくつかの途上国が臨海型銑鋼一貫製鉄所の導入に成功し，東南アジア諸国など少なからぬ途上国において電炉による製鋼圧延の導入と生産拡大があった。その結果，世界の粗鋼生産に占めるアメリカ・日本・EU・（旧）ソ連の4地域の比重は2000年には55%ほどにまで大幅に減少した。この時期に，平炉が駆逐され，また電炉の大型化も顕著に進み，現在に至るまで転炉・電炉による粗鋼生産に収斂してきている[4]。

第3の時期1990年代後半以降の粗鋼生産の増加は，中国の生産増加に負うところが大きい。中国は1996年に日本を抜いて世界第1の粗鋼生産国となった後も，その鉄鋼業の成長は衰えず，粗鋼生産量は2000年には1億3千万トン，

---

[4] 世界の粗鋼生産における製法別の内訳は，1985年においては，転炉が54.9%，電炉25.4%，平炉を中心とするその他の製法が20%ほどあったのに対し，2005年時点では，転炉65.3%，電炉31.9%，その他が2.8%である。

さらに2010年には6億3千万トンあまりにまで爆発的に伸びてきている。この時期における技術変化という観点から興味深い展開は，まだ銑鉄生産量に比較して相当に小さいものの直接還元鉄の生産が増加していること[5]．また，鋼板類の生産を行う電炉製鋼圧延企業がまだ少数ではあるものの増えていることである[6]。

3 アジア諸国の鉄鋼需要

　前節で検討した鉄鋼業と鉄鋼生産技術の展開は鉄鋼需要あるいは鉄鋼需要産業の展開と切り離して考えることはできない。つまり，鉄鋼業の発展は，建設・土木，自動車，造船，電気・電子などの諸産業の発展と密接に関連している。

　ただし，ひとたび一国経済が高度に産業化すると，国内の鉄鋼消費は停滞すると考えられる。製造業の海外への生産拠点の移転や鉄に代替する製品（プラスチックなど）の使用の増加，鉄鋼強度の改善に伴う製品あたりの鉄使用量の減少といった現象がみられるからである。そこで，アジア諸国について，経済発展の段階と鉄鋼需要の関係を検討したい。

　まず図8-2にアジア諸国の最終鋼材見掛消費の推移を示した。見掛消費統計の連続性については注意を要するが大まかな傾向をみたい。中国の数値が格段に大きく，これらの国を一つの図にて示すため対数目盛を用いていることに注意されたい。この図から確認できることは，成長を続ける中国と1991年に全面的な経済自由化を行ったインドにおいては，国内需要はこの間ほぼ単調増加であり，韓国およびASEAN6（インドネシア，シンガポール，タイ，フィリピン，マレーシア，ベトナム）では1997年アジア経済危機と2008年世界経済危機の影響が顕著であるものの，基本的には需要は伸びてきていることである。

---

[5] 2001年には3900万トンあまりであった世界の直接還元鉄の生産は，2010年には7100万トンあまりに伸びている。なお世界の銑鉄生産量は2010年にはおよそ10億3千万トンである。

[6] 薄スラブ連続鋳造技術の確立がきっかけであり，1989年にアメリカのヌーコア社がはじめて導入した。

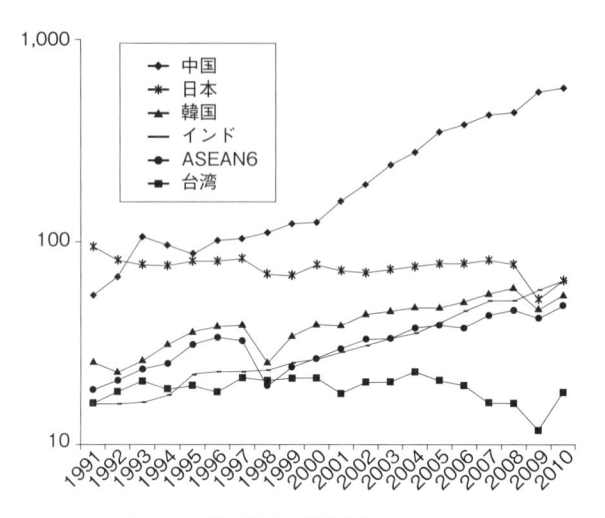

172　第8章　アジア諸国における鉄鋼業の発展と技術

図 8-2　アジア諸国の鋼材需要（1991-2010, 100万トン）
（出所）SEAISI, various issues. 中国とインドは WSA, various issues.

これに対して，日本と台湾の需要はほぼ横ばいである。

図 8-3 は，経済成長の指標として 1 人当たり国内総生産（GDP）を横軸にとり，鉄鋼消費量を表す指標として鉄鋼集約度（GDP 単位当たりの粗鋼消費量）を縦軸にとり，両者の関係をアジア経済危機後の 1998 年から 2009 年までの 12 年間につき，アジアの主要国について示している。一般的な仮説として，両変数の間には逆 U 字の関係があるといわれている（戸田，1984; 川端，2005; 佐藤創，2008a）。すなわち，上述した産業の高度化と鉄鋼消費のパターンを反映して，1 人当たり GDP が低い段階ではその 1 単位の増加はより多くの鉄鋼消費を誘発して鉄鋼集約度を高め，1 人当たり GDP が 1 万 5 千ドルから 2 万ドルあたりの間において鉄鋼集約度はピークを迎え，その水準を超えると 1 人当たり GDP の増加につれて鉄鋼集約度は減少していくという仮説である。

対象期間が比較的短く，また国家間比較においては為替レートの設定などデータの制約があり，逆 U 字仮説が妥当するかどうかこの図からのみ考えることは適切とはいえない。また世界経済危機の影響が 2009 年には顕れて，図を複雑にしている。それでも図 8-3 を観察すると以下のことが読み取れる。中国，

3 アジア諸国の鉄鋼需要　173

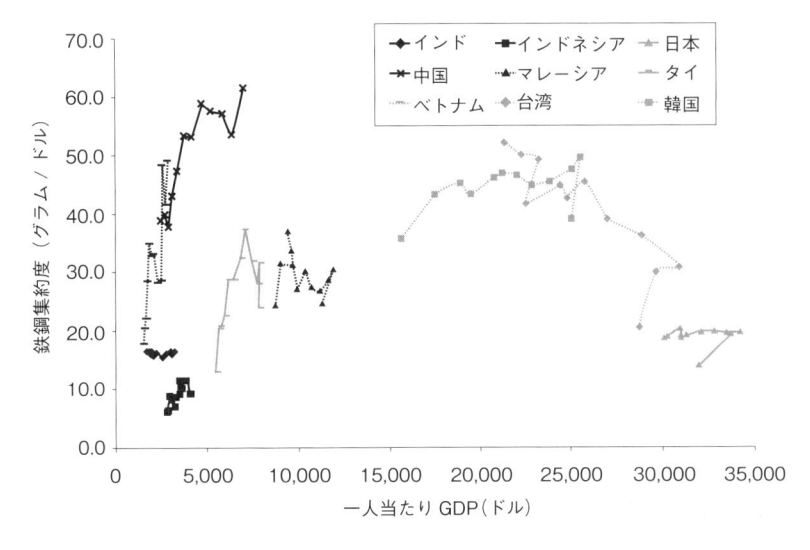

図 8-3　経済成長と鉄鋼集約度
(1998-2009，縦軸：鉄鋼集約度（グラム／ドル），横軸：一人当たり GDP（US ドル））
(出所) 粗鋼見掛消費は WSA, various issues, GDP および一人当たり GDP は Heston, Summers & Aten (2011)．
(注) 鉄鋼消費量は粗鋼見掛消費．GDP および一人当たり GDP は購買力平価換算 2005 年 US ドル価格．

　タイ，ベトナムでは，必ずしも単調増加ではないものの，1人当たり GDP の成長とともに顕著に鉄鋼集約が進んできたことが伺える。インド，インドネシアの変化は大きくないものの，もし逆 U 字仮説に基づくならば，鉄鋼消費がこれから伸びる可能性を示唆している。マレーシアをどう解釈するかは難しい。これに対して，韓国は鉄鋼集約が進みつつあったものの，やや横ばい傾向にあり，台湾では寡消費化が進む傾向が見て取れ，日本は鉄鋼集約度が低い状態で推移している。
　次に，鋼材需要の内訳に立ち入って経済発展段階との関係を検討したい。一般に，一国経済の産業構造が高度化するにしたがって条鋼類の需要に比べて鋼板類の需要が相対的に増え，それゆえ鋼材需要における板管比率（鋼板類と鋼管類を合計した比率）が高くなると考えられている。条鋼類をおもに用いる土木・建設産業に対し，鋼板類を用いる自動車や造船，電気・電子産業など製造業の国内における比重が相対的に高まることが多いからである。この需要の内

174　第8章　アジア諸国における鉄鋼業の発展と技術

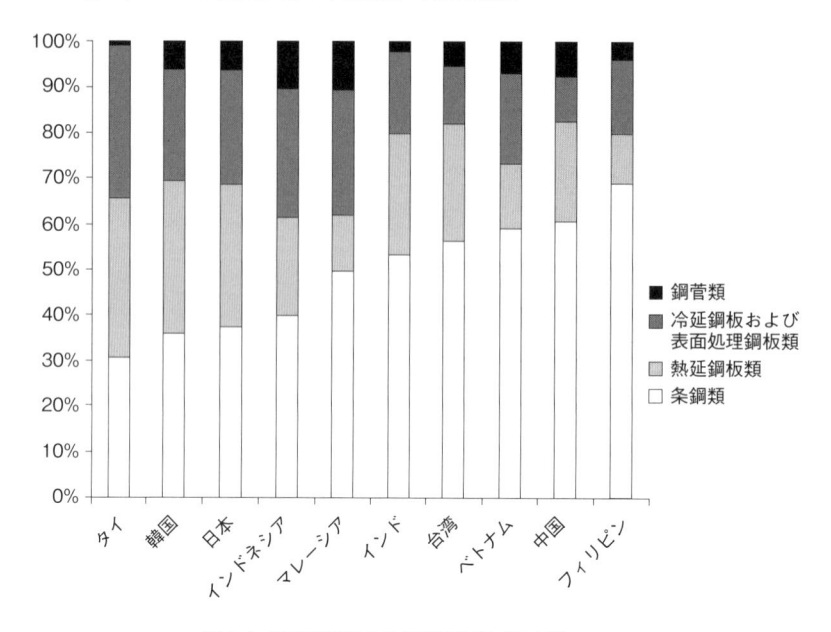

図 8-4　国内需要における板管比率（2010 年）

（出所）SEAISI, various issues, 中国鋼鉄工業協会（2011），JPC（2011）
（注1）インドは2009年度のデータ。
（注2）鋼板類につき，国内生産および輸入の次工程用による重複は除去している。ただし，タイの鋼管生産量はデータがないため，鋼管生産用の母材需要が熱延鋼板類に含まれたままとなっている。それゆえ，タイについては，鋼管類の需要が過小に，その分，熱延鋼板類の需要が過大に現れている。

訳を示したものが図8-4である。

　図8-4をみると，興味深いことに，一方で，タイとインドネシアの国内需要においては，日本および韓国と同じかとくにタイについてはこれらの国を上回るほどに板管比率が高く，およそ70％である。他方で，台湾は，ベトナムや中国と同じ程度の40％強あまりの板管比率となっている。つまり，経済発展段階と鋼材需要の関係は，国内需要の板管比率のみで説明できるほどには単純ではないことが伺える。図8-3と図8-4をあわせて考えると，台湾では，自動車産業や造船業などの国内における発展が日本や韓国に比べて限定的であり，それゆえ寡消費化の段階にまで到達しているにもかかわらず国内需要における鋼板類の比重が小さいのに対し（佐藤幸, 2008），タイやインドネシアなどの東南アジア諸国では，鉄鋼集約度からみれば経済発展の相対的に初期段階にあると考

えられるにもかかわらず，製造業における直接投資誘致政策の転換などにより，国内市場における鋼板類が占める比率が大きいと考えられる（川端, 2008; 佐藤百, 2008; 佐藤創, 2008b）。つまり，東南アジア諸国では製造業における外資系企業のプレゼンスが大きいために，こうした企業が必要とする鋼板類の需要がこの図に反映されていると考えられる。

4　アジア諸国の鉄鋼生産

　つぎに，アジア諸国の国内における鉄鋼生産の特徴を輸出入の状況と合わせて検討する。表 8-2 に鋼材見掛消費が 500 万トン以上あるアジア諸国 9 カ国の生産量および輸出入量を示した。この表から看取できる特徴を整理しておこう。

　第 1 に，東アジア 4 カ国とインドでは高炉法による一貫生産が重要である。これに対して，東南アジア 4 カ国には大型の高炉一貫製鉄所は存在せず，マレーシア，インドネシアでは直接還元鉄の生産がある。このことが銑鉄および直接還元鉄の生産量に反映している。

　第 2 に，粗鋼生産の方法をみると，高炉一貫企業のプレゼンスを反映して日本と中国は転炉による生産量の比率が全粗鋼生産量の 70% を超えている。これに対して，台湾，韓国では電炉による粗鋼生産量が 40% を超えており，高炉一貫企業のないマレーシア，タイ，インドネシアでは電炉による生産が 100% である。なおインドの電炉による粗鋼生産量は 55% と台湾，韓国よりもさらに比率が高いが，一般的な電気弧光炉に加えて，電気誘導炉という小型の電炉による生産が少なくないためである（石上, 2008）。

　第 3 に，粗鋼と熱延鋼材の生産量に注目すると，東南アジア 4 カ国の粗鋼生産量は 600 万トン未満であり熱延鋼材の生産量も 1 千万トンに届いておらず，粗鋼および熱延鋼材いずれも 2 千万トンあまりの生産量のある台湾と比較しても大きな差があることがわかる。

　第 4 に，工程ごとの需給に注目すると，日本では，銑鉄を除くといずれも輸出超過であるのに対し，韓国と台湾は，銑鉄，鉄屑，半製品で輸入超過があり，加えて韓国では，熱延製品も輸入超過である。中国については，半製品，熱延製品と鋼管で輸出超過，冷延・表面処理で輸入超過という構造がある。東南ア

176　第8章　アジア諸国における鉄鋼業の発展と技術

表 8-2　アジア各国の生産および輸出入（2010年，万トン）

| | 見掛消費 | 輸入依存率 | 生産 | | | | | | | |
| | | | 銑鉄・直接還元鉄 | 粗鋼 | | | 熱延鋼材 | 冷延鋼材 | 表面処理鋼材 | 鋼管 |
					転炉	電炉ほか				
中国	77588.8	2.1	59560.1	63874.3	90%	10%	64356.0	6153.4	4019.1	5672.9
日本	6468.7	6.1	8228.3	10959.9	78%	22%	9776.5	2533.8	1662.3	669.7
インド	5608.4	11.3	6167.7	6583.9	45%	55%	4831.1	930.6	601.2	163.6
韓国	5492.8	32.8	3506.5	5891.2	58%	42%	5947.9	2184.8	1517.7	488.5
台湾	1808.8	20.4	935.8	1975.4	53%	47%	2349.3	642.4	345.1	114.8
タイ	1408.5	56.9	0.0	414.5	0%	100%	709.1	167.7	83.1	n.a.
ベトナム	1057.2	57.9	50.0	431.4	0%	100%	565.9	172.0	119.5	67.3
インドネシア	895.0	54.8	127.3	366.4	0%	100%	521.1	79.8	56.2	67.0
マレーシア	831.4	58.0	239.0	569.4	0%	100%	496.7	68.5	91.9	66.0

| | 鉄くず | | | 銑鉄・直接還元鉄 | | | 粗鋼（半製品） | | |
	輸入	輸出	輸出−輸入	輸入	輸出	輸出−輸入	輸入	輸出	輸出−輸入
中国	584.8	37.3	−547.5	87.3	70.7	−16.6	67.8	14.3	−53.5
日本	49.1	646.3	597.2	66.5	9.7	−56.8	9.8	522.9	513.1
インド	442.3	n.a.	n.a.	41.0	38.7	−2.3	42.3	62.5	20.2
韓国	809.0	45.8	−763.2	170.1	0.8	−169.3	618.2	120.5	−497.7
台湾	539.1	9.2	−529.9	62.9	7.6	−55.3	456.1	46.3	−409.8
タイ	118.2	52.3	−65.9	33.2	6.8	−26.4	401.0	22.0	−379.0
インドネシア	164.2	4.0	−160.2	21.5	11.7	−9.8	241.4	1.3	−240.1
ベトナム	227.6	8.9	−218.7	2.1	2.5	0.4	185.4	1.1	−184.3
マレーシア	229.1	10.1	−219.0	6.8	55.1	48.3	16.2	56.5	40.3

| | 熱延鋼材 | | | 冷延・表面処理鋼材 | | | 鋼管 | | |
	輸入	輸出	輸出−輸入	輸入	輸出	輸出−輸入	輸入	輸出	輸出−輸入
中国	565.9	2400.6	1834.7	1028.9	1124.5	95.6	48.0	730.7	682.7
日本	238.6	2069.5	1830.9	145.0	1354.0	1209.0	11.9	279.7	267.8
インド	461.4	87.3	−374.1	169.7	171.0	1.3	2.9	49.5	46.6
韓国	1581.2	1054.5	−526.7	163.7	1010.1	846.4	59.3	194.7	135.4
台湾	261.6	370.4	108.8	93.9	508.8	414.9	14.1	31.1	17.0
タイ	431.9	90.7	−341.2	329.1	24.6	−304.5	39.8	25.3	−14.5
インドネシア	233.0	59.6	−173.4	183.3	10.9	−172.4	74.5	46.3	−28.2
ベトナム	486.7	39.3	−447.4	114.2	77.5	−36.7	10.9	3.6	−7.3
マレーシア	228.0	76.4	−151.6	187.7	27.7	−160.0	66.1	43.0	−23.1

　（出所）生産量および輸出入量は SEAISI, various issues，中国鋼鉄工業協会（2011），JPC（2011）
　（注1）インドの統計値は 2009 年度

ジア諸国では、ベトナムの銑鉄、マレーシアの直接還元鉄および半製品を除くと、いずれの工程においても輸入超過があり、国内生産が各工程の需要をみたしていないことが明らかである。実際、輸入依存度をみると[7]、東南アジア4カ国では軒並み50％を超えているのに対し、日本と中国はそれぞれ6.1％、2.1％、インドで11.3％、台湾では20.4％である。韓国は32.8％と比較的高い。こうした違いの背景には、工程間における生産能力のバランスの問題がある。たとえば、韓国と台湾では、高炉一貫生産を持つものの、製鋼能力が熱延能力に比べて不足しており、タイ、インドネシアおよびベトナムについても、製鋼能力と熱延能力を比較すると、後者が相当に大きく、顕著に工程間のインバランスがあり、その結果、これらの国では半製品の大幅な輸入超過につながっている。

5 アジア諸国における鉄鋼業の発展メカニズム

前節まで、アジア諸国の鉄鋼業についてその需要と生産構造の特徴を検討した。そこから浮かび上がるキャッチアップのプロセスはどのようなものであろうか。

産業レベルで考えると、鉄鋼業におけるキャッチアップの基本的なメカニズムは、経済発展につれて、①川下（圧延や表面処理）工程の輸入代替から川上工程の輸入代替へ、②条鋼類から鋼板類の生産へ、③汎用鋼材から高級鋼材の生産へ、という動きを軸とすると思われる。鋼材需要が増加すると参入の容易な川下工程の輸入代替が起こり、そのために、鋼材に加えて鉄屑や半製品の輸入が増える。そうすると、原料（鉄屑など）や母材（半製品など）の安定的確保、外貨不足などの要因から、製鋼さらには製銑ないし製鉄へと川上工程の輸入代替を目指すようになる。また産業高度化に伴い、条鋼類に加えて鋼板類の生産が、また汎用鋼材に加えて高級鋼材の生産が、相対的にではあるものの重要になる、という構図である。

こうした軸を基本としつつ、現実のキャッチアップ・プロセスには多様な

---

7) ここでの輸入依存度は、鋼材（熱延、冷延、表面処理、鋼管）の輸入量（次工程用を含む）を最終鋼材国内需要計で割った数値である。

パターンが観察される。初期投資や最小効率生産規模，鉄鋼需要産業の発展状況といった点から，電炉製鋼のケースが多い条鋼類生産の川上工程の輸入代替と，高炉一貫生産の導入が要請される鋼板類生産の川上工程の輸入代替とでは条件が異なり，また鉄鉱石など原材料の賦存状況の違い，さらに政策実施あるいはその変更のタイミングなどにより鉄鋼業の発展経路は左右されるからである。つまり，経済発展の段階という問題と世界経済の時々の状況という問題から切り離し，技術的な観点だけで鉄鋼業の発展を考えることはできない。

そうした鉄鋼業発展プロセスのいわば多様性を考慮にいれた上で，個別の鉄鋼企業のキャッチアップ類型を観察すると，①段階的に異なる工程を導入して垂直統合する動きに加えて，②一挙に垂直統合した工程を導入する動き，がある。垂直統合は，基本的に，規模の経済の実現と母材供給の安定とを目指すものである。企業レベルにおけるこの二つの類型の相互作用により企業間分業，市場構造の絶えざる変化が現れ，産業レベルでのキャッチアップの動きへと反映される，と把握できるように思われる。

第1の類型は，銑鋼一貫生産を一挙に導入するものである。第2次世界大戦以降では，原料立地型で平炉に基づく一貫生産を導入した1960年代のインド（SAIL），臨海型で転炉による一貫生産を導入した1970年代の韓国（ポスコ）および台湾（中国鋼鉄），1980年代の中国（宝山鋼鉄）が典型例である。これらの初期投資額は大きいために国家プロジェクトとして遂行され，国営企業として出発した例がほとんどである。また，アジア経済危機以降，需要が大きく伸びてきたタイやベトナムで，近年，高炉一貫製鉄所建設の動きがある。

第2に，ビレットなどの半製品を購入して条鋼類を生産していた単圧企業が川上工程（電炉製鋼）へ統合を進める類型がある。この例は枚挙にいとまがなく，多くの途上国で観察できる。

第3の類型として，鋼板類の民間単圧企業が大型高炉を導入して川上工程へ進出するという形で銑鋼一貫生産化を行う，比較的新しい動きがある。たとえば韓国の現代製鉄である。韓国では1980年後半以来の経済自由化政策により川下工程の生産能力が急速に拡大してきたものの，川上工程の参入は政府が抑止し，工程間のインバランスの問題が顕著になっていたことがその背景にある（安倍, 2008）。そのほか，インドのブーシャン・スチールも鋼板類の単圧企業

から始まり，日系企業と提携し，一貫製鉄所の建設，拡張を2007年から行っている（石上, 2008）。

第4に，逆に川上工程を持つ企業の川下工程への進出，とりわけ（旧）国営の銑鋼一貫企業による圧延工程の多様化という動きがある。ポスコ（韓国）や中国鋼鉄（台湾），宝山鋼鉄（中国）による圧延工程の多様化がそれである（川端, 2007; 安倍, 2008; 佐藤幸, 2008; 杉本, 2008）。各国によってこのような動きを促す要因は同じではないが，需要の高度化への対応のほか，規制緩和や民営化が重要な要因である。たとえば，政府系企業として出発したポスコや中国鋼鉄などの一貫企業は民間地場単圧企業への母材供給の役割を少なからず負っていたが，民営化により収益重視の圧力が高まり，より良い利益をあげることのできる最終鋼材の生産を強化してきたのである。

第5に，新しい技術に依拠しつつ垂直統合した工程を導入する動きがある。1990年代から現れた電炉法に薄スラブ連続鋳造とコンパクトなHSMを組み合わせた形での鋼板類生産が試みられている。たとえばタイのGJスチール（旧ナコンタイ・ストリップ・ミル）である（川端, 2005: 2008）。この技術選択においては，さらに直接還元鉄の生産工程を組み合わせるケースもある。たとえば，インドのJSW・イスパット・インダストリーズやマレーシアのメガスチールである（石上, 2008; 佐藤創, 2008b）。

これら第5類型の試みの背景には，国内における鋼板市場の拡大に加え，高炉一貫製鉄所に比べ初期投資や市場規模の観点から導入が容易であること，また直接還元鉄の生産が増加してきたことなどがある。直接還元鉄は，鉄屑の代替材であり，電炉法により生産される鋼材の品質向上に貢献しうる。とりわけ，鉄屑の国際価格が乱高下する傾向を強めており，鉄屑の国内発生量が少ない途上国，天然ガスあるいは低品位石炭での生産が可能であり，これらの還元剤を産出する地域ではコスト低減の可能性がある。ただし，天然ガスの需給問題や石炭使用による環境問題もあり，また，途上国の地場企業が，この製法によって生産される製品の品質の安定と向上あるいは安定的な操業に十分に成功するか否かは，まだ注視していかねばならない段階である。

興味深いことに，近年，鉄鋼生産の諸工程を統合する動きと並行して，企業グループ内にて工程を国際空間的に分業する動きがある。

相対的に高付加価値の製品については，日本の高炉一貫企業は，自国内で生産した半製品やホットコイルを，他国とりわけ東南アジア諸国において直接投資して立ち上げている系列企業，多くの場合は単圧企業に輸出するという分業形態を強めてきた（川端, 2006）。最終製品の輸出から，高炉一貫企業の国際企業化に伴う海外への母材供給への相対的なシフトである。韓国（ポスコ），台湾（中国鋼鉄），インド（タタ・スチール）の高炉一貫企業にも同じ動きがみられる（安倍, 2008; 石上, 2008; 佐藤幸, 2008）[8]。

こうした動きの背景には，国内市場での競争激化，設備老朽化に伴う諸工程の再構築，鉄鋼需要産業の国外移転とそれに伴う新興市場における鋼材市場の早期における階層化などに対応し，また，金融や合併，業務提携の国際的な規制緩和，輸出先の国々における関税や直接投資に関する政策の変化に対応するといった諸側面がある。また日本や韓国など輸出元ないし直接投資をする側の政府による自由貿易協定（FTA や EPA など）の推進もこうした動きと連動している。

以上のような生産工程の問題は，後発国の地場企業による高級・中級鋼材生産への挑戦という問題と密接に関連している。つまり，高炉一貫企業による高級・中級鋼材生産の国際的なネットワーク強化の動きと中国からの汎用鋼材輸出増加の傾向[9]を所与の条件として，後発国の地場企業はどのような市場をターゲットとし，どのような技術選択をするか検討することになるからである。

6　おわりに

鉄鋼業の展開を考えるとき，鉄鋼需要産業の発展によって鉄鋼業の発展が

---

8) 密接に関連する動きとして，日本における高炉企業の二大グループ化，新日鉄とポスコ，JFE と現代製鉄，住友と中国鋼鉄などの高炉一貫企業間の国際的な業務提携がある。こうした動きが活発化する要因は，母材を相互に融通し，（アジア地域）市場の安定化をはかり，あるいは技術交流や技術移転も行うなどの目的がある（川端, 2005）。
9) 汎用鋼材においては，中国における生産の爆発的拡大により，条鋼類の母材となるビレットと鋼板類の母材となるスラブ，さらにホットコイルおよび厚板で，中国からの輸出が拡大している（杉本, 2008）。

惹起される後方連関効果と，鉄鋼業発展により鉄鋼需要産業の競争力が増すという前方連関効果の双方が重要であり，両者の発展がコーディネートされれば，その成長と発展は加速することが期待される。しかし，その発展プロセスは，本章でみてきたように，各国ごとに，また鋼材ごとに異なり，さらに時期によっても異なっている。

とくに鉄鋼需要産業の発展パターンは，国内鋼材市場の階層化の程度や時期に影響する。このような需要の変化を視野に入れると，汎用鋼材においては中国の生産能力と輸出の拡大と，日本や韓国，台湾，インドの高炉一貫企業の海外直接投資による企業グループ内の国際分業が今後も強化されていくのか，地場企業の垂直統合への挑戦がどのような影響をもたらすのか，注目される。さらに，金融自由化が進むなかでの国際的な企業再編の進行など，鉄鋼業は国内市場を超えたより広い地域での市場動向に留意する必要に今まで以上に迫られている。また，とりわけCO_2削減への取り組みが世界的潮流となるなかで，さらなる環境面での技術革新を求められる状況も強まりつつある。鉄鋼生産の技術の展開も鉄鋼業の展開も，こうした諸条件とその変化のなかで理解することが重要である。

【参考文献】
安倍　誠（2008）．韓国鉄鋼業の産業再編―産業政策の転換とその帰結　佐藤　創 ［編］　アジア諸国の鉄鋼業―発展と変容　アジア経済研究所, pp.47-82.
中国鋼鉄工業協会（2011）．中国鋼鉄統計
Heston, A., Summers, R., & Aten, B. (2011). *Penn world table version 7.0.* Center for international comparisons of production, income and prices at the University of Pennsylvania.
石上悦朗（2008）．インド鉄鋼業の発展と変容―先発一貫メーカー　新興大手メーカーおよび小規模部門鼎立の構図　佐藤　創［編］アジア諸国の鉄鋼業―発展と変容　アジア経済研究所, pp.113-141.
Joint Plant Committee（JPC）(2011). *Annual Statistics 2009/2010.* JPC. Kolkata.
川端　望（2005）．東アジア鉄鋼業の構造とダイナミズム　ミネルヴァ書房
川端　望（2006）．日本高炉メーカーの高級鋼戦略―その堅実さと保守性　産業学会研究年報, **21**, 35-47.
川端　望（2007）．東アジアにおける鉄鋼企業の生産システムと投資行動　金属, **77**(11), 1194-1198.

川端　望（2008）．タイの鉄鋼業—地場熱延企業の挑戦と階層的企業間分業の形成　佐藤　創［編］アジア諸国の鉄鋼業—発展と変容　アジア経済研究所, pp.251-296.

佐藤　創（2008a）．アジア諸国の鉄鋼業—研究の課題とインプリケーション　佐藤　創［編］アジア諸国の鉄鋼業—発展と変容　アジア経済研究所, pp.3-46

佐藤　創（2008b）．マレーシアの鉄鋼業—段階的な輸入代替の進行とその困難をめぐって　佐藤　創［編］　アジア諸国の鉄鋼業—発展と変容　アジア経済研究所, pp.297-343.

佐藤　創（2010）．アジア地域の鉄鋼業における構造変化と技術選択　研究技術改革, **24**(4), 327-337.

佐藤幸人（2008）．台湾鉄鋼業の成長および高度化のメカニズム—自動車産業に依存しない発展のプロセスと可能性. 佐藤　創［編］アジア諸国の鉄鋼業—発展と変容. アジア経済研究所, pp.83-111.

佐藤百合（2008）．インドネシアの鉄鋼業—岐路に立つ国営企業主導の一貫生産体制. 佐藤　創［編］　アジア諸国の鉄鋼業—発展と変容　アジア経済研究所, pp.203-249.

South East Asia Iron and Steel Institute （SEAISI）*Steel Statistical Yearbook*, various issues.

杉本　孝（2008）．中国の鉄鋼業—爆発的拡大の諸側面　佐藤　創［編］アジア諸国の鉄鋼業—発展と変容　アジア経済研究所, pp.113-158.

戸田弘元（1984）．現代世界鉄鋼業論　文眞堂

World Steel Association （WSA, 旧International Iron and Steel Institute）*Steel Statistical Yearbook*, various issues.

09 NC工作機械産業の共進化メカニズム
中国におけるNC装置内製化の可能性

柴田友厚

1 はじめに：工作機械産業の戦略的意義

 その国の工作機械産業の技術水準は，一国のものづくり基盤技術の水準を規定するといっても良い。その意味で工作機械産業は，市場規模はそれほど大きくはないが戦略的重要性を帯びた産業なのである。だがその重要性にもかかわらず，工場で使われるために日常その存在が話題になることはほとんどない。工作機械産業は，地味な産業であり，なかなかみえにくい産業なのである。本章はアジアの経済発展という文脈の中でNC工作機械産業に焦点をあて，特に基幹技術であるNC装置（Numerical Control, 数値制御）の技術革新を多面的な視点から議論する。

 日本の工作機械産業の市場規模は，ここ数年平均すると約1兆円前後の規模で推移しており，それほど大きな産業規模ではない。にもかかわらず，それが戦略的重要性を帯びていると言われる理由は，工作機械が，機械をつくる機械だからである。自動車，携帯電話，テレビなど，身の回りに存在するあらゆる製品をつくるのに工作機械は欠かせない。工作機械がなければこれらの製品は作れないのである。工作機械が，母なる機械（mother machine）と言われるゆえんだ。

 さらに，生産される機械や部品の精度は，それを作り出す工作機械の精度によって決定される。作られる機械や部品は，それを作り出す工作機械を越えることができないのだ。これは工作機械の母性原理（copying principle）と呼ばれる。工作機械の技術水準が一国のものづくり技術の水準を規定するというの

は，こういう意味である。それではこのような工作機械は一体誰が作るのだろうか。それを作るのもまた工作機械なのである。ここでも母性原理が働く。つまり精度が高い工作機械をつくるためには，それ以上の精度を持った工作機械が必要になるのである。

さらに特徴的なことは，一国の工作機械産業の技術水準はものづくりの基盤技術を規定するだけではなく，国家の安全保障にも影響を与えるために，高精度な工作機械は安全保障関連の輸出規制の対象になるという点だろう。大量破壊兵器等の開発，製造，使用に転用可能性が高い汎用品を輸出規制する枠組みには，原子力供給国会合（Nuclear Suppliers Group: NSG）があるが，工作機械はその枠組みで輸出管理されている。そのために，核兵器の開発に使用される可能性がある特定の工作機械は，自由に輸出することができないのである。

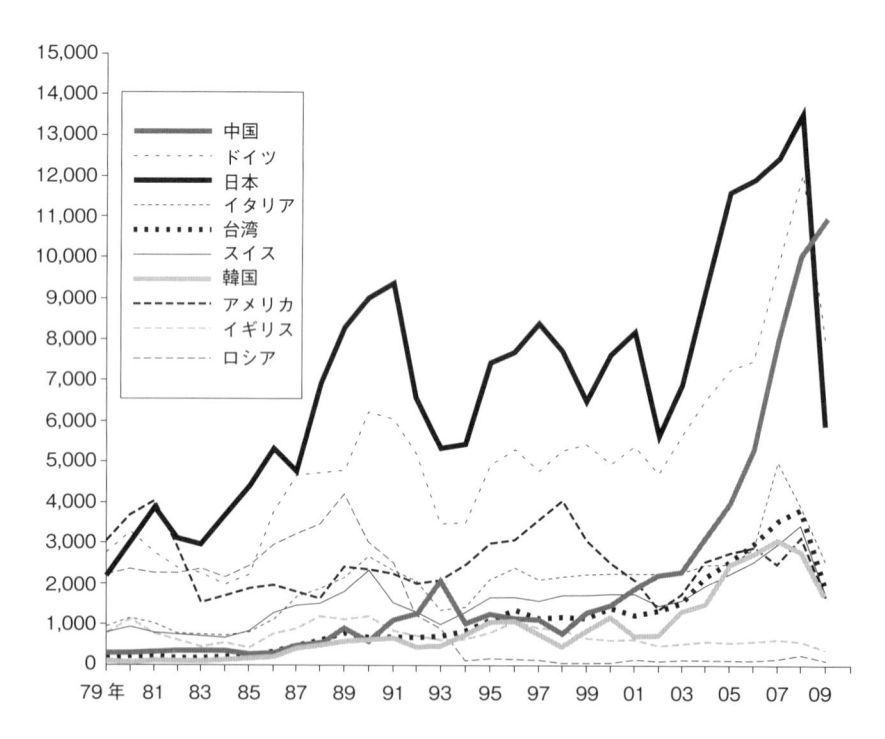

図9-1　主要国の切削工作機械生産高

このような特性を持つ工作機械には実に多種多様なものが存在する。工場内では様々な加工用途が生じるために，それに対応して様々な種類の工作機械が必要になるからだ。主要な工作機械としては，旋盤（Lathes），研削盤（Grinding machines），そしてマシニングセンター（Machining center）などが知られている。旋盤は最も多く用いられる代表的な機種であり，加工物は一般に円筒型または円板状をしている。研削盤は，切削工具の代わりに研削砥石を用いて加工する機械で，加工精度が高く優れた仕上げ面が得られる。マシニングセンターは，フライス削り，穴あけ，研削などの加工を複合化して一台でこれらの加工を行うことができる。

日本の工作機械産業は1982年以来の4半世紀にわたって，世界一の生産高を誇っており，日本のものづくり競争力の基盤を支えてきた。これほどの長期にわたって世界の頂点に君臨し続けた産業はそれほど多くはない。だが図9-1からわかるように，2009年度には日本の工作機械生産額が前年比56.5パーセントも大幅に減少し，その結果，日本は3位に転落した。代わりに中国の工作機械生産額が首位に立った。生産額で日本は初めて世界一の座を滑り落ちたのである。その後中国は，2011年度まで3年連続して首位の座を維持しており，日本は2010年以降ドイツを抜いて2位の状態を維持している。

以降ではまず，生産高で世界の頂点にたった中国の工作機械産業の動向を概観する。次に，現在の工作機械産業の中で最も重要な基幹技術であるNC装置の競争力を分析し，最後に日本工作機械産業の成長過程で作用した共進化のメカニズムを明らかにする。

2 中国の工作機械産業の競争力

中国の工作機械産業の競争力を分析するために，中国の工作機械産業の需給動向をみてみよう。図9-2は，中国における工作機械の生産金額，輸出金額，そして輸入金額の伸びをグラフにしたものである。これから，中国の工作機械産業の輸出金額は年々増加しているが，特に生産金額の伸びは輸出の伸びを大幅に上回り著しいことがわかる。このことは，中国国内の製造業の内需が旺盛であることを示している。中国国内の工作機械の消費金額は，生産金額か

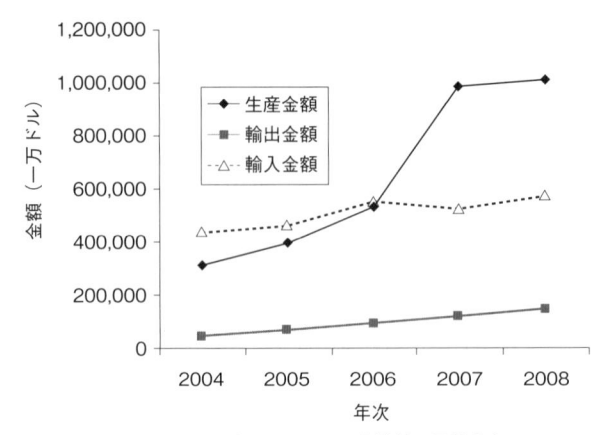

図9-2 中国における工作機械の需給動向
（出所）『工作機械統計要覧2009』をもとに作成

ら輸出金額をマイナスし，輸入金額をプラスすることで推定できる。それを計算すると，2002年以降，中国国内の工作機械消費金額は世界トップである（Gardner Publications, 2010）。2009年度に工作機械の生産高で中国が日本を逆転し首位にたったのも，中国国内の旺盛な設備投資意欲が依然として継続していると考えられる。

次に，このような中国国内の旺盛な設備投資を背景にして，一体中国はどのような工作機械を輸入したり，輸出したりしているのだろうか。そのための簡便な方法は，平均輸出単価と平均輸入単価の推移を比較してみることである。図9-3にはその推移が示してあるが，輸出単価と輸入単価には約50倍から60倍以上もの開きがあり，その開きは近年ますます増大している。一言で言うと，中国はハイエンドで高価な工作機械を輸入し，ローエンドなものを輸出しているということだ。輸入単価が最近上昇傾向にあることから，輸入するものはますます高性能・高機能なハイエンド工作機械に傾斜しているということが言えるだろう。

他方，輸出の多くはローエンドでNC装置が付かない非NC工作機械なのである（日本工作機械工業会，2009）。後ほど詳しく説明するが，NC装置とは工作機械を自動制御する工業用コンピュータとでもいうべきものである。コンピュータで制御していることをあえて強調して，CNC（Computerized numerical

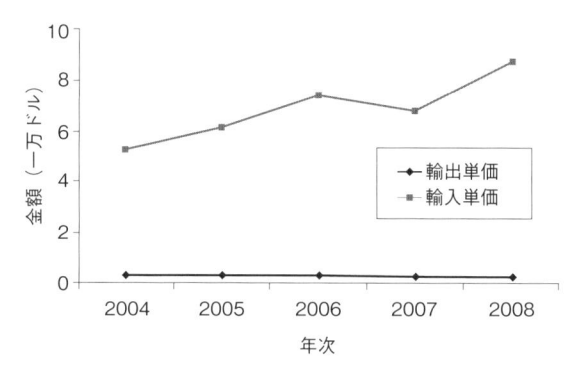

図9-3 中国における工作機械の輸出入単価動向
（出所）『工作機械統計要覧2009』をもとに作成

control）と称することも多いが，現在ではNCとCNCはほぼ同じものと考えて良い。本章の記述でNCと称するものは，CNCと同じ意味で使用している。

工作機械は一般にNC付のものとそうでないものに大別され，一般的にNC装置付が高性能で高価である。現在日本で生産される工作機械のほとんどはNC装置付であり，それらはNC工作機械と総称される。他方中国はローエンドな非NC工作機械をブラジル，インド，ロシアなどのいわゆる新興諸国に輸出している[1]。

要するに，中国国内で製造した工作機械のうちローエンドで安価な非NC工作機械をこれらの新興国に輸出する一方で，国内で製造することができない高性能で高付加価なNC工作機械を日本等の先進国から輸入しており，ミドルレベルの工作機械が旺盛な国内消費に向かっているという構図が見える。そして輸入単価が年々上昇傾向にあることから，中国国内の地場企業の技術水準が年々向上し，高度な機械を内製できる能力を次第に獲得しつつあることが推論できる。

それでは，基幹技術であるNC装置の内製化はどの程度行われているのだろうか。中国は高度なNC工作機械を先進国から輸入しており，他方，安価な非

---

1) 日本工作機械工業会『工作機械要覧2009』によれば，中国の工作機械輸出先は，米国，ドイツ，日本からブラジル，インド，ロシアなどの新興国まで多岐にわたっているが新興国向けの輸出が近年倍増している。

NC工作機械を新興国に輸出している。中国メーカーはNC装置を自主開発しているのだろうか，あるいはNC装置単体を海外から輸入しそれを中国国内で生産した工作機械に付加しているのだろうか。

3 NC装置の製品特性

まず，NC装置の製品特性を簡単に紹介しよう。NC装置とは工作機械に取り付けられて，加工を自動制御するためのものであり，その意味で工業用コンピューターと言ってもよい。従来は，オペレーターが工作機械を手動で制御したり加工していたが，NCにより工作機械の自動制御が可能になり，より精密で柔軟な加工が可能になった。NCは，工作機械に取り付けられる。NCとは加工物の加工情報を入力として読み込み，それを数値計算してパルス列を作成し，サーボモータなどの駆動システムへパルス列を伝達することによって，工作機械を自動制御するシステムである。

図9-4にNC工作機械における情報の流れを示す。工作機械で加工しようとする場合，加工物の寸法や加工の速度などを指令する必要があるが，指令テープやプログラムの形式でそれらの加工情報をNC装置に読み込ませる。そして，これらの加工情報をNC装置内の情報処理回路が読み込み数値計算を行い，パルス列に変換する。このパルス列が駆動部分の入力となって，工作機械を駆動し，指令通りの加工が行われることになる。従来は，オペレーターが工作機械を手動で制御していたが，NC装置の発明によって工作機械の精密な自動制御が可能になった。

たとえば，NCで曲面加工をする場合を考えてみよう。まず必要になるのは，NCに入力される加工の数値データに従って工作機械の運動を制御することであろう。そのためには，機械に測定系を持たせ作業台の位置を測定し，その結果を信号としてフィードバックさせ，入力された数値データと実際の作業台の位置とを比較し，必要であれば補正する必要がある。NCはこのようなサーボ機構を必要とする。

次に必要になるのは，論理演算機構である。実際の曲面の形状は滑らかな連続曲線であるにもかかわらず，NCへの入力データとして与えられる数値デー

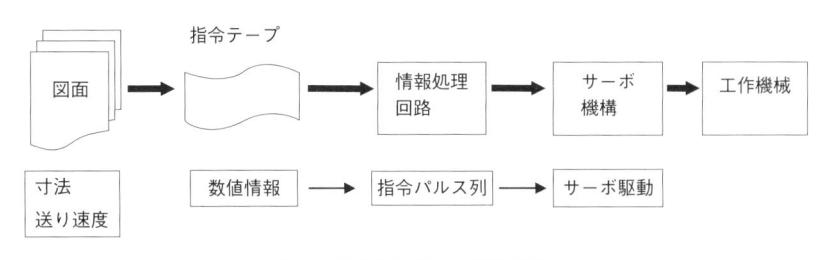

図 9-4　NC 工作機械の情報の流れ
(出所) やさしい NC 読本　4 訂版

タは，適当な間隔をおいてしか与えられないために，その間を滑らかに補間して，駆動部分に対してデータを切れ目なく与えるという機能が必要であり，そのため NC は論理演算機構を必要とする。

つまり NC は，論理演算機構を含んだ情報処理機構と，サーボ機構を含んだ機械制御とを融合したシステムであるともいえる。NC が高精度で高速の加工ができるかどうかは，論理演算機構の精度や処理スピードに左右されるのである。そのため NC の技術発展は，直接間接にコンピュータ関係の電子回路技術の技術革新の影響を受けることとなった。

4　アジアにおける NC 装置の開発状況

日本の工作機械産業がこの 4 半世紀の間，高い競争力を維持してきた理由のひとつは，世界に先駆けて NC 装置を工作機械に導入してきたからである。図 9-5 は，日米における工作機械の NC 化率の推移を示している。1975 年頃から日米間で NC 化率が急速に乖離している様子がわかる (Mazzoleni, 1997)。特に日本の NC 化率は指数関数的に急速に上昇しており，NC 工作機械が急速に国内に普及していったのである。ついに 1982 年には，日本の工作機械生産高は米国を抜いて世界一になった。日本の工作機械生産高を頂点まで押し上げた原動力の 1 つは，日本が世界に先駆けて NC 装置を導入した点にある。

それゆえ，中国の工作機械産業の実力を測るバロメータの 1 つは，NC 装置を自主開発しているのかどうかという点にある。もし NC 装置を自主開発しているならば，日本からの NC 装置単体の輸出はそれほど伸びていないはずであ

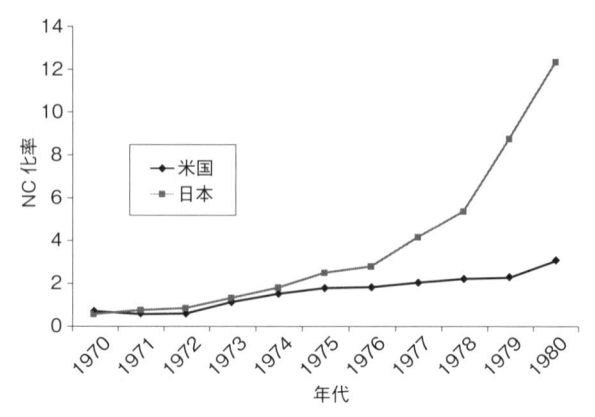

図9-5　日本と米国における工作機械のNC化率の推移
(出所) Mazzoleni (1997) を参考にして作成

ろう。しかし，NC装置単体での貿易データは存在しないために，代替指標としてファナックの海外売上高推移をみることで，おおまかな傾向をつかむことができる。ファナックは，世界のNC市場の半分のシェアを占めるNC専業メーカーであるから，その海外売上高の推移を概観することで，NC装置の傾向をつかむことができるはずだ。もしアジア地域での売上高が伸びていれば，それは，アジアの地場工作機械の生産高の増加に伴い，それに付着するファナックNC装置の売り上げが増加したものと推論できる。

図9-6は地域別の海外売り上げ高の推移を表しているが，それを見る際に次の2点に考慮する必要がある。第1に，ファナックは，NC装置のみならずロボットや射出成型機なども作っており，図9-6のデータにはこれらの製品が含まれているという点である。だが売上高のほぼ半分はNC装置関連商品が占めているために，図9-6がNC装置の大体の傾向を示していると考えても良い。第2に，図9-6で示しているアジアの中にはインドやベトナムなど中国以外の国も含まれているということである。

その上で図9-6からわかることは，アジア向け売上高が急速に拡大し，2000年から2008年の8年間の間にほぼ8倍に増加しているという点である。この急速な増加は，アジア地域の地場工作機械メーカーが製造した工作機械に対して，ファナックのNC装置を装着したことによってもたらされたと考えられる。

4 アジアにおけるNC装置の開発状況　　191

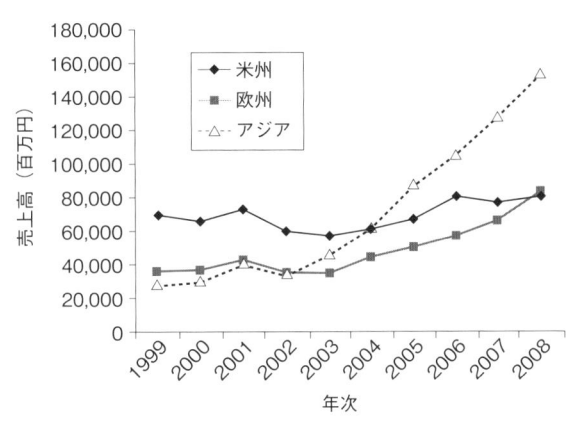

図9-6　ファナックの海外売上高推移

　中国においても同様に，NC装置の供給は依然として日本に依存していると推論できるだろう。

　以上の議論から，現在の中国の工作機械産業の技術力を次のように捉えることができる。中国は自前で工作機械本体を生産する能力を次第に獲得しつつあるが，高付加価値製品は依然として日本からの輸入に依存している。その意味で日本工作機械産業の技術的優位は堅調である。特に，NC装置に関しては，中国は自主開発できる技術水準に到達しておらず，日本からの供給に大きく依存している。その結果，地場企業の工作機械生産高の増加に伴い，日本からのNC装置の供給も増加するという分業構造が形成されつつある。

　今後の技術発展を考える1つの鍵は，中国でNC装置の内製化が可能になるかどうかという点だろう。現時点では確かに，中国で生産されるNC工作機械の多くは，NC装置を海外から調達し，それを工作機械本体に付加していると考えられる。しかし2012年3月5日付けの日本経済新聞の報道によれば，中国で最大手と言われている瀋陽機床集団はNC装置の量産を始めると言う。今後NC装置の内製化はどの程度可能になるのだろうか。この問題を考えるために，日本の工作機械産業を世界の頂点に押し上げた技術革新のメカニズムを明らかにした上で，中国のキャッチアップの可能性を考察する。

5 NC装置と工作機械との共進化メカニズム

既に述べたように,日本の工作機械産業は4半世紀以上にわたり世界最大の生産高を維持してきた。日本の競争力を長期にわたって支えた背景には,NC装置と工作機械本体との間で働く相互促進的な共進化の仕組みがあった。本節では,米国との比較においてその技術革新のメカニズムを明らかにする。

● 5-1 NC装置の2つの供給形態

NC装置は単独で顧客に対して最終的な価値を生み出すわけではない。NC装置は工作機械に付加されて工作機械の価値を高めるのだが,NC装置が付かない工作機械もまた存在する。その意味ではNC装置と工作機械との関係は,図9-7に示すように相互に価値を高めあうような補完的な関係と考えるべきであろう。NC装置は工作機械に付加されてその価値を高める補完製品なのであり,工作機械がなければその価値を実現することはできない。

そのような関係であるから,NC装置の開発には主として2つの形態が考えられる。ファナックのようなNC専業メーカーがNC装置を開発し,工作機械メーカーがそれを調達して工作機械に付加する形態と,工作機械メーカーが自社の工作機械に最適化した特注NC装置を開発する形態の2つのパターンである。

日本は当初から富士通,安川電機等の電気メーカーがNC装置の開発を先導したために,前者の形態で始まった[2]。この供給形態では,NC専業メーカーはNC装置をできるだけ多くの工作機械で使えるようにするために,NC装置と工作機械とのインタフェースをできるだけルール化しようとする動機を持つ。その結果,NC装置と工作機械との間には明確なルールが設定され,NC工作機械の製品アーキテクチャはNC装置と工作機械との間がルール化されたモジュール型設計に向かったと言ってよい。日本のNC工作機械の開発はこのようにして始まったのである。

---

[2] NC装置の開発は1956年に富士通社内の新規事業として始まったが,1972年にNC部門を富士通ファナックとして分離独立させ,その後1982年に社名をファナックに変更した。

他方,米国の開発は主として後者の形態で始まり,シンシナチ・ミラクロン等の工作機械メーカーが NC 装置の開発を先導した。この場合,工作機械メーカーは自社の機械特性に合致した最適な特注 NC 装置を開発しようとする動機を持つ。最適化しようするために,NC 装置と工作機械とのインタフェースは,工作機械メーカー毎にばらばらで独自のものになる。米国の NC 工作機械の開発はこのようにして始まった。日米間で,NC 工作機械の供給形態が当初大きく違っていたという点に注意が必要である。出発時点でのささやかな違いは,後述するように,その後の発展経路に大きな影響を与えることになった。

 日米のこのような発展経路の違いを,米国の MIT 産業生産性調査委員会の報告書『Made In America』は,次のように表現している。「日本は NC 工作機械の NC の設計と開発をファナック 1 社に絞った。このため規模の経済的メリットが得られただけでなく,アメリカの工作機械ユーザーを悩ませた互換性のなさという問題から回避できたのである」(Dertouzos, 1990)。

 われわれの調査によれば,日本の政府や産業界が意図的にファナック 1 社に絞ったという事実は存在しない。しかし結果としてファナックが大きなシェアを占めていたために,そのような印象を米国の調査委員会は持ったのかもしれ

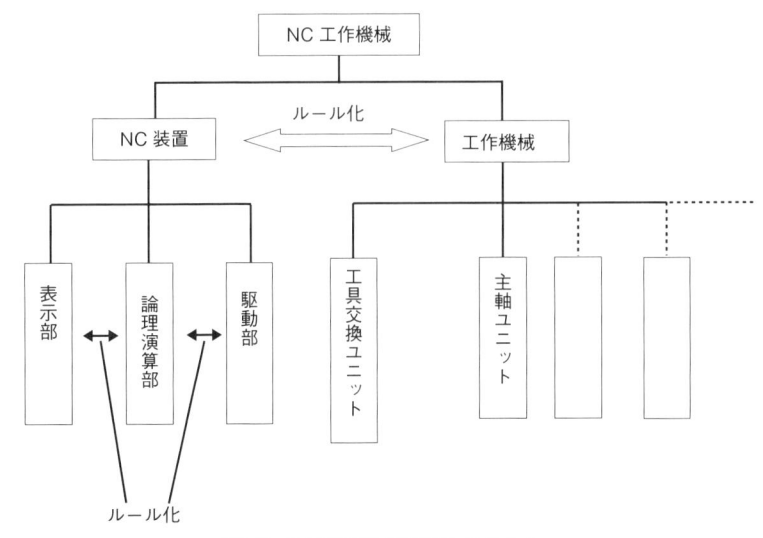

図 9-7 NC 工作機械の製品ヒエラルキー

ない。ここで規模の経済的メリットとは，NC開発を実質的にファナック1社が担ったことによるコスト競争力の強化を指している。

互換性のなさという記述については，若干解説が必要であろう。工作機械ユーザーとは，自動車メーカーや精密機器メーカーなど，工作機械を使用して自社製品を作るメーカーのことを指す。これらの工作機械ユーザーは，自社の加工条件に従ってNCプログラムを作成しそれをNC工作機械に読み込ませるのだが，彼らにとっては，一度作成したNCプログラムを他の機械でもできるだけ使用したいという要望は強い。だがNCメーカーが違えば，NCプログラムの言語仕様や操作性が異なるために，他のNC工作機械で使えない可能性が出てくる。これが互換性の問題である。日本の場合，たとえ工作機械本体が違っても付加されるNC装置は共通してファナック製であったために，互換性の問題が生じなかった。他方米国の場合，工作機械メーカーがそれぞれ独自のNC装置をつくるために，工作機械ユーザーは互換性のなさという問題に直面していたのである。

● 5-2 NC工作機械の設計思想

産業初期において，日米間には上述のような供給形態の違いが存在していた。供給形態の違いは合理性の違いをもたらし，さらにNC工作機械の設計思想に影響を与えた。

そもそもNC装置は，工作機械に結合してはじめてその機能を発揮することができるため，機械の仕様にあわせてNCの仕様が決定されるという性質を持つ。その意味では，NC装置は本来的にオーダーメードであるから，米国の工作機械メーカーが主導して，工作機械の仕様に合致した最適なNC装置を自社開発しようとしたのは合理的な判断だったと言える。またNC装置は工作機械にとって前述のように補完的な製品であるために，工作機械メーカーが主導的に開発をすすめるのもまた自然な考え方である。

だが，日本の事情は前述のように異なっていた。富士通や安川電機等，専業メーカーがNC開発を主導した日本では，NC装置を工作機械毎に特注品化することに，経済合理性を見出すことは難しい。そこで日本のNC装置メーカーは，オーダーメードとしての性質が強いNC装置をそのまま素直に特注品とし

て開発したのではなく，できるだけ標準化の思想を導入したのである。

　繰り返しになるが，元来NC装置は工作機械を制御する工業用コンピュータであるため，工作機械の機械特性に合わせてNC装置の制御方法も変更する必要がある。例えば，工作機械特性によって，加速と減速の時定数が異なってくるために，NC装置は工作機械特性に応じた最適な時定数を使用して，加減速制御を行う必要があるのだ。

　これに対して日本のNC専業メーカーは，機械特性の違いはソフトウェアで吸収することでNCハードウェアを共通化した。例えばファナックは，NCの基本ソフトウェアを機械に依存しない共通部分と機械依存部分とに分割し，機械依存部分をパラメータ領域として，ユーザーである工作機械メーカーが入力できるようにした（柴田, 2004; 2007）。ユーザーが機械特性に応じた適切な加減速の時定数をパラメータとして入力し，NCの基本ソフトウェアの中でパラメータに応じて適切な処理を行うのである。機械特性の違いを，ソフトウェアの中に包含しユーザーが処理できるようにしたのだ。共通部分と機械依存部分に分割するというこの仕組みの導入によって，多種多様な工作機械に対して，共通インタフェースで対応できるようになった。

　日本のNC装置メーカーは，この標準化の思想を工作機械とのインタフェースのみならず，NC装置自身に対しても適用した（柴田・玄場・児玉, 2002; Shibata, Yano & Kodama, 2005）。NC装置自身のモジュール化である。ファナックは非常に早い時期にモジュール化という思想を製品設計に導入した。早くも1969年には完全にモジュール化したNCを完成していた。このモジュールNCは，様々工作機械に要求される仕様を詳細に分析した結果をもとにして，機能別モジュールをいくつか作り，それを量産してストックしておき，ユーザーの要求に応じて適当なモジュールを組み合わせることで顧客の要望に合致したNCを構成できるようになっていた。当時のNC装置は，ダイオードやトランジスタなど，各種の論理素子，記憶素子などの組み合わせで実現されていたために，この時点でのモジュールは具体的には独立したプリント板やユニットに収められている。現在のNC装置も図9-7に示すようにモジュール化の設計思想を採用している。NC装置は表示部，論理演算部，駆動部の3つに大きく分かれており，それらのやりとりはルール化されているのである。

当時，NC装置をモジュール化したことの意義は大きかった。このモジュールNCによって，ファナックのNCの出荷台数は飛躍的に増加することとなったからである。例えば1965年にはわずか60台，1968年には388台という出荷台数であったが，モジュール化を実現した1969年には，前年度の約5倍に相当する1683台のNCを出荷している（Mazzoleni, 1997）。本来オーダーメードの性質が強い工作機械に対して，特注化ではなくて汎用的な標準NCで対応できる方法を考え出したという点が重要である。

● 5-3　技術集積装置としてのNC装置

　オーダーメードに対して標準化で対応するというのは一見矛盾に違いない。しかしこの一見した矛盾を上記の仕組みで解決したことによって，大きな便益がもたらされた。世界中の工作機械メーカーの要望やノウハウが，ファナックの標準NC装置に流れこむルートが確立されたために，ファナックは，それらの要望をソフトウェアとして標準NCの中に組み込むことができたからである。多種多様な要望，ノウハウ，苦情などが標準NC装置に蓄積されることで，それを使用する他の工作機械メーカーも，蓄積されたノウハウや技術の恩恵を受けることができた（柴田, 2007; 2008; 柴田, 2007; 松崎・山田, 1997）。それによって工作機械産業全体の技術水準が迅速に向上したのである。

　このようにして技術水準が向上した工作機械メーカーから，さらに高度な要望がファナックに寄せられ，標準NC装置はそのノウハウを吸収し一層技術蓄積が進む。それが更に工作機械産業全体に波及し技術水準を押し上げる（松崎・山田, 1997）。つまり図9-8に示すような好循環サイクルがNC装置メーカーと工作機械メーカーとの間に形成されることによって，日本のNC装置メーカーと工作機械メーカーは相互促進的に技術水準を向上させていった。

　このような好循環サイクルによって高度化したNC装置は，世界中の工作機械メーカーのノウハウが蓄積された技術集積装置と言い換えてよい。このようなNC装置を東アジア諸国が自前で作るには次のような2つの大きな障壁が存在する。

　第1に技術的な障壁である。工作機械メーカーのノウハウは，NC装置の基本ソフトウェアの中に組み込みソフトウェアという形で存在している。ソフト

5 NC装置と工作機械との共進化メカニズム　197

```
       工作機械産業全体への        世界中の工作機械メーカー
       波及と技術水準の向上        から寄せられる要望

                   標準 NC 装置への実装
```

図 9-8　NC 装置と工作機械との共進化メカニズム

ウェアは知識の集積であるために，使えば使うほど新たな知識が付加されて信頼性が向上し不具合が減少するという性質を持つ．ソフトウェアは，使用による学習（Learning by using）（Rosenberg, 1976; Rosenberg, 1982）の効果がより大きく働くのである．物財が使えば使うほど磨耗し信頼性が低下するのと対極的である．ソフトウェアは経路依存性が強く働き，過去の蓄積というものが大きな意味を持つ．特に，徹底的に使うことで不具合を枯らしたソフトウェアをできるだけ多くの製品系列に使いまわすという製品戦略が有効になる．ソフトウェアは初期の優位が企業の吸収能力を高め，先行者優位をもたらす財なのである（Cohen & Levinthal, 1983）．このように工作機械制御のノウハウは組み込みソフトウェアという形でNC装置に蓄積されているために，日本のNC装置が到達した技術水準に中国をはじめとするアジア諸国が到達するのはそれほど容易ではないだろう．

　第2にユーザーにとってのスイッチングコストという障壁である．たとえ技術水準が同一であったとしても，現在使用しているNC装置を別のNC装置に切り替えることは，様々な意味でのコストが生じるために，ユーザーはNC装置を切り替えることに躊躇する．例えばNC装置とオペレーターのインタフェースの問題がある．NC装置の操作方法は標準化されているわけではなくメーカーによって異なるために，NC装置を別の機種に切り替えることは，新しい

操作方法を再度学習しなければならない。新しい操作方法を学習するためには時間もかかり，その間生産性も落ち操作ミスも多くなる。また，ユーザーのアプリケーションを記述する NC プログラムの互換性の問題もある[3]。NC プログラムで使用する G コードは，その 2 桁目までは ISO6983-1 で標準化されているのだが，3 桁目以降は NC メーカーや工作機械メーカーが独自に割り当てているために，NC プログラムに完全な互換性はない。特定の NC 装置向けに作成した NC プログラムを，他の NC 装置でも自由に使えるという保証はないのである。

このように NC 装置の切り替えには，様々な意味でのコストが生じるためによほど大きな便益がない限り，ユーザーは慣れ親しんだ NC 装置を継続して選択する傾向がある。中国をはじめとする東アジア諸国のユーザーは早い段階から日本の NC 装置に慣れ親しんできたために，スイッチングコストを超えるような便益がもたらされない限り，たとえ技術水準が同一であったとしても NC 装置を切り替えようという誘因は生まれないはずである。

6 考察とインプリケーション

これまで，日本の工作機械産業に働いた共進化の仕組みを明らかにした。以上のような議論を踏まえると，日本の NC 装置の優位が容易に揺らぐとは考えにくいはずだ。たとえ同様の操作方法を持った NC 装置を中国メーカーが開発できるようになったとしても，それはあくまでもローエンドな NC 装置に当面はとどまるだろう。共進化メカニズムによって技術集積装置に変貌した日本の NC 装置の技術水準に，中国のメーカーが到達するにはまだ多くの時間がかかるだろう。当面，中国の工作機械生産量が増加すればするほど，それにつれて，日本の NC 装置の供給量もまた増加するという分業構造が形成される可能性が高い。ファナックの稲葉善治社長が最近の受注動向に関して，「アジアの納入

[3) NC プログラムはコンピュータ産業で言うアプリケーションプログラムに相当し，切削する加工物の形状やスピードなどを G コードで記述する。例えば，G1 は直線の切削指令である。

先（業種）は多種多様。これまで見られなかった特長だ[4]」と語っているのは，そのような分業構造の台頭を示唆しているように思える。

● 6-1 実践的含意

これまでの議論を背景にして，日本の製造業に対する実践的含意と理論的含意を考えてみたい。まず製造業のこれからの方向性に関して 2 つの実践的含意を導くことができる。

第 1 に，最終製品それ自身ではなくて，最終製品の価値を高めるような補完製品に着目するという方向である。日本の工作機械産業の技術力と中国をはじめとするアジア諸国のそれとの間には，当面まだ大きな開きが存在する。だが，その開きが長く持続する保障はない。デジタル家電や自動車など最終完成品においては，アジア諸国の追い上げは厳しいものがある。

記憶にまだ新しいところでは，薄型テレビの例が想起されるだろう。パナソニックは 2011 年 11 月に，尼崎のプラズマパネル工場の 1 つを閉鎖し薄型テレビ事業の縮小を発表した。新聞報道によれば，パナソニックの大坪文雄社長は記者会見で「テレビは世界中のメーカーが参入してコモディティ化した」と言う。技術がアジア新興国にまで平準化するスピードに驚かざるを得ない。パナソニックがプラズマパネルの最初の量産工場を，大阪府茨木市に作ったのは 2001 年であり，プラズマテレビを戦略商品と定め，世界同時発売を開始したのが 2003 年であった。この時点から，プラズマテレビ市場は急速な成長を遂げていったのだが，プラズマテレビ技術が陳腐化するのに 10 年もかからなかった，ということを意味している。

日本の製造業は今後同じような状況に直面することが予想される。これに対してこれまで主として 2 つの方向性が議論されてきた。最終完成品の技術レベルを更に向上させてアジア諸国が容易に模倣できないものをつくるという方向と，性能や機能を削減して新興国向けの安価なものを作るという 2 つの対極的な方向である。いずれの方向性も最終製品をつくることが前提になっているという点で同じである。

---

4) 2010 年 3 月 25 日付け『日本経済新聞』

それに対して，本章で提示した共進化メカニズムの議論は，最終製品でなく補完製品に着目するという別の可能性を示唆している。最終製品にこだわれば，日本にキャッチアップするアジア諸国との直接衝突を避けることができない。それに対して最終製品の価値を高める補完製品に着目することで，最終製品をつくるアジア諸国が台頭すればするほどそれにつれて補完製品の需要が増加するという構造を作りだすことができる。それは丁度，最終製品としての中国の工作機械生産高が増えれば増えるほど，補完製品としてのファナックのNC装置の需要が増えるのと同じ構造だ。その際，日本のNC工作機械産業のように，最終製品のノウハウが補完製品に流れ込んでくるような仕組みを構築することだ。その仕組みができれば日本がつくる補完製品の技術優位は持続するからである。

そのためには，最終製品と補完製品との関係をどのように設計するのかという点が重要になるが，それに関して次のような第2の実践的含意が導出できる。それは，個別の最終製品に最適化した特注品としてではなくて，標準化の思想を組み込んだ汎用品として補完品をつくるという方向である。最終製品の価値を最大限高めようとすれば，補完製品を最適化した特注品としてつくるのは合理的であろう。だがそのような特注化への要望を，そのまま素直に作り込むのではなくて，その要望をいかにして標準化の考え方によって実現するのかということが設計上重要なポイントになる。それによって，補完製品と最終製品との間に共進化メカニズムを作り上げることができ，汎用的な補完製品は技術集積装置へと変貌する[5]。以上のような2つの実践的含意を導くことができる。

● 6-2　理論的含意

次に理論上の含意に言及しておこう。NC装置と工作機械との間に共進化メカニズムが働いたのは，NC装置と工作機械との間に境界を設定しインタフェースをルール化するというモジュール化の思想を，NC工作機械に適用したこ

---

5) 部品メーカーでありながら，標準化の思想を積極的に製品戦略に組み込み高い経営成果をあげている企業にはたとえば，キーエンスやマブチモーターなどが存在する。これらの企業は標準化によって，下請けではなくて世界中のメーカーを相手に事業を展開している。

とによる。NC工作機械をモジュール化したことによって，NC装置は様々な世界中の工作機械に装着することが可能になり，その結果多様なニーズ情報に触れる機会にファナックは恵まれた。それが日本のNC装置を技術集積装置へと変貌させた大きな理由である。つまりNC工作機械産業発展の背後で働いた共進化メカニズムは，モジュール化の思想を導入したことで可能になったのである。

既存研究は，モジュール化には主として，コスト削減効果と並行した製品開発という2つのメリットがあることを明らかにしてきた（柴田・玄場・児玉，2002; 柴田, 2008; Ulrich, 1995; Baldwin & Clark, 1997）。本論はそれに加えて，モジュール化がもたらす共進化メカニズムという新たなメリットを示している。重要な点は，補完製品と最終製品との間のどこに境界を引くのかというモジュール分割の仕方であり，適切なモジュール分割ができなければ共進化メカニズムは働かないであろう。

それでは日本のメーカーは，果たしてNC工作機械のモジュール化を意図的かつ事前合理的に行ったのだろうか。少なくとも筆者はそのような事実を確認することはできない。日本では，工作機械メーカーではない専業メーカーがNC開発を主導したために，結果としてモジュール化という設計思想を採用する合理性が高かったのではないだろうか。そこでは，事前の合理的判断よりも偶然的要素が強く働いたように思える。しかし当時はたとえそうであったとしても，このような現象に潜む論理を明らかにし顕在化することによって，今後はその論理を意図的にしかも事前に使うことができるはずなのである。歴史から学ぶというのは，そのような作業を言うのであろう。

【参考文献】

Baldwin, C., & Clark, K. (1997). Managing in the age of modularity. *Harvard Business Review*, **75**(5), 84-93.

Cohen, W., & Levinthal, D. (1983). Absorptive capacity: A new perspective on learning and innovation. *Administrative Science Quarterly*, **35** (April), 147-160.

Dertouzos, M., Lester, R. K., & Solow, R. M. (1989). *Made in America*. Cambridge, MA: MIT Press.（ダートウゾス, M.・レスター, R. K.・ソロー, R. M.／依田直也

［訳］（1990）．メイド・イン・アメリカ―アメリカ再生のための米日欧産業比較　草思社）
Gardner Publications（2010）．*Metalworking Insiders' Report*（February23）．
稲葉清右衛門［編著］（1970）．やさしいNC読本　日本能率協会
稲葉清右衛門［編著］（1980）．やさしいNC読本4訂版　日本能率協会
稲葉清右衛門（1991）．黄色いロボット　日本工業新聞社
Johnstone, B.（1986）．Mechanics meets electronics. *New Scientist*, **10**（April），35-38．
Mazzoleni, R.（1997）．Learning and path-dependence in the diffusion of innovations: comparative evidence on numerically controlled machine tools. *Research Policy*, **26**, 405-428．
松崎和久・山田敏之（1997）．工作機械の新製品開発における組織間関係と相互イノベーション　機械経済研究　**28**, 71-86．
日本工作機械工業会（2009）．工作機械統計要覧
奥田耕士（2000）．インテルがまだ小さかった頃　日刊工業新聞社
Rosenberg, N.（1976）．*Perspectives on technology*. Cambridge, UK: Cambridge University Press.
Rosenberg, N.（1982）．*Inside the black box: Technology and economics*. Cambridge, UK: Cambridge University Press.
柴田友厚（2000）．分断による学習の概念化に向けて．組織科学, **34**（1），76-94．
柴田友厚・玄場公規・児玉文雄（2002）．製品アーキテクチャの進化論　白桃書房
柴田友厚（2004）．並行イノベーションを誘発するアーキテクチャ　組織科学, **38**（2），69-79．
Shibata,T., Yano, M., & Kodama, F.（2005）．Empirical analysis of evolution of product architecture. *Research Policy*, **34**, 13-31．
柴田友厚（2007）．モジュール製品における分割と統合のダイナミクス　組織科学, **41**（1），66-76．
柴田友厚（2008）．モジュール・ダイナミクス　白桃書房
Shibata, T.（2009）．Product innovation through module dynamics. *Journal of Engineering and Technology Management*, **26**, 46-56．
嶋　正利（1987）．マイクロコンピュータの誕生　岩波書店
Ulrich, K.（1995）．The role of product architecture in the manufacturing firm. *Research Policy*, **24**, 419-440．

10 韓国の金型産業発展
キャッチアップ戦略の成功とイノベーション志向への転換

馬場敏幸

1 はじめに

　本章の目的は，後発国の裾野産業のキャッチアップとイノベーションについて考えることである。題材としては，1980年代以降，急速に発展し，我が国と肩を並べるようになった韓国について考えてみたい。今回は，特に金型産業のキャッチアップ過程に焦点を当てて文章をすすめたい。金型産業は，大量生産に必須の産業でありながらも，技術移転が困難と言われてきた産業である。

　技能集約的な性格の強い裾野産業の育成・発展はアジアでは困難であった。しかし現在，その状況は大きく変化が見られる。韓国では裾野産業の中でも，技術移転と育成が困難と言われてきた金型産業の育成に成功し，現在では貿易黒字を生むリーディング産業と位置づけられるまでに成長した。これは産官学一体となったキャッチアップ戦略の寄与が大きい。

　また，韓国ではキャッチアップには成功したものの，フロンティア型への産業構造転換に長年苦しんできた。しかし，今日，日韓の間で韓国の方が優位に製品開発をすすめ，先に製品化する事例も珍しくなくなってきた。

　これは，韓国企業の開発戦略とともに，それを支えるサポーティング産業の発達の寄与も少なくない。本章では，高品質工業製品大量生産の要である，金型産業に着目し，韓国のキャッチアップを考えてみたい。

　競争力のある優れた工業製品を生産するために裾野産業が重要な役割を果たすことは，現在では広く認識されている[1]。裾野産業の業種は多岐にわたるが，今回焦点を当てる金型産業は重要な産業の一つである。金型は自動車や電気電

子製品など大量生産される製品の生産には必要不可欠である。たとえば小型の掃除機を作るためにも数百の金型が必要であるし，自動車を生産するために必要な数万の部品の多くが金型を用いて生産されている。

　金型の議論を行う場合に留意すべきは，品質を問わなければ現在では金型製作はそれほど難しいものではなくなったことである。そもそも型を用いて同一形状の複製品を作る技術は紀元前から見られ，その後，技術の組み合わせや転用，技術融合などにより今日の金型関連技術が成り立っている[2]。

　議論に先立ち，金型をいくつかの視点で分類したい。まずは金型品質に関する分類である。それほど厳密な精度を必要としない「一般セグメント」と，厳密な精度が必要とされる「精度セグメント」に分類できる。一般セグメントは，ある程度の形状が複製できればそれで支障はない製品向けの金型が該当する。たとえば日用品製作用に用いられる金型である。他方，「精度セグメント」は自動車，電子製品用などに用いられる金型が該当する。これらでは精度の狂いが製品品質に大きな影響を与える。ただしこうした産業ごとの分類は目安であって，たとえば日用品用でもデザイン，機能，ワーク（金型で成形される成形物）の種類などによっては，精度セグメントに分類される金型も多いし，自動車・電子製品用でも部位によっては厳密な精度を要求されない場合もある。

　次に金型タイプによる分類も行いたい（表10-1）。一つがmoldタイプ，他方がdieタイプである。Moldタイプ金型の代表がプラスチック成形用の金型であり，dieタイプ金型の代表が金属プレス加工用の金型である。近年特にプラスチック成形用金型をはじめとするmoldタイプ金型について，アジアで技術移転の進展と，地場企業も主要プレーヤーとした金型産業育成・発展の成功が見られるようになってきた。一方で金属プレス金型などdieタイプ金型については，アジアで急速な発展は見られるもののmoldタイプ金型と比較すると，その技術移転と産業育成は遅れている[3]。

　以上を整理すると，後発国の工業化でボトルネックとなりうるのは，精度セ

---

1) Porter（1990）など。
2) 金型産業の起源については，馬場敏幸（2007）に詳述。
3) アジアの金型産業の概況については馬場敏幸（2010a）などに詳述。

2 韓国金型産業の概要

表 10-1 mold タイプと die タイプの特徴

Mold タイプ金型の特徴
● 鋳型,割り型,流し型,モールドなど。
● ワーク形状が反転した成形面の金型に流体状あるいは軟体の材料を流し込んで成形。
● 代表例はプラスチック成形用やダイカスト成形用,ガラス成形用,ゴム成形用など。
● 成形方式は,射出成形,プレス成形,ブロー成形,ダイカスト成形,鋳物成形など,様々。
● 金型から成形物が想像できることが多い。
● 近年,3D CAD での設計方法の確立や設計段階での流動解析精度向上などが見られる。そのため勘・コツ・経験への依存が従来より大幅に低下した。
● Mold の起源は青銅成形や土器づくりなどから始まる。その技術は,セルロイド成形,プラスチック成形などに応用されてきた。
Die タイプ金型の特徴
● 打ち抜き型,打刻型,ダイス型,ねじ型,パンチなど。
● 固体状の材料を金型の上下で挟み込んで成形。
● 代表例は金属プレス成形用や鍛造成形用など。
● 加工内容は,打ち抜き,コイニング,絞り,シェイビングなど様々。
● 金型から成形物が想像しにくいことも多い(順送金型など)。
● 3D CAD での設計や,設計段階でのシミュレーションも行われているが,ワーク素材によっては挙動予測が難しい一面がある。そのため,勘・コツ・経験への依存が mold タイプより高めである。
● Die はスタンプによる文字・模様の転写や板金をその起源とする。やがて打刻コインの製造,金属機械部品の製造などに応用されてきた。

(資料)筆者作成

グメントに属する金型群の設計・製作関連技術獲得である。特に精度セグメントにおける die タイプの技術習得が難しい。1980 年代頃まではアジアの精度セグメント金型は日本の独壇場であった。1990 年代に mold タイプについては,精度セグメント金型のアジアでの製作も顕著になってきた。2000 年代には精度セグメント die タイプ金型のアジアでの製作が実現されつつある。本章ではそうした変化も踏まえ,アジアでも発展の著しい韓国の金型産業に焦点を当て分析したい。

2 韓国金型産業の概要

● 2-1 韓国の金型産業クラスター

韓国では全国各地で金型生産がなされており,主な金型生産クラスターは以下に区分[4]できる(図 10-1,表 10-2)。

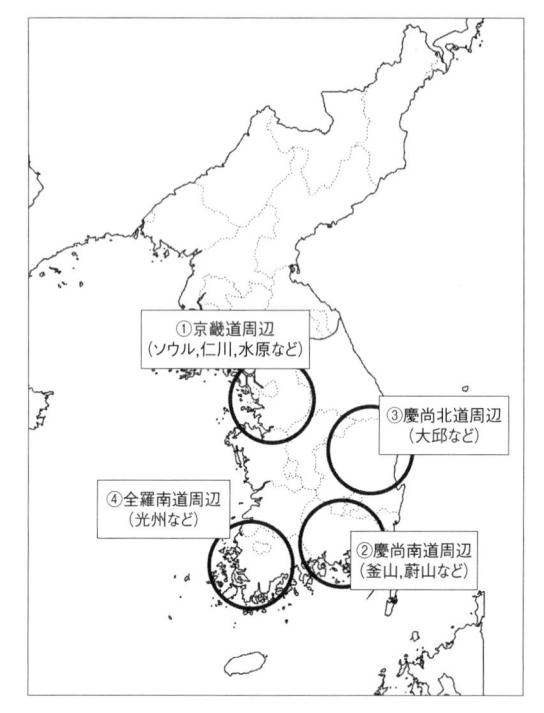

図10-1 韓国の金型集積状況（筆者作成）

①京畿道周辺（ソウル，仁川も含める）
②慶尚南道周辺（釜山，蔚山も含める）
③慶尚北道周辺（大邱も含める）
④全羅南道周辺（光州など）

韓国金型工業協同組合[5]の2009年の10名以上の金型企業データに基づくと，韓国全土で企業数が約1340社，売上が5兆7千ウォン（4千5百万円）[6]である。これらのクラスターのうち，①のクラスターだけで企業数でも生産高でも

---

4) ソウル，仁川，釜山，大邱など直轄市は道には含めないが，地理的に隣接している場合，そうした地域も便宜上クラスターに組み込んだ。
5) 韓国金型工業協同組合（http://www.koreamold.com/）
6) 三菱UFJリサーチ＆コンサルティング（http://www.murc.jp/index.php）2009年12月末の為替レート（TTM）100ウォン=7.89円に基づく。

2 韓国金型産業の概要

表 10-2 韓国金型企業の地域別企業数および生産額 (2009 年)

Classification	Companies		Production	
	Companies	Share	Amount	Share
Gyeonggi	486	36.3	2,015,540	35.4
Inchon	133	9.9	525,016	9.2
Seoul	97	7.2	975,261	6.6
Busan	110	8.2	257,502	4.5
Gyeongnam	141	10.5	739,091	13
Daegu	92	6.9	268,128	4.7
Kyungbuk	93	7.0	560,352	9.8
Kwangju	76	5.7	342,422	6
Ulsan	35	2.6	310,677	5.5
Chungnam	22	1.6	65,814	1.2
Chungbuk	18	1.3	72,769	1.3
Jeonbuk	16	1.2	63,834	1.1
DaeJeon	9	0.4	49,521	0.9
Jeonnam	6	0.4	8,589	0.2
GangWon	4	0.3	—	—
Jeju	—	—	—	—
ETC	—	—	36,509	0.6
Total	1,338	100.0	5,691,025	100.0

(注) 従業員 10 人以上の企業
(出所) 韓国金型工業協同組合 HP

韓国全体の5割を超える。②のクラスターでそれぞれ全体の2割強，③のクラスターで1.5割弱である。すなわち，①②③のクラスター合計で，韓国の金型関連企業数と金型生産額は韓国全体の9割弱に達する。

これまで訪問した韓国の金型企業では，mold タイプ，die タイプともに技能集約的な金型製作の基盤に，CNC 工作機械などが導入されていた。金型製作現場は CAD/CAM や CNC 工作機械に頼りきりという印象ではなく，汎用工作機械も使いこなされ，磨きや組立・調整もきちんとおこなわれていた。また5S や温度管理などにも気が配られていた。人の手による部分と，設備・機械を使いこなす部分の，技能と技術のバランスが取れている印象であった。また

営業活動に非常に積極的であり，輸出に対しても極めて前向きであった。

　韓国の金型産業は近年急速に評価を高めつつある。2000年代前半までは韓国の金型産業の評価は日本に比べ低いものであった。しかし近年は，金型先進国の仲間入りを果たしたとの認識が高まりつつある。

● 2-2　生産額からみた韓国金型産業

　韓国金型産業の2009年売上実績は5兆7千万ウォン（4千5百万円）であった（表10-3）。一方，工業統計による日本の2009年の金型出荷実績（金型・同部分品および付属品製造業の製造品出荷額等）は約1.2兆円である。異なる基準の統計ではあるが単純に比較すると，韓国の金型生産額は日本の4割弱の規模に達している。

　この数字だけを比較すると韓国の金型産業の発展は，まだまだ日本に遠く及ばないという印象を持つかもしれない。しかし，日韓の人口規模やGDP規模も同時に比較すると，印象はかなり変わる。

　韓国の人口は約5千万人であり，日本は約1.3億人である。また，IMF統計（WEO 2012）によると，韓国の2009年名目GDPは1,065兆ウォン（8千3百ドル）であり，日本は470兆円（5兆ドル）であった。韓国の人口は日本の4割弱であり，米ドル換算のGDPでは17％に過ぎない。したがって，日韓の人口やGDPから考えると，韓国の金型産業は日本と遜色ない規模，あるいはそれ以上に達していると言えるかもしれない。

表10-3　韓国金型産業の生産額推移（2001～2009年）

(億ウォン)

	2001	2002	2003	2004	2005	2006	2007	2008	2009
プラスチック用金型	15,447	16,791	18,927	23,365	23,939	23,440	21,291	23,353	23,529
金属プレス用金型	6,613	7,369	8,583	11,363	13,179	13,130	12,593	14,500	19,644
その他・部品	9,500	11,897	14,100	13,901	15,362	16,263	11,609	13,573	13,737
合　計	31,560	36,057	41,610	48,629	52,480	52,833	45,493	51,426	56,910

(注) その他・部品は，ダイカスト用金型，その他用金型，金型部品など含む
(資料) 2001～2003は上田（2008），2004以降は韓国金型工業協同組合データより作成

● 2-3 Die タイプでも発展が顕著

　次に生産実績に占める金型の種類について比較したい。韓国金型工業組合によると，2009年の生産実績で，41％がプラスチック用金型であり，35％が金属プレス用金型であった。工業統計で同年の日本を見ると，プラスチック用金型36％，金属プレス用金型36％であった。2000年代中葉の2006年では，韓国は44％がプラスチック用金型であり，25％が金属プレス用金型であった。日本の2006年はプラスチック用金型が37％，金属プレス用金型が35％であった。

　日韓両国ともプラスチック用金型と金属プレス用金型の2種で，生産額の7割前後を占める構造は類似している。しかし注意深く観察すると重要な変化が見られる。2006年時点の韓国では，プラスチック用金型の生産割合が日本より高く，金属プレス用金型の割合が日本より低かった。しかし，わずか数年で金属プレス用金型のシェアが高まっている。一方，日本はほとんど変化が見られない。

　韓国金型産業では，プラスチック用金型などmoldタイプの金型産業発展が先行し，金属プレス用金型などdieタイプの金型産業発展が遅れてきた。後述の貿易統計で明らかなように，韓国は長くdieタイプ金型を日本に依存してきた。しかし2009年の韓国の生産実績シェアを見ると，金属プレス用金型比率は日本と同様の数字となっている。韓国の金型キャッチアップが，moldタイプだけでなく，dieタイプでも進行してきたからである。

　近年の韓国のdieタイプ金型産業の急速な発展について，生産実績からもう少し見よう。韓国の金型全体の生産実績は2001～2009年の8年間に1.8倍（2001年3.2兆ウォン→2005年5.3兆ウォン→2009年5.7兆ウォン）に拡大している。同じ期間でプラスチック用金型は1.6倍（2001年1.5兆ウォン→2005年2.4兆ウォン→2009年2.4兆ウォン）の拡大である。そして金属プレス用金型では3倍（2001年6.6千億ウォン→2005年1.3兆ウォン→2009年2.0兆ウォン）もの拡大が見られる。さらに2005年までの前半と，それ以降の後半に分けてみると，2000年代の韓国金型のキャッチアップ動向がよく見て取れる。すなわち，2000年代前半はmoldタイプのプラスチック用金型が，2005年にかけて1.6倍に拡大した後，横ばい傾向となった。急速な成長を伴うキャッチアップ期間から，成熟期間へ移行したと考えることができるかもしれない。一方で，dieタイプの金属プレス用金型は，前半に2.0倍に拡大し，後半も1.5倍に拡大

している。急速にキャッチアップが進行し，成長していると考えられる。

一般にアジア後発国では金型産業は mold タイプ金型から発展段階を高め，die タイプ金型は発展が遅れる。しかし，韓国の die タイプ金型産業は近年技術力を高め，この構造から脱したと言えるかもしれない。

3 韓国金型の国際競争力向上

● 3-1 用いたデータと手法

韓国金型産業の国際競争力向上を定量的に分析するため，貿易統計を用いて3つの検討を行った。第一が韓国の金型貿易推移の検討である。第二が韓国にとって最大の金型貿易パートナーである日本との輸出入状況の比較検討である。第三が貿易特化係数（＝（輸出－輸入）／（輸出＋輸入））を用いた韓国金型産業の国際競争力の検討である。

貿易特化係数は，ある産業分野や製品の国際競争力を計測するために用いられている指標である。貿易特化係数の値は，マイナス1からプラス1までの値をとる。輸出入が均衡していれば貿易特化係数は0の値をとる。プラス1に近づくほど国際競争力が優位，マイナス1に近づくほど国際競争力が劣位であると見ることができる。

貿易統計[7]は国連貿易統計データベース（UN comtrade）より抽出した数字を用いている。

● 3-2 韓国の金型貿易拡大と輸出先変化（1996年～2011年）

1）金型貿易全体：赤字国から黒字国へ

韓国ではかつて金型貿易赤字が続いていたが，1994年に黒字に転換し，以来2011年現在まで黒字状態が継続している（表10-4）。貿易黒字化の翌年，1995年を見ると，韓国の金型輸出は3.2億ドルであり，金型輸入は2.1億ドルであった。

---

[7] Mold タイプは HS コード 8480 を使用，die タイプは 820720（金属の引抜き用又は押出し用のダイス）と 820730（プレス用，型打ち用又は押抜き用の工具）の和を計算して用いた。

3　韓国金型の国際競争力向上　*211*

表 10-4　韓国の金型輸出入および貿易損益推移 (1988〜2011年)

	金型輸出 (100万米ドル)				金型輸入 (100万米ドル)				貿易損益 (100万米ドル)			
	Mold タイプ	Die タイプ	金型合計		Mold タイプ	Die タイプ	金型合計		Mold タイプ	Die タイプ	金型合計	
1988	$57	$5	$61	1988	$81	$30	$111	1988	-$24	-$26	-$50
1989	$84	$10	$94	1989	$84	$30	$114	1989	-$0.03	-$20	-$20
1990	$106	$17	$124	1990	$85	$55	$140	1990	21	-$37	-$16
1991	$133	$14	$146	1991	$99	$49	$147	1991	34	-$35	-$1
1992	$128	$11	$138	1992	$95	$68	$163	1992	32	-$57	-$24
1993	$159	$11	$171	1993	$113	$79	$192	1993	46	-$68	-$21
1994	$192	$19	$210	1994	$122	$72	$194	1994	70	-$53	$17
1995	$281	$34	$315	1995	$154	$52	$206	1995	127	-$18	$109
1996	$410	$13	$422	1996	$192	$110	$301	1996	218	-$97	$121
1997	$457	$19	$476	1997	$174	$85	$259	1997	283	-$66	$218
1998	$377	$35	$412	1998	$73	$24	$97	1998	304	$11	$315
1999	$444	$40	$484	1999	$53	$53	$106	1999	391	-$14	$378
2000	$563	$54	$617	2000	$51	$17	$68	2000	512	$37	$549
2001	$555	$78	$633	2001	$53	$16	$69	2001	501	$63	$564
2002	$544	$82	$627	2002	$55	$14	$69	2002	489	$69	$558
2003	$623	$117	$740	2003	$66	$17	$83	2003	557	$100	$657
2004	$814	$199	$1,014	2004	$91	$18	$109	2004	723	$181	$905
2005	$938	$286	$1,224	2005	$102	$25	$127	2005	836	$261	$1,097
2006	$938	$424	$1,362	2006	$99	$18	$117	2006	839	$406	$1,245
2007	$951	$499	$1,450	2007	$94	$32	$125	2007	857	$468	$1,325
2008	$1,053	$441	$1,493	2008	$106	$30	$136	2008	946	$411	$1,358
2009	$901	$542	$1,443	2009	$112	$25	$137	2009	789	$517	$1,307
2010	$1,205	$533	$1,738	2010	$100	$29	$129	2010	1,105	$504	$1,609
2011	$1,589	$634	$2,223	2011	$95	$35	$130	2011	1,494	$599	$2,092

(資料) 国連貿易統計の抽出データをもとに計算して筆者作成

以後，輸出はおおむね順調に拡大傾向で，1995年＝100として指数化（以後単に「指数化」と略す）を行うと，2000年には196，2005年には388，そして2010年には551（17.4億ドル）へと大幅に輸出が拡大している。2011年も705（22.2億ドル）に拡大した。

一方輸入について同様に指数化を行うと，1995年以降輸入は減少し2000年には33となった。2000年頃を底として，再び輸入が増えたが，2005年に62，2010年で63（1.3億ドル），2011年63（1.3億ドル）と，近年は横ばいで推移している。

こうした結果，韓国の金型輸出は1995年の1.1億ドルから2010年は16.1億ドルに大幅に拡大した。2011年には黒字は20.9億ドルへ更に拡大した。

2) Moldタイプ：金型輸出拡大の旗手

韓国の金型輸出拡大を牽引したのはmoldタイプ金型である。Moldタイプ金型貿易は1990年に黒字転換し，以後黒字幅を拡大していった。1995年のmoldタイプ金型輸出は2.8億ドルであり，当時の金型輸出の9割を占めた。1995＝100で指数化を行うと輸出では2000年200，2005年333，そして2010年には428（12.1億ドル）となった。2011年にかけても565（15.9億ドル）と更に輸出が拡大した。このようにmoldタイプ金型輸出が一貫して韓国の金型輸出拡大を牽引している。

Moldタイプ金型の輸出先について見ると，1995年では金型輸出仕向地の第一位は日本で全体の26.5％，次いでインドネシア12.3％，中国10.0％，そして香港，フィリピン，マレーシア，タイなどアジア各国が続いた。その後2009年まで，長らく日本が輸出仕向地第一位であった。2010年には中国向けが第一位となったが，2011年には再び日本向けが第一位となった。2010年の仕向地を見ると，第一位が中国で21.1％，次いで日本17.7％，インド9.7％，そしてメキシコ，米国，タイ，香港などが続く。日本，中国など，アジア諸国が主要輸出仕向地であることは一貫して継続しているが，近年は輸出仕向地がアジアだけでなく，欧米や世界各地の新興工業国向けに拡大している。貿易パートナーが世界全体に拡大したのである。

輸入について同様に指数化すると2000年には33，2005年には66，そして2010年には65（1.0億ドル）となっている。Moldタイプ金型の輸入パートナー

を見ると，1995年では日本からが圧倒的に多く，全輸入の約6割を占めた。次いで，オーストラリア（12.5％），ドイツ（6.5％），米国，イタリア，英国，オランダなど欧米各国から輸入していた。2000年代も当初は日本が第一パートナーであったが，後半には中国の伸びが顕著で，2010年には中国からの輸入が40.4％で第一位，次いで日本25.5％，ドイツ11.6％，オーストラリア，米国となる。この間のもっとも特徴的な変化は，日本のプレゼンスの低下（1997年60％→2011年26％）と，中国の飛躍的なプレゼンスの高まりである（1995年1％→2011年46％）。

3) Die タイプ：輸入超過から輸出超過へ

 Die タイプ金型輸出は1995年時点で見ると3.4千万ドルであった。韓国の金型輸出全体のわずか10％ほどに過ぎなかった。一方1996年時点のdieタイプ輸入は5.2千万ドルであった。Die タイプ金型では輸入依存構造が見られたのである。しかしその後輸出が急拡大する一方，輸入は急速に縮小した。

 韓国のdieタイプ金型貿易は1997年から2000年にかけて貿易構造が逆転し，輸出超過構造になった。Die タイプ金型輸出で1995＝100として指数化を行うと，2000年には158，2005年には844，2010年には1,572（5.3億ドル），2011年で1,869（6.3億ドル）となった。着目すべき変化である。

 Die タイプ金型の主な輸出仕向地について，dieタイプのほとんどを占める「プレス用，型打ち用又は押抜き用の工具（820730）」で見ると次のようになる。1995年ではウズベキスタンが62.1％と飛び抜けて多い。しかし，前後の年で見ると，これは一時的なものであった。そこで翌1996年の様子を見ると，日本が全体の31％，次いでタイ25％，中国19％，そしてインド，香港と続いていた。2010年では第一位が中国で26.8％，次いで米国15.5％，日本10.7％，メキシコ，インド，ロシア，ドイツなどが続く。2011年には日本向けが再び一位12.8％，中国，米国，メキシコなどが続いている。1996年では日本以外は金型後進国が上位であった。前後の年で見ると，英国やフランスなど先進国向け輸出も見られるが，それほど額は多くなかった。ところが2010年には米国，ドイツなど金型先進国が主要輸出パートナー上位に位置づけられている。これは自動車や電気電子などの韓国企業進出の影響も考えられる。それとともに韓国金型の品質向上が金型先進国で認められたこともあるのかもしれない[8]。

Die タイプ金型輸入についても同様に見てみよう。1996年時点の輸入は1.1億ドルであり，金型輸入全体の1/3ほどであった。1996=100として指数化を行うと，2000年には15，2005年23，2008年27である。輸入の大幅縮小の後，低水準で推移している。

輸入パートナーについて見ると，1995年では日本からが全輸入割合の84.6%と大部分を占め，ドイツ，米国などの金型先進国がそれに続いていた。2010年では日本からの輸入が58.2%，中国11.4%，英国5.9%，そしてスイス，ドイツ，米国などが続く。日本，ドイツ，米国など金型先進国からの輸入が多いことは同様だが，moldタイプ金型と同様に中国のプレゼンスが高まっていることが特徴的である（1995年0.005%→2010年11%）。

● 3-3 日韓の金型貿易構造の逆転

韓国の主要な金型貿易パートナーであり，金型先進国でもある日本との金型貿易状況を検討したい。Moldタイプ金型の日韓金型貿易構造が，日本の黒字構造から韓国の赤字構造に転換したことはよく知られている。しかし近年，dieタイプ金型についても，移行期を経て日本が赤字構造に転換しているのである。

図10-2はmoldタイプ金型について，韓国から日本への金型輸出と，韓国の日本からの金型輸入を表したものである。また図10-3は同様にdieタイプ金型について表したものである。

図10-2を見ると1997年を境に，韓国が日本からmold金型を輸入超過する構造から，韓国の輸出超過構造に変化し，その傾向が強まっていることがわかる。

一方図10-3に明らかなとおり，dieタイプ金型については1997年時点では日本の大幅な金型貿易黒字構造であった。その後，1998年から2004年の7年ほどの移行期を経て，2005年から韓国がdieタイプについても金型貿易黒字構造に転換していることが見てとれる。

詳細は後述するが韓国からの金型輸入は日本側の生産コスト低減の目的が大きく，当初は日本で大幅な手直し・調整が必要であった。しかし継続的なフィ

---

8) 2009.8のメキシコ訪問時，韓国系以外の外資大手家電メーカーがLCDパネル成形用の金属プレス金型を韓国から輸入して使用しているのを目にした。

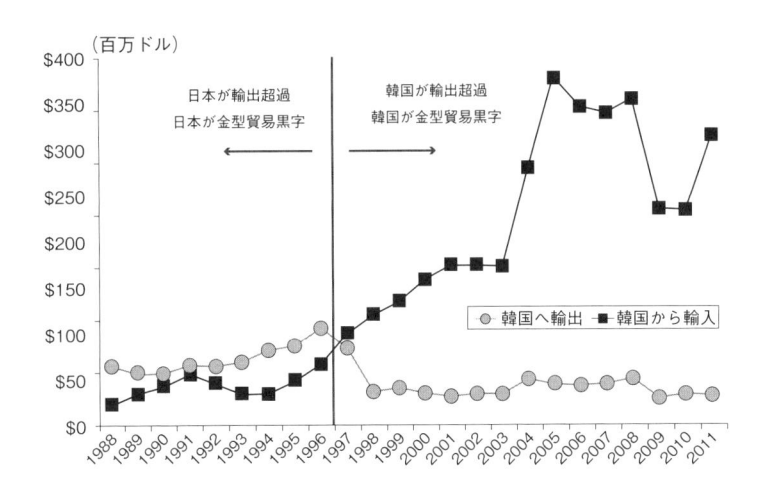

図 10-2　Mold タイプ金型の日韓金型貿易推移（1988〜2011）
（資料）国連貿易統計の抽出データをもとに計算して筆者作成

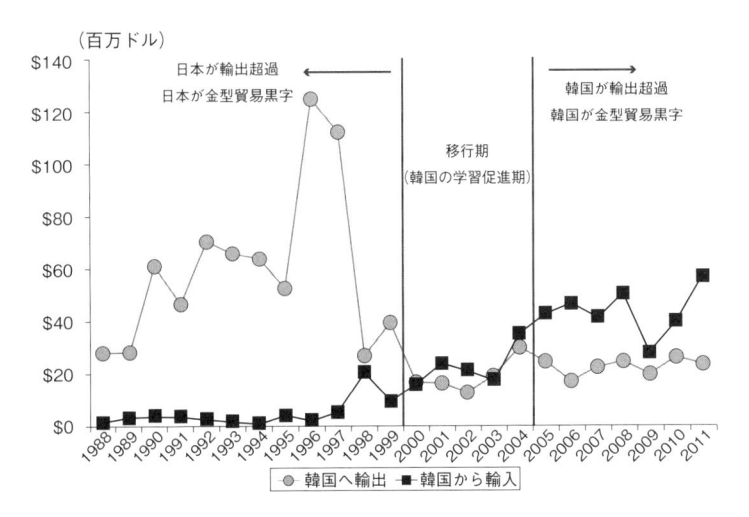

図 10-3　Die タイプ金型の日韓金型貿易推移（1988〜2011）
（資料）図 10-2 と同じ

第10章 韓国の金型産業発展

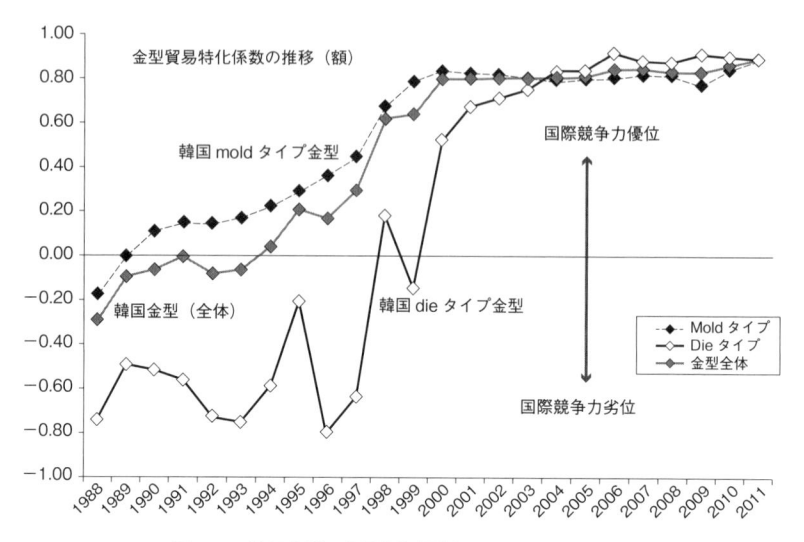

図10-4 韓国金型の貿易特化係数推移（1988〜2011）
（資料）図10-2と同じ

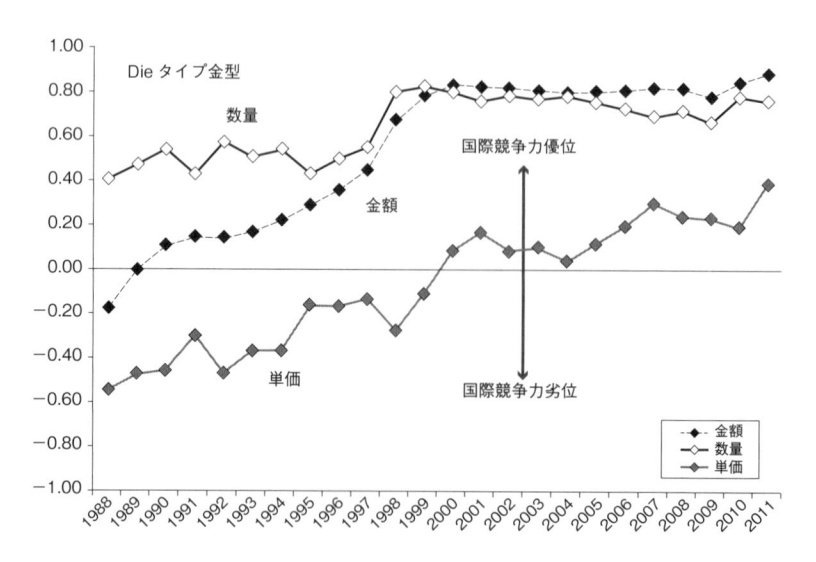

図10-5 韓国moldタイプ金型の貿易特化係数推移（1988〜2011）
（資料）図10-2と同じ

3　韓国金型の国際競争力向上　*217*

ールド調査によると，2000年代後半には，韓国からの輸入金型をほとんど調整することなしに使用できるとの話も多く聞くようになった。これはdieタイプ金型についても同様である。韓国金型の品質向上がうかがわれる。

● 3-4　韓国金型産業の国際競争力分析
1）金型貿易額による分析

図10-4は韓国金型貿易統計の取引額ベースで計算した貿易特化係数の推移である。1995年のmoldタイプ金型は0.29であり国際競争力が比較的優位な状態といえる。その後moldタイプ金型の貿易特化係数は1999年に0.8と，かなり国際競争力が優位な状態にまで値を上げ，その後その状態を維持している。

Dieタイプ金型は1995年時点には−0.2と国際競争力が劣位であった。その後，貿易特化係数の値はおおむね上昇を続け，2000年頃までにプラスに転じた。2004年以降は0.8以上を維持し，国際競争力が優位な状態が続いている。

2）Moldタイプ金型

韓国のmoldタイプ金型の国際競争力を，より詳しく分析するため，貿易特

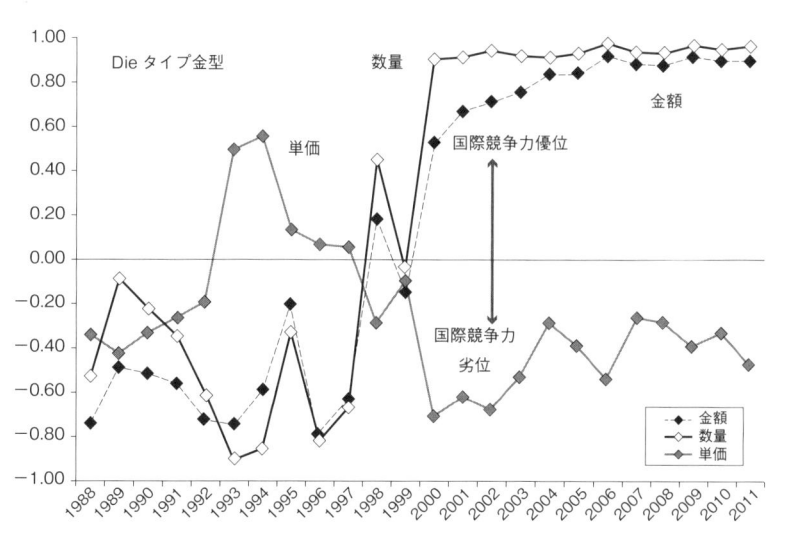

図10-6　韓国dieタイプ金型の貿易特化係数推移（1988～2011）
（資料）図10-2と同じ

化係数について貿易額だけでなく，数量（Kg），単価（ドル/Kg）についても見てみたい（図 10-5）。

数量についてみると 1995 年時点で貿易特化係数は 0.43 と，すでに国際競争力が比較的優位な状態にある。その後 1998 年に貿易特化係数の値が 0.8 となり，以降おおむね 0.7 から 0.8 の間で国際競争力が優位な状況を維持している。

一方，単価についてみると状況は少々異なる。単価についての 1995 年時点の貿易特化係数の値は −0.16 であり，国際競争力劣位の状況にある。貿易特化係数の値がプラスに転じるのは 2000 年である。しかしその後も，金額や数量での国際競争力と比較すると明らかに劣位にある。

3）Die タイプ金型

Die タイプ金型でも同様に，貿易額，数量（Kg），単価（ドル/Kg）で分析した（図 10-6）。

数量での貿易特化係数の値は 1995 年で −0.33 であり，競争力劣位の状況であった。その後 2000 年以降 0.9 以上で推移するという劇的な国際競争力向上が観察された。しかし単価については 1998 年に貿易特化係数の値がマイナスに転じて以降，2011 年に至るまで国際競争力は劣位の状況にある。単価が低い金型が輸出拡大し，価格が高い（おそらく難易度が高く高品質）な金型を輸入していると推測される。

● 3-5　貿易統計分析からの示唆

韓国の金型産業は mold タイプ金型だけでなく，より難易度の高い die タイプ金型についても競争力を大きく向上させたことが明らかとなった。しかし単価で見ると，国際競争力が劣位な面も見られることも判明した。これら貿易統計分析からの示唆をまとめると表 10-5 のようになる。

4　キャッチアップ戦略の成功とイノベーション志向への転換

● 4-1　黒子役からの脱却

貿易統計分析により韓国の金型産業発展を観察した。一方，貿易統計分析からだけでは実体を見誤ることがある。これは貿易統計では商品の「量」の分析

4 キャッチアップ戦略の成功とイノベーション志向への転換   219

表10-5　金型貿易から見た韓国金型産業状況

- 韓国の金型産業は世界的に見ても発展した段階に達した
- Die タイプの発展が遅れていたが，2000年代に急速にキャッチアップしてきた
- Mold タイプ，die タイプとも輸出が大幅拡大した
- 輸出先も金型先進国向けが拡大した
- 金型貿易で中国のプレゼンス拡大した
- 日本との金型貿易構造の変化：両タイプで韓国の貿易黒字構造が恒常化した
- Mold タイプは国際競争力が強まりそれを維持，die タイプは国際競争力劣位から優位に転換した
- 両タイプとも単価で見ると国際競争力が劣る側面がある

筆者作成

はできるが，「質」やその他の状況などの解釈は難しい面があるためである。

　発展が先行した韓国の mold タイプ金型の競争力向上については，いくつかの先行研究でも指摘されている[9]。しかし品質は十分でなく，日本での輸入使用については手直しが必要との指摘も見られた[10]。

　筆者も韓国からの金型輸入超過構造が定着した2000年以降，日本で何人もの金型ユーザー・サプライヤーに聞き取り調査を行った。その答えを要約すると，「韓国型輸入は日本の金型サプライヤーのコストダウン。粗型調達が多い。安く調達して日本でかなり調整する」というものであった[11]。

　すなわち日本に輸入された韓国金型は黒子役に甘んじざるを得なかったわけである。実際そうした事例はいくつも見つかったし，以前行ったアンケート調査でもそうした様子は伺えた[12]。

　「韓国金型＝コストダウンの粗型調達」の話は今でもよく聞くし，実際そうした一面はあろう。しかし最近の聞き取り調査では，異なるニュアンスの話も耳にするようになってきた。もし粗型調達であれば輸入者は金型メーカーになる。しかし金型ユーザーが，直接取引プレーヤーとなる例も増えてきた。さらに輸入者の金型メーカーが，韓国金型の品質向上を認めるケースも増えてきたので

---

9) 1990年代の様子を書いた水野順子（2003）など。
10) 斉藤栄司（2002）などにそうした指摘が見られる。
11) 馬場敏幸（2005a; 2009）などに詳述。
12) 日本金型工業会からの依頼で実施したアンケート。馬場敏幸（2005b）に結果を紹介。

ある[13]。韓国金型産業が，日本の金型市場の中で，半製品のアウトソーシング先としての黒子役を脱却し，頭角をあらわしてきたと言えよう。

● 4-2 キャッチアップ戦略の成功

韓国の金型産業は一貫して日本をターゲットとしたキャッチアップ戦略を展開してきた。歴史的経緯を見ると，第一が1960年代以降現在に至るまで継続する，積極的な日本金型技術の導入である。第二が1980年代初頭以降の国をあげての金型人材育成である。この人材育成でも日本の金型関係者が多く携わっている。そして第三が1990年代以降の金型ユーザー市場拡大により可能となった，双方向の学習効果とその蓄積効果である。

韓国では朴政権下の1962年に第一次開発計画が策定され，輸入代替工業化戦略により国の経済発展を図る方針が形作られた。精度セグメント金型の主要ユーザーの一つである自動車産業も，この時期から本格的に育成されはじめた。これ以降，韓国の製造業の生産と輸出は急拡大することになった。一方で中間財や資本財の輸入依存度が高いことが問題となった。品質のよい金型調達ができないこともボトルネックの一つであった。

1970年代に韓国では重化学工業化を進展させ自国調達向上を図った。この時期，金型についても日本を含め外国技術の導入が積極的に行われた。韓国でも金型が一般的に製作されるようになった。しかし金型自国調達問題は根本的な解決がもたらされず，高品質の金型は日本などへの依存が多かった。

1980年前後，金型企業十数社が業界発展のためには政府による金型の重要性理解深化が必要であるとして，金型共同工業組合設立を政府に働きかけた。テレビへの働きかけにより金型の重要性を訴える特集が放映された。それがきっかけとなり全大統領（当時）が全国の大学に金型関連の専攻を設置するよう要請し，ソウル産業大学など複数の高等教育機関に金型関連学科が新設された[14]。

---

13) 例えば2009.3，韓国に金型をアウトソーシングしている日本有数のdieタイプ金型メーカー社長は，「日本での手直しがほとんどいらないケースも増えた」と言及した。これは「日本の発注慣れと韓国の技術力向上の2点がある」とのことであった。
14) 2009.2 韓国金型共同工業組合設立メンバーの一人からの聞き取り。

こうした教育機関により1980年代以降，毎年数千人規模の金型人材が輩出されるようになった。こうした人材の存在は，導入した金型技術の定着に大きな寄与を果たした。また卒業生らのネットワークによる意図せざる相互学習も進展した[15]。

1980～1990年代に金型設計・製作技術にコンピュータ技術導入が進んだ。またコンピュータ演算速度の向上により，工作機械の加工速度，加工精度，操作性の飛躍的向上が見られた。これにより金型設計・製作におけるボトルネックは大きく軽減した。

またこの時期，韓国の大手金型ユーザーである自動車産業，電気電子産業が飛躍的発展を遂げた。これら韓国の金型ユーザーは，当初は日本からの金型輸入依存も大きかった。しかしやがて輸入した金型や導入した技術をもとに，金型内製部門を拡充させた。

地場企業からの金型調達で，当初の品質が満足できるレベルになくとも，辛抱強く指導する方針をとる企業もあった。韓国に金型輸出をしていた企業らへの聞き取り調査によると2000年代以降，韓国からの発注は目に見えて減少したという[16]。韓国のキャッチアップ戦略が実を結び，日本への金型依存はかなり低下したのである。

● 4-3 韓国金型輸入の日本側要因

日本が韓国金型を輸入した前提条件として，以下の4点があげられる。第一に日本では1990年代に，金型取引でユーザーからサプライヤーへの強いコストダウン要求が一般化していたこと。第二に長年にわたる産業育成努力の結果，韓国金型産業のレベルが向上していたこと。第三に長年にわたる日韓産業間での交流，実際的な日韓両国の距離の近さなど，日韓の人的・地理的距離が近かったこと。そして第四に1990年代の恒常的な円高構造定着により海外調達の気運が高まっていたこと，などである。

---

15) 2005.3 複数の韓国の金型企業経営者からの聞き取り，および2009.2 ソウル産業大学金型学部第一期卒業生からの聞き取り。
16) 2004.2 複数の日本の金型企業からの聞き取り。

こうした状況により，1990年代中葉には前掲図10-2に見られたように，韓国からのmoldタイプ金型輸入は増加傾向が明らかとなった。この傾向が決定的に定着した大きな要因は，アジア経済通貨危機，韓国で言われるIMF危機である。1997年にタイではじまったこの経済不況はアジア全般に広がり，韓国では1998年を底として経済に大きな打撃が出た。国内需要の壊滅的低迷で，韓国各産業は輸出志向をいっそう強めた。韓国金型産業も例外ではない。ある韓国金型企業経営者は，「IMF危機の際には国内需要がほとんどなくなった。その際，輸出努力を行うと当時に，これまで蓄積した金型関連技術をデータベース化し，いつでも利用できるようにした。また今後のビジネスモデル構築にもつとめた。受注が激減したこともあり，社内に余剰人員と時間は十分あった」と語っている[17]。IMF危機による韓国国内需要低迷は，日韓金型貿易に次の二つの影響を直接的にもたらした。一つ目が韓国の日本からの金型輸入減退，二つ目が韓国から日本への金型輸出増加である。この結果，韓国では日本からの輸入金型は1997年から1998年にかけて半減し，以後その水準が継続している。

　Dieタイプも日本からの輸入は大幅減となったものの，moldタイプと異なり日本依存は残った（前掲図10-3）。Dieタイプはmoldタイプと比較して，より技能的部分が強く，コンピュータの導入で解決できない部分も多いことが根底にある。例えばワークの一つであるハイテン鋼材加工で問題となるスプリングバック予測一つとっても，コンピュータ・シミュレーションでは予測が難しい。しかしdieタイプについてもすでに見たように，1990年代後半以降急速に日本依存が低下しているのは事実である。

● 4-4　イノベーション志向への努力

　キャッチアップをかなりの部分で達成した韓国金型産業にとって，次の重要課題はイノベーション志向への転換である。

　金型の製造業への重要な貢献に，製造過程における生産性向上，そして新製品開発などR&Dへの貢献がある。韓国では生産性向上の恩恵については享受できていると考えてよい[18]。そして近年，R&Dでの恩恵の享受も，急速に進

17）2004.10 韓国金型企業からの聞き取り。

4 キャッチアップ戦略の成功とイノベーション志向への転換　223

みつつある。

　ただし，実際の現場を見ると，今後の変革が必要な面も垣間見える。韓国金型企業の製造現場を訪問すると，導入した当時の日本技術をかたくなに守り続けている例も散見される。2009年秋に，地場大手電子メーカーに金型や金属プレス成形部品を納めている地場企業を訪問した。この企業では1990年前後にその当時先端的だったdieタイプ金型製作技術を導入し，現在もその技術を保守的に守り続けている。製作する金型はミクロンオーダーの精度であり，誤差も少ない。現在問題は生じていないので改良するインセンティブは働かず，合理的判断により現状継続していると言えるかもしれない。しかしたまたまその技術の導入もとである日本の金型メーカー社長や，日本の大学工学部教授と同行訪問であった。彼らは「特に問題は無い。しかし一世代前のやり方であると感じる」と言及していた。すなわち導入した技術に改良を加えようとする試行錯誤は，行われなかったと考えられる。これまで訪問した複数の韓国企業からは，「新技術は日本など外国から導入するもの，そして導入した技術はしっかり守る」，との意識が根強いように感じられる。

　一方で，最近の韓国で研究開発型への転換意識が強まっているのも事実である。高品質金型は日本が先行し，中低品質金型では中国が猛烈にキャッチアップしてきている。日本と中国に挟まれたサンドイッチ構造の閉塞感のもと，それを打開したいとの意識が強まったことが大きな原動力となった。

　アジアではじめて金型学科を設立したソウル産業大学では，近年学科名に開発の文字を入れ，製品開発とエンジニアリングの専攻立ち上げを行った[19]。また韓国金型工業組合を創設した立役者も開発型・イノベーション志向への転換の必要性を力説していた[20]。

　1973年に設立し，韓国では早い段階から順送金型の内製に成功した電子部品企業がある。この企業は1997年に中央研究所を設立し，2007年には新研究所を設立・移設した。研究所は金型技術研究所と中央研究所から成り，約100名が勤務している。そこではまず製品開発を行い，量産可能性と生産性向上のた

---

18) 2009.9 複数の韓国金型企業からの聞き取り。
19) 2009.9 ソウル産業大学で聞き取り。
20) 2009.2 韓国金型共同工業組合設立メンバーの一人からの聞き取り。

めに金型開発を行う。筆者訪問の際，先進車向けの電子部品開発を終え，最終的な実証試験を行っている最中であった[21]。また訪問した地場大手鉄鋼メーカーのポスコでは，自動車用の素材開発のための研究所を設立し，様々な研究を行っていた[22]。

このように韓国では2000年代以降，急速に，キャッチアップ志向からイノベーション志向への転換が具体化してきた。そして今日（2012年現在），こうした動きはどんどん実を結んでいる。韓国製の家電製品や自動車は，世界中で日本と同等品質として，受け入れられるようになった。家電製品の企業別世界シェアを見ると，三星電子やLGエレクトロニクスなどは日本企業を上回っている。また新製品発表で日本よりも新しい技術の製品の市場投入も見られるようになった。一方，日本企業は既存事業の統廃合あるは売却などの見直し，韓国・台湾・中国などアジア企業との連携強化，人員削減など，経営戦略の大幅見直しを余儀なくされている。

自動車産業でも，現代自動車製品が，日本製品より上位に品質評価されることも散見されるようになった。また，メーカー別シェアや売上を見ると，現代自動車は，多くの日本の自動車メーカーよりも上位ランクに位置するようになった。

このように，韓国はすでに日本の手強いライバルとなった。その大きな要因として，今回の金型産業のケースで見たように，韓国のキャッチアップ戦略と，イノベーション志向への移行の努力があったのである。

5 補論：日本の金型産業の果たした役割と今後の国際競争力について

以上，金型産業の発展を題材として，後発国のキャッチアップ戦略とイノベーション志向への移行の事例を述べた。補論として，少々蛇足かもしれないが，韓国の日本依存の継続，日本の金型産業が果たした役割，日本の金型産業の現状と，今後の課題などについても簡単に触れておきたいと思う。

---

21) 馬場敏幸（2010b）に詳述。
22) 2008.11訪問。

● 5-1　韓国の対日赤字の拡大

韓国では金型産業だけではなく，産業界全般にイノベーション志向が強くなりつつある。この背景の一つに，依然続く日本依存がある。韓国の対日貿易赤字は慢性的に継続している。その大きな原因は日本からの部品，素材，資本財などの輸入である。技術貿易についても韓国は慢性的に赤字であり，2008年では約31億ドルの赤字であるという[23]。そしてその技術貿易依存先は米国，日本である。

本章で述べたように，金型に限ってみれば韓国は日本依存を脱したと考えることも可能である。一方でモジュール化の進展により，金型依存が部品依存にすり替わっただけの可能性も否定できない。

例えば韓国の大手電子メーカーは，小型ハードディスクの中核部品を，ある日本の部品メーカーに依存している[24]。この日本の部品メーカーは金型メーカーとして創業したが，現在は金型販売を控えている。金型を中核技術とし，内製金型で成形した部品販売を拡大させている。金型をブラックボックス化させ，まねの出来ないオンリーワン部品を販売する戦略である。金型を外販しないビジネスモデルは欧米では一般的であるが，日本では金型産業発展形態からあまり一般的ではなかった[25]。しかし1990年代以降こうしたビジネスモデルは増えつつある。

● 5-2　日本発のイノベーションや企業のグローバル展開がアジア金型産業発展をもたらした

なぜ近年アジアで金型産業発展が著しいのであろうか。韓国も含めアジアの金型産業発展が1990年代に顕著となった主な要因は，経済状況の変化，技術の変容・進歩，人材育成の成果，などである。経済状況の変化については，世界経済の変化，各国経済の成長，金型ユーザー市場の急速な拡大，企業のグロー

---

23) 東洋経済日報 2009.11.27 韓国経済講座（111回）。韓国の教育科学技術部と韓国産業技術振興局による技術貿易統計調査結果による。主な技術貿易依存の内容は，特許，ロイヤルティ，実用新案，デザイン，技術情報，技術サービスなど。
24) 2010.1 日本の部品メーカーからの聞き取り。
25) 馬場敏幸（2008）に詳述。

バル化，企業の調達構造変化，などがキーワードとしてあげられる。

アジアの状況を見ると，金型関連技術は移転が難しい技術から，移転可能な技術に変わりつつあることは明白である。皮肉なことにその要因は，日本が金型大国になった原動力＝「日本が達成した金型関連技術のイノベーション（革新）」が根本にあり，加えて日本からの人材・技術移動（流出もふくめて）の影響も少なくない。

日本の金型産業は世界に冠たる産業であり，アジアで金型の日本依存は長く続いた。日本では金型産業および工作機械産業など，金型のサポーティング産業が，金型設計・製作で積極的にデジタル技術の開発と導入をすすめた。これが日本の技能者の熟練，市場での学習によるノウハウ蓄積とあいまって，日本の金型産業の国際競争力を高めた。欧米など先進国の金型産業でも，積極的にデジタル技術が開発・導入されることとなった。

このような金型関連技術とデジタル技術の技術融合は，金型関連技術の移転難易度を低下させた。すなわち金型関連技術で，技能集約的部分の多くが，装置集約型に転換せしめられた。このことは日本など金型先進諸国の金型産業競争力向上に大きく貢献した。しかし同時に後発国での金型産業育成難易度を低下させるという諸刃の剣でもあった。

● 5-3　日本の金型産業の国際競争力

現在，アジアでの日本の金型産業国際競争力は，どのような位置づけであろうか。アジア各国で金型産業キャッチアップは盛んで，日本の国際的プレゼンスは低下し続けているものの，今のところ日本はまだ優位を保っている。

財務省貿易統計によると2011年の日本からの金型輸出は2,757億円，金型輸入は729億円である。貿易特化係数は0.58である。1988年の0.88から見ると競争力は低下したが，まだ国際競争優位にあると言える。自動車部品調達ではQCD（品質，価格，納期）の3要素が重要となる。これになぞらえると，価格競争力に揺らぎがみられるものの，高度な部分の品質競争力，納期競争力については，日本あるいは日系企業はまだ強い。前述のように韓国産業は製品製造に際し，多くの中間財・資本財を日本に依存しなければならない状況が継続している。先述の韓国の大手電子メーカーは，世界でも名だたるメーカーであり，

5 補論：日本の金型産業の果たした役割と今後の国際競争力について　　*227*

優秀な金型内製部門や地場金型調達先を抱えている。しかしそれでも，日本に依存しなければならない部分は残っているのである。

本章で日本が mold タイプ・die タイプとも対韓金型貿易赤字であることを明らかとした。しかし，この韓国からの輸入金型は，日本の金型市場に影響を与える規模には達していない。日本のネット金型市場（「工業統計の出荷額」＋「輸入額」－「輸出額」）を計算すると 2010 年では日本のネット金型市場は約 9 千億円（111 億ドル）である。2010 年の韓国からの金型輸入は 2.7 億ドルであり，日本全体の金型市場から見ると 2.5％に過ぎない。

このように日本の金型産業の競争力はアジアの中でも，世界の中でも，まだ競争優位にあることは間違いない。

● 5-4　日本の金型産業の競争力向上策

それでは日本の国際的金型競争力優位は今後とも安泰なのであろうか。過去を長期的に振り返った場合，技術あるいは産業の中心地は往々にして変遷を繰り返してきた。近代金型の場合も，ヨーロッパ→米国→日本→アジアへと技術

金型出荷額（十億円）

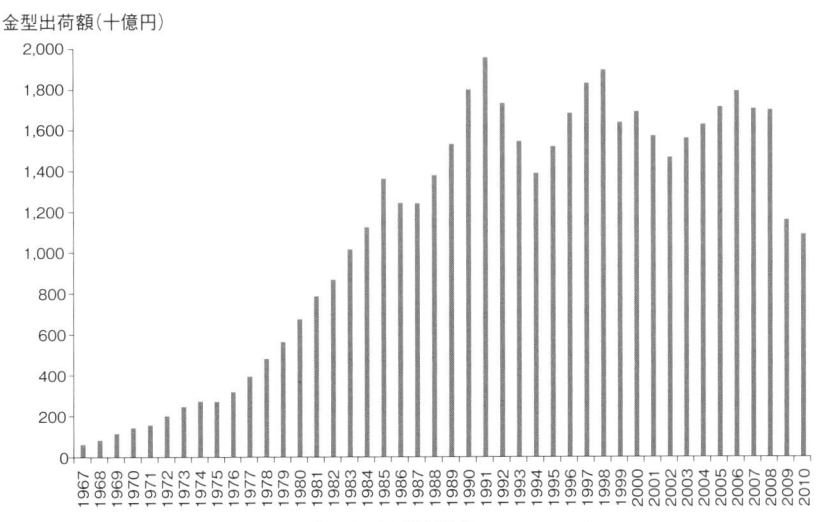

図 10-7　日本の金型出荷額推移（1967 ～ 2010）
（資料）工業統計各年より作成

は伝播してきた。そして伝播した先で技術は発達し，産業は競争力を獲得してきた。すなわち漠然と現状の延長線上で，日本の金型産業が国際競争力優位を保ち続けるという認識は，幻想であると筆者は考える。

実際，工業統計の金型産業製品出荷額で見ると，近年大きく落ち込んでいるのである(図10-7)。金型製品出荷額のピークは1990年の1兆7,985億円（事業所数13,115）であった。それが2010年では1兆874億円（事業所数9,221）となった。1990年から2010年の20年間，いわゆる「失われた20年間」に，出荷額で4割減，事業所数で3割減に縮小しているのである。その間に金型ユーザー企業の海外進出，後発国での金型産業発展などがあった。国内市場が縮小した上，日本依存も低下したのである。さらに2000年代後半，サブプライムローン問題に端を発する世界的な不況の影響も大きい。

今後，日本の金型産業が再び出荷額を増やし，国際競争力優位を保ち続けるためには，何らかの必然性がなくてはならない。

まずは前提条件として，これまでの日本の技術者が獲得してきた暗黙的な経験・勘・コツ・ノウハウを，次の世代に確実に技能・技術継承する必要があろう。また金型産業を取り巻くビジネスモデルは，大きく変化してきている。ビジネス環境の変化に合わせた経営手法の変革も，必要となろう。

その前提条件を満たした上に，R&D努力とその果実である技術革新は極めて重要である。これまで日本の金型産業のR&Dは，属人的かつアドホックに行われてきた印象がある。そうした個々のR&Dの集大成が，日本の金型産業の競争力を高めてきたことは疑う余地がないし，今後ともそうした努力は重要であろう。しかしそうした個々人や企業単位の努力だけに依存した形での金型産業競争力維持策はリスクが高い。アジア諸国の金型産業キャッチアップは急速であり，金型に応用可能な技術進歩はあまりに広範囲にわたる。従来のように個々の属人的努力だけに依存するR&D態勢では，個人の常識や見識による制約が生じることは否めない。こうした制約により，必要な技術導入，技術の組み合わせ，技術融合が見落とされる可能性がある。すなわち，持続的に既存技術の延長上に進化する技術進歩は行われたとしても，従来の発想の枠を超えたような革新的な技術進歩が生じにくいかもしれないのである。

近年日本でも金型関連技術の専門的研究や人材育成が見直され，全国各地で

金型研究センターや高等教育機関での金型科の設立が相次いでいる。人材育成や産学連携の成果が，目に見える形に結実するまで，ある程度の時間は必要かもしれない。しかし日本の国際産業競争力優位を維持向上させるために，産と学あるいは官も巻き込んだ形で，産学官連携の基盤形成は極めて重要ではないかと考えられる。

● 5-5 むすび

大量生産を行う工業に金型産業の役割は極めて重要であり，後発国工業化の成功に金型産業育成・発展は重要な鍵となる。これまでは金型産業育成は非常に困難であった。しかし金型関連技術のイノベーションや人材育成により，金型産業は育成可能な産業へと変貌した。この変貌の兆候はまず mold タイプ金型であらわれ，die タイプ金型でも徐々に兆候が見られるようになってきた。

この結果，アジアの金型産業は日本の独壇場から，多国間競争の時代へと市場環境は変貌しつつある。韓国，中国に限らず，台湾，タイ，マレーシア，インドなど，アジアの金型新興国は多い。

現在の日本は価格的には国際的に競争劣位に陥りつつあるが，品質などではまだ競争優位にある部分も多い。

日本が今後とも国際的な競争優位を保持するために，技能・技術継承，新たなビジネスモデルの展開，グローバル化，産学官による有機的な R&D 態勢の構築と技術革新の追求などが必要である。今，まさに金型産業は転換期を迎えているのは確かである。技術発展の歴史を見ると，こうした競争の中から革新的な技術が芽生えてきた。今，金型産業はまさに大競争時代を迎えつつある。こうした中，日本のよりいっそうのイノベーション志向への強まりによる，日本発の技術革新とさらなる産業の飛躍を期待したいと思う。

謝辞：本研究遂行にあたり科研基盤（C）および法政大学から研究助成を頂いた。記して感謝したい。また訪問させていただいた，企業，関連団体，大学などの多くの方々にこの場を借りて感謝申し上げたい。なお誤謬の責はすべて筆者に帰する。

【参考文献】

馬場敏幸（2005a）．アジアの裾野産業　白桃書房

馬場敏幸（2005b）．韓国の金型技術力　素形材, **46**(11), 13-14.

馬場敏幸（2005c）．日本およびアジアの金型産業の競争力―アンケート調査結果　素形材, **46**(11), 4-8.

馬場敏幸（2007）．欧州の金属プレス金型産業と工作機械産業 その1―金属プレス金型の特徴とプレス加工技術の起源について　経済志林, **75**(3), 137-164.

馬場敏幸（2008）．インドの金型産業―現状および発展の経緯とビジネスモデル　素形材, **49**(3), 14-20.

馬場敏幸（2009）．韓国金型産業の躍進　型技術, **24**(11), 82-83.

馬場敏幸（2010a）．濃淡模様のアジアの金型産業. 型技術, **25**(5), 18-23.

馬場敏幸（2010b）．中国の追い上げと韓国のフロンティア型への構造転換　型技術, **25**(1), 138-139.

IMF（2012）．*World economic outlook*.（http://www.imf.org/, 最終参照日 2012/05/22）

韓国金型工業協同組合（http://www.koreamold.com/, 最終参照日 2012/06/02）

経済企画庁（1982）．世界経済報告白書

経済産業省, 各年. 工業統計（産業編）．

国連貿易統計データベース（UN comtrade）（http://comtrade.un.org/, 最終参照日 2012/05/28）

三菱UFJリサーチ&コンサルティング（http://www.murc.jp/index.php）

水野順子［編］（2003）．アジアの自動車・部品, 金型, 工作機械産業―産業連関と国際競争力　アジア経済研究所

Porter M. E.（1990）．*The competitive advantage of nations*. New York: The Free Press.（ポーター, M.／土岐　坤・中辻萬治・小野寺武夫・戸成富美子［訳］（1992）．国の競争優位　ダイヤモンド社）

斉藤栄司（2002）．アジアにおける金型供給構造と日本の金型産業―中国, 台湾, 韓国, 日本金型産業の現状比較から　調査季報, **62**, 1-25.

上田勝弘（2008）．韓国の金型産業の現状と将来　素形材, **49**(3), 21-25.

11 金型産業構造変革と イノベーション

アジアに向けての金型技術イノベーション

相澤龍彦

1 はじめに

　金型技術は，戦後米国から輸入され，大量生産様式の要として1950年代から着目されるようになり，図11-1に示すように，1960～1980年代に向けての我が国産業の再生復興・勃興期と相まって，右肩あがりの成長をとげてきた。この時期に，多くの金型メーカーが設立され，プラスチックモールド金型・プレス金型を中心に，ほぼ現在の日本金型工業界の勢力図が形成された。1990年ごろまでは金型の売り手市場でもあり，成長する日本のものづくり産業と工作機器のNC化・3次元CAD／CAMなどの技術をバックに，上記の金型専業メーカーは大きな利益を生み出してきた。プラザ合意を起点とした継続的な円高傾向に加え，大手メーカーの海外進出に拍車がかかってきた2000年にかけては，国内金型生産はほぼ横ばいとなり，「図面発注を受けて金型を製造，納品する」従来ビジネスモデルは，海外メーカーとのコスト競争に突入した。その結果，生産高は景気に応じて左右されるようになり，海外生産拠点へと移転する金型メーカーが出現する時期を迎えた（馬場，2005）。

　2008年のリーマンショック以降，金型産業全体としては低迷状態に陥り，円高・エネルギー使用制限・増税など多重苦の中で，ものづくり基盤技術としての金型産業が迷走し始めてきた。明確な点は，拡大増進するアジア市場の中で，これまでに培ってきた金型技術力は，韓国・中国との差別化能力を失い，地産地消の中で，逆に韓国・中国の低コスト金型技術に晒され，さらなるコスト競争に巻き込まれている現実である。特に金型専業メーカーは，海外に移転する

第11章　金型産業構造変革とイノベーション

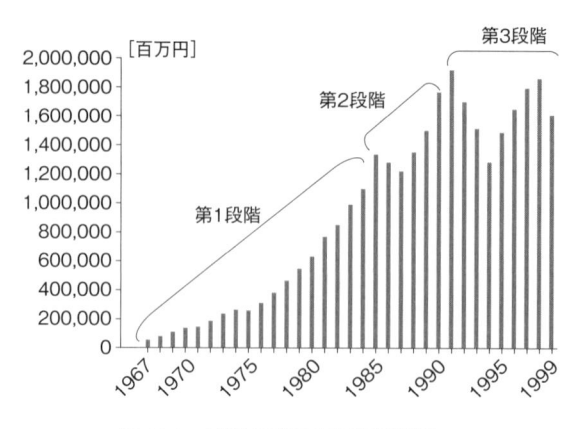

図11-1　金型生産高の物理的時間推移

か，国内にとどまる場合でも，内製した金型を利用した生産メーカーへの転身が必須となっている。このままの状態で推移すれば，なお金型専業比率の高い我が国の金型産業全体が危機的状況になるのは明らかである。

すでに Aizawa（2008），上田（2011）でも論じたように，金型専業から大手製品メーカーと共同での製品設計・開発を行う上流化，上述したように内製した金型を用いての製品生産を行うメーカーへの下流化は，明瞭な生き残り戦術となっている。しかし，大手製品メーカーにすり寄る形での上流化では，製品の機能と価格の差別化の中で，製品開発・設計協力の破綻，単なる設計・製作要員の派遣業になりかねない。一方，下流化においても部品メーカーとしての地位が確立されないと，金型も内製できる下請け企業に陥る危険性もある。ここに，新しい視点から今後の金型技術力を再検討する必要性がある。

本章では，金型産業における技術イノベーションについて再考する。金型メーカーは，何らかの形で，下流に位置する顧客メーカーがもつ技術領域と，素材・ソフト・加工機などを提供する上流メーカー技術との間に位置する。これを技術と市場の Value-Chain と呼ぶ。技術に関して言えば，金型あるいは成形部品を納める下流メーカーは数社あるいは一社に限定され，一方，素材・加工機・工具・成形などにおいても長年の付き合ってきた協力会社があるのが通常である。この中にあって，下流からの要請，上流との協力の中で技術革新を進めるのが，金型産業における継続的イノベーションである。実際，金型産業メ

1 はじめに   233

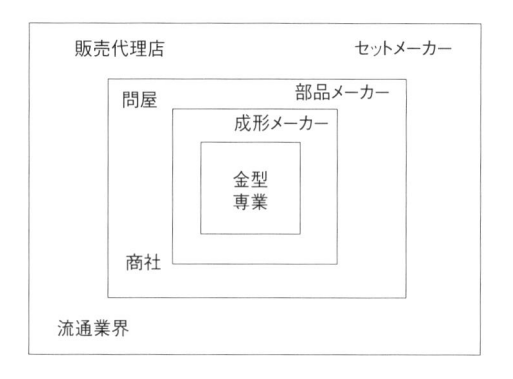

図11-2　金型専業メーカーの典型的な Value-Chain

ーカーは，図11-2に示すように，主として下流側のメーカーからの要請を受け，難度の高い成形型の設計・製作を行うことで，型技術に関する暗黙知を創生してきた。その中で多くの金型メーカーが，「下請け」という形態も含め，定まった Value-Chain の中に位置して，高精度化・納期短縮・コストダウンなどの要請に応えるため，NC工作機の利用技術，3次元 CAD ／ CAM の工夫など，いろいろなアイデアを開発してきたと言える。

　他方，1つの Value-Chain の中で培った精密金型技術をコアとすることで，この Value-Chain を捨て，別の Value-Chain を構築していく金型メーカーも現れている。図11-3に示すように，特に需要予測に向けての新たな Value-Chain であれば，当該メーカーは，その上流化・下流化も志向することができ，従前の Value-Chain の束縛を受けることなく，新たな展開をはかることが可能となる。これを金型産業における破壊的イノベーションと呼ぼう（クリステンセン，2009）。

　以下で，この2つのイノベーションをキーワードとして，これまでの金型技術力の相違を，プレス金型とガラスモールド金型における事例を通して議論する。特にガラスモールド成形に関しては，その典型的製品であるブラウン管のValue-Chain を考察し，その崩壊過程を記述する。その上でこれからの金型産業に必要な，新しい Value-Chain を構築し，その駆動力としての金型技術力を開発，展開する方向性について検討する。

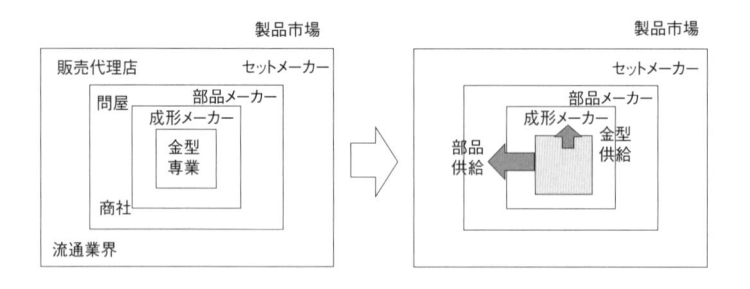

234　第11章　金型産業構造変革とイノベーション

図 11-3　型技術をコアにした Value-Chain 転換

2　金型産業における継続的イノベーション

　我が国での自動車産業の発展期およびそれに続く海外生産拠点展開期において，金型産業のひな形が，車体パネルプレス用金型である。型としての規模の大きさ，寸法精度のち密さ，成形時のスプリングバックなどの成形性を考慮したエンジニアリング性など，日本のお家芸の1つと見なされ，国際商品として注目を集めてきた。このときの Value-Chain の一例を図 11-4 に示す。高精度鋳造技術から生まれる素材を用い，高精度の CAD ／ CAM・加工機などに裏打ちされた型技術を柱に，トヨタをはじめとする自動車大手に金型を供給する技術連携マップがうかがえる。中小金型と異なり，大型金型生産開始から納品・検収までに多大な時間とコストが発生するため，生産経費を含めた資金調達・運送・保険・海外検収など，金型本体以外の提携が必要となる。

　上述したように1990年から2000年にかけての海外コスト競争の中で，この Value-Chain にほころびが生じた。第1は，グローバル化と並行した地産地消による金型現地調達率の上昇がある。大規模金型ゆえの利益回収の遅さ，運搬・管理費用の増大などもあり，日本からの型輸出・型調整はきわめてコスト高となってきた。第2は，過剰かつ不要な設備投資による生産コストの増大と費用対効果の低下である。金型技術力アップの力点を高精度化に置きすぎた結果，生産システムが重装備となり，低コスト化力を喪失した。第3は，自動車市場における多品種少量生産化およびプラスチック部材化による軽量化である。温室効果ガス排出の大幅削減が世界的な使命となる中で，単にパネル・ドアな

製品市場

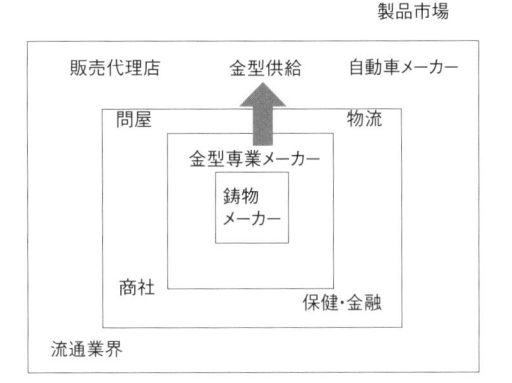

```
┌─────────────────────────────────────┐
│  販売代理店    金型供給    自動車メーカー │
│      ┌──────────────────────┐       │
│      │ 問屋            物流  │       │
│      │   ┌──────────────┐   │       │
│      │   │ 金型専業メーカー │   │       │
│      │   │  ┌────────┐  │   │       │
│      │   │  │ 鋳物    │  │   │       │
│      │   │  │ メーカー │  │   │       │
│      │   │  └────────┘  │   │       │
│      │   └──────────────┘   │       │
│      │  商社                 │       │
│      │        保健・金融      │       │
│      └──────────────────────┘       │
│  流通業界                            │
└─────────────────────────────────────┘
```

図 11-4　自動車パネル用大型金型メーカーの Value-Chai

どの金属プレス用金型を製作する工程比重は低下し，車種ごとに最適な部品を提供できる企業，地産できる企業が求められるようになった．第4は加工費低減のために規格品素材で対応することで，本質的な素材改良が疎かになったことが挙げられる．すでにダイレクトチャージによるニアネット鋳造は，北欧・ドイツでは標準的な手法になっているのに対して，わが国では顧みられることなく，既製品で対処することで，一段の低コスト化＋高品質化への展開の道を断ってしまった．

以上のことから，図11-4のValue-Chainは次第にその存在意味を失い，自動車の海外生産－国内生産を最適化する経営戦略に相応した，Value-Chainが台頭し，その中に位置する金型メーカーは，必ずしもこれまでに実績のあった国内大規模金型メーカーではなくなってしまった．

第2の事例は，家電の花形であったブラウン管TVなどの撮像管生産用金型である．この場合も，図11-5に示すようなValue-Chainの中に，ブラウン管・撮像管等の成形用金型メーカーならびに成形メーカーは位置していた．

まずブラウン管の製造推移を，ブラウン管用ガラス生産高で記述する（相澤，2009）．図11-6に示すように，1960年代後半から，我が国のテレビの生産台数が増加するにつれて，ブラウン管生産は右肩上がりに上昇し，大手ガラスメーカーの主流がブラウン管生産となり，その主要工場脇には必ずガラス金型メー

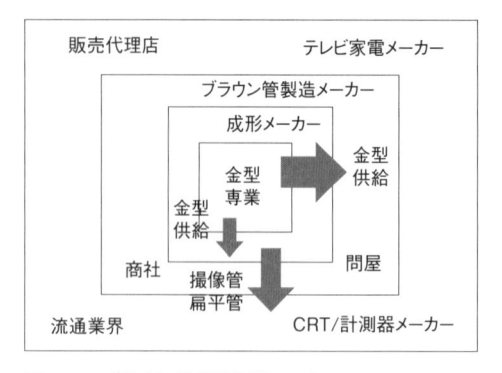

図 11-5　ブラウン管成形金型メーカーの Value-Chain

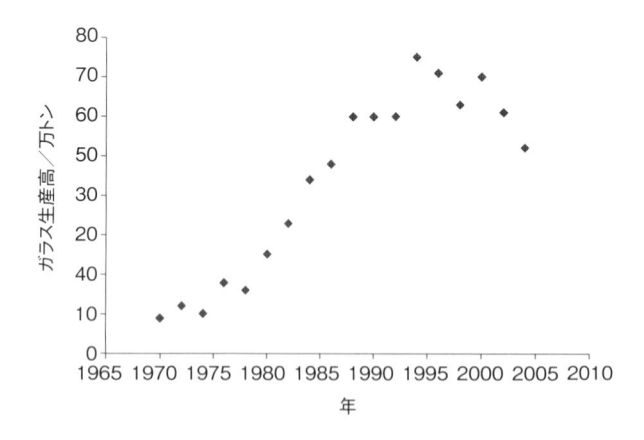

図 11-6　ブラウン管用ガラス生産高の物理時間推移

カーの工場も隣接し，新しい型の設計，製造に加え，既存生産の型補修などを行い，Value-Chain 内での関係が確立した．興味深いことは，すでに本格的な液晶パネル生産が本格化している 2000 年においても，70 万トンのブラウン管ガラスが生産されていた点である．

　ここで，ブラウン管ガラス生産に占める TV の役割を見るために，国内カラーテレビ用ブラウン管生産高を見てみよう．図 11-7 に示すように，1990 年後半から急速に国内生産数は減少している．この減少傾向は，家電メーカーがブ

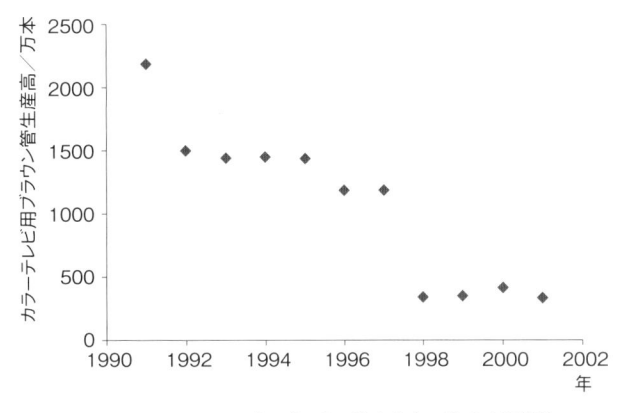

図11-7　カラーテレビ用ブラウン管生産高の物理時間推移

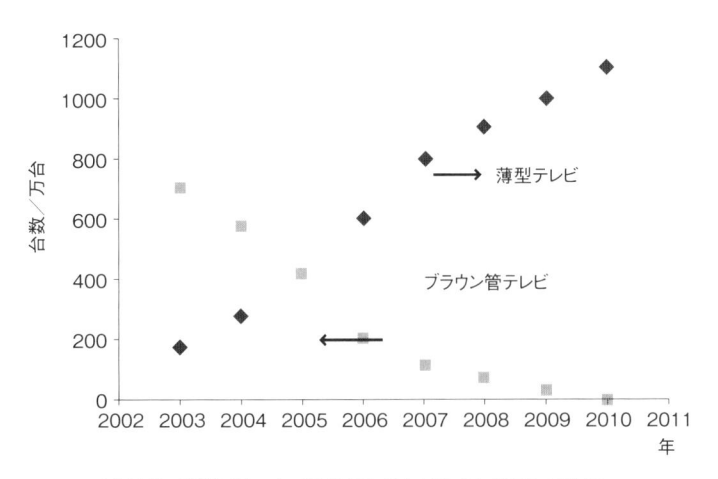

図11-8　薄型フラットパネルテレビとブラウン管テレビとの
生産台数の物理時間推移

ラウン管テレビの生産拠点を海外移転し，国内生産拠点を整理したことによる。実際，1970年におけるブラウン管カラーテレビの輸入率が0％であったのに対し，80年に10％，90年に80％，2000年に100％に達しており，図11-7の単調減少傾向をよく説明している。一方，図11-6において，2000年以降のブラウン管ガラス生産高が微減衰なのは，テレビ以外でのブラウン管・撮像管の生産

がなお国内に残存していたためである。

　一方，液晶フラットパネルの出現，急速な普及は，2000年に入るとブラウン管テレビと生産高で拮抗するようになる。実際，図11-8に示すように，CRTを含むブラウン管テレビの生産が2004年を境に大きく減じている。実際には，この薄型テレビ市場が急速な拡大をしていく中で，薄型テレビの拡大と歩調を合わせてきた液晶素材の低価格により，実際はCRTのみではなく，計測機器の表示パネル，撮像管までもが液晶化されてきた。その結果，この2004－2005年を境にするブラウン管市場の激変は，中小ブラウン管製品の液晶化と連動し，ブラウン管市場そのものを直撃したと考えられる。この衝撃は，図11-5のValue-Chainを消失させ，そこに位置してきた，ガラスメーカーと大手家電メーカーの合弁で運用していたS社を消滅させることになった。

　S社は，RGB用の撮像管，ドアフォーン用の偏平管などを含め，計測機器用CRTを中心に，2003年生産額30億円，2004年には50億円と，ブラウン管国内生産が減少している中でも，その実績はなお右肩上がりであった。その間，利益率の減少もあり，ガラスモールド成形品への展開，各種機能性ガラスへのコーティング事業など，研究開発にも着手していた。しかし，2005年当初，S社の資本提携先である家電メーカーのブラウン管工場の中国移転などが重なり，2005年売上がゼロに陥った。

　このように，競合技術の出現と生産海外移転によるガラス金型メーカー・成形メーカーのValue Chainの崩壊は，ブラウン管技術における高品位のガラス成形を実現する継続的技術イノベーションが，破壊的技術イノベーションとして成長してきた，低コスト生産できるフラットパネル技術に置き換わったことで引き起こされたと言える。この競合の中で，実績ある企業が消失した事実は，米国におけるハードディスクドライブ産業で繰り返し指摘された事例とも共通している（クリステンセン，2009）。

　上記の2つの事例にみるように，金型産業を含むValue-Chainは，競合環境で必然的に生じる低コスト化のインパクトに対して脆弱であり，実績のある金型メーカーなどが，中国・韓国の低コスト化に苦戦している一因になっている。

3 金型産業における破壊的イノベーション

　一般に実績のある企業が，Value-Chain で結合している市場要請に応える形で実施する継続的イノベーションでは，前章の事例が示すように，個々のメーカーの存続も含め，対応が困難となる。一方，需要予測される未知の市場との新しい Value-Chain を構築する破壊的イノベーションはどのような技術革新となるのであろうか。

　ここでも，金属プレスおよびガラスモールド金型メーカーを事例に，Value-Chain 変換を可能にする金型技術力について考察する。

　コネクター・リードフレームなどの金属電気・電子部品生産では，精密型技術・順送プレス型技術が必須であり，それぞれの製品群ごとの精密順送金型技術およびプレス技術が開発されてきた。この技術をもつ金型メーカーの多くは，それぞれの製品ごとの Value-Chain の中で重要な位置を占めている。特に興味深いのは，図 11-9a) に示すような市場転換を伴うハードディスクドライブのダウンサイジングに呼応した，精密型技術＋順送プレス技術と，図 11-9b) に示すように自動車燃費向上に呼応した，精密穴加工技術＋トランスファープレス成形技術である。

　O 社では，精密型技術の精緻化に腐心しながら，「微小部品でも付加価値の高い部品」「製品市場が固定化せず常に成長する需要予測」に留意をし，DVD 用ピックアップアームの生産に注目した。この部品は，きわめて厳格な製品精

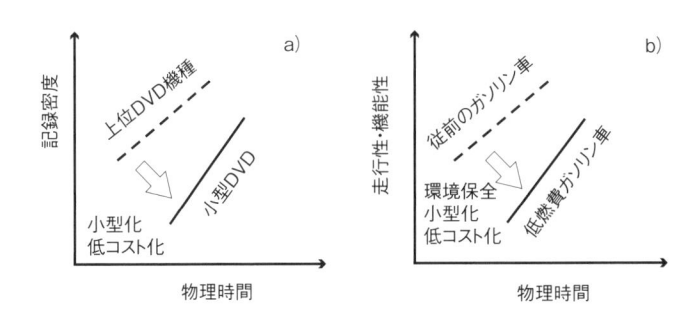

図 11-9　精密金型メーカーにおける需要予測戦略
　　　a)　O 社の戦略例，b)　K 社の戦略例

度規格が定められており，コア技術をもたないメーカーが参入できないこと，精密型技術を中心として多岐にわたる生産工程を有する必要があること，生産数が大規模で低コスト化をはかる必要があることなど，他にない特徴がある。これに対してO社，コア技術としての精密型技術＋順送プレス成形技術に加え，生産管理技術・材料評価技術なども駆使して，1つの製品に特化した技術体系を構築し，従前の切削部品などを駆逐し，図11-10a）に示すような新しいValue-Chainを確立した。精密金型を内製し，世界市場で一定のシェアを確保しつつ，競合メーカーに型あるいは製品を納入することで，Value-Chainの中で独自の位置を確保している。

ウインチェスター型のDVDドライブ市場が成長する限り，このValue-Chainは存続し，機能するため，すでにこの破壊的技術イノベーションは，持続的技術イノベーションに転じている。

一方K社は，独自の微細加工技術＋精密型技術をコアとして，「高精度微小部品」「高速での成形加工を必要とする部品」「多品種中量生産部品」に注目し，需要予測を行い，自動車の燃料噴射ノズル部品に注目した。当該部品は，燃費向上のためすべての自動車エンジンで使用されることに加え，車種により噴射穴パターンが異なるため，微小噴射穴の精密プレス加工および関連型技術が破壊的イノベーション技術となった。従前の切削加工技術に対して，高生産効率・低コスト化で優位にたち，その後の多品種中量生産への柔軟性を兼ね備えることにより，持続的技術イノベーションに転じつつある。これにより，図11-10b）に示す独自のValue-Chainを確立した。

上記の2事例から，単一精密部品に特化した型技術・プレス成形技術は，従来の型専業メーカーがもつ技術革新力とは異なる破壊的イノベーションと言えよう。次にガラス金型・成形技術について考察を進めよう。

M社は，ブラウン管製造用金型を専業にしてきたが，前述したように国内でのブラウン管・撮像管市場の消失，関連Value-Chainの喪失により，ビジネスモデルの本質的な転換を求められた。同社は，微細精密モールド型技術・高温でのガラス成形技術をコアとして，「重量換算を超えた高付加価値ガラス製品」「大手ガラスメーカー・セットメーカー・光学メーカーなどに共通するガラス製品」「多品種少量生産部品」の需要予測を行い，高品位ガラス光学素子に注

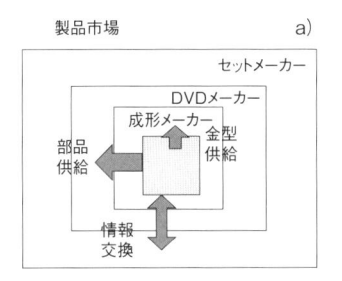

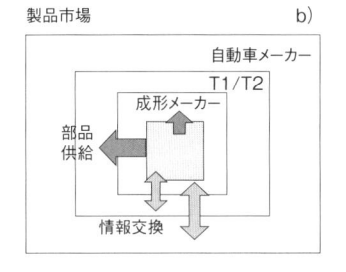

3　金型産業における破壊的イノベーション　*241*

図 11-10　精密金型メーカーが構築した新しい Value-Chain
a)　O 社の Value-Chain 例，b)　K 社の Value-Chain 例

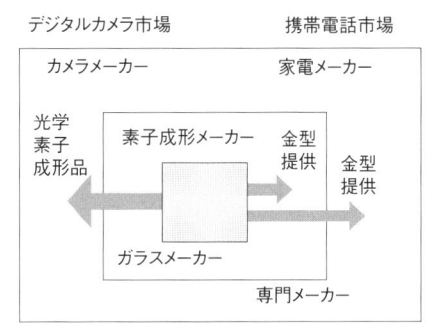

図 11-11　ガラスモールド成形金型メーカーの Value-Chain 転換

目した。これまでの光学レンズと異なり，光学素子の高品位化には，コアとなる型技術に加えて，硝材選択・型材選択・成形方案設計など，求められる光学素子の特徴に応じて，要素技術を組み合わせて最適な生産システムを提案する技術力が，破壊的技術イノベーションとなる。図 11-11 に示すように，新たな Value-Chain の構築が目標になる。

　上述の３つの事例から，破壊的技術イノベーションが有する低生産コスト力と高信頼性力が技術転換のキーであり，それに呼応した Value-Chain の転換をはかることが重要であると考えられる。このことは，特に低コスト力が必須となっているアジア市場における技術戦略では重要となる。

4 アジア市場に向けてのマクロ・ミクロ戦略

　ここでは，破壊的型技術イノベーションのアジア市場における育成と展開を考察する。すでに馬場（2010）が指摘しているように，アジアにおいては各国の市場成熟度が異なる。タイ・台湾・韓国のように，物流も含め上流・下流のValue-Chainを容易に構成できる地域と，中国・インドのように，地産地消型の競合環境でビジネス展開すべき地域とがある。前者では，日本で開発した破壊的イノベーション技術を，アジアのマクロ市場が求める製品性能レベルに相応する形態で低コスト生産・販売できるように微調整し，需要予測に対応するValue-Chainを構築し，技術力展開する。後者では，需要予測内で育成してきた破壊的イノベーション技術が十分に差別化でき，持続的イノベーションへと転じた技術を，需要予測より上位の市場において，その市場における既存技術を駆逐する形で展開する。

　このマクロ戦略を実現する事例として，ガラスモールド型技術に関するミクロ戦略を考えよう。

　ガラス光学素子を生産する場合に常に課題となるのが，ガラス転移点以上でのガラス溶融体と型表面との凝着である（相澤ほか，2011a）。高精度光学素子の生産を目指すには，型表面形状の高精度転写が第1条件となるが，高転写性を目指すとこの凝着現象を避けられない。実際，図11-12B）に示すように，耐熱DLC（ダイヤモンド・ライク・カーボン）コーティングにおいてさえ，20回のモールドプレスでも激しい凝着が生じ，成形不能となる。これに対して，この耐熱DLCコーティングに弾性回復力を保持させると，100回に延長しても全く凝着が生じなくなる。この基本的な生産技術革新は，型寿命の延長・納期短縮による低コストに加え，ガラス光学素子の高信頼度化にも有用である。この技術を，図11-12A）のように，すでに確立したValue-Chainの中で，破壊的イノベーション技術として提案することが，第1の戦略である。

　一眼レフ用の非球面レンズのように，素材コスト＋生産コストと比較して，付加価値が高い製品では，高精度金型の初期コストを担保したままで，市場からの要請に応じて小中量生産できるかが課題となる（相澤ほか，2011b）。この場合，成形中の種々の工程履歴によって損傷をうけた耐熱DLCコーティング

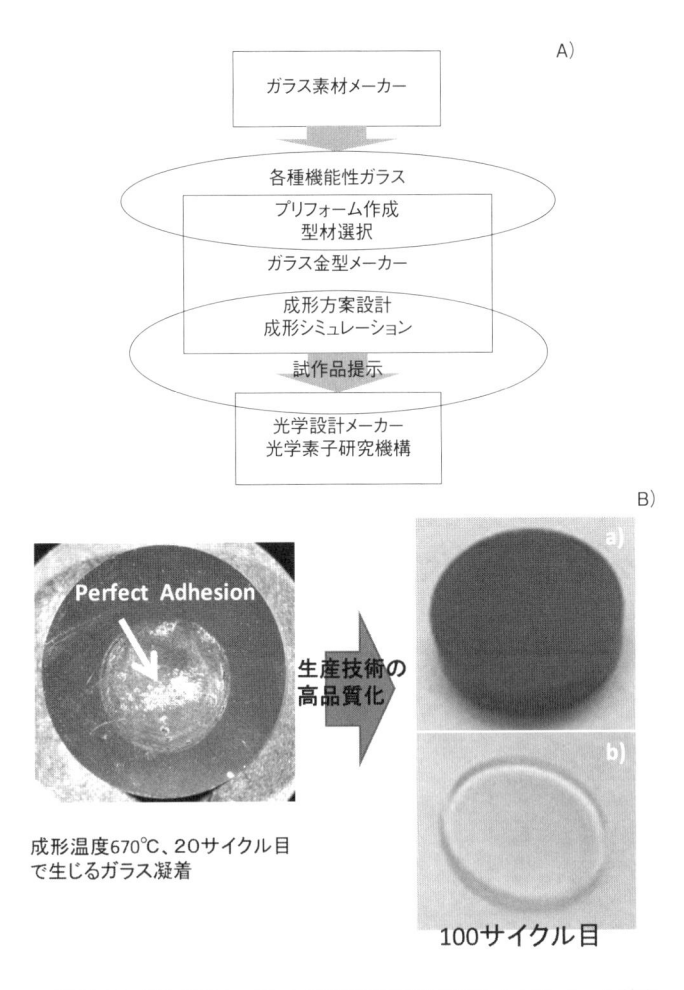

4 アジア市場に向けてのマクロ・ミクロ戦略　*243*

図 11-12　既存の Value-Chain 内での内部変換を伴うイノベーション技術
　　A) 技術提案によるイノベーション，B) ガラス金型での事例

を脱膜し，再度コーティングすることで，初期の型性能を保持する技術が，代替型（2番型・3番型）を必要とする従前の型技術に代わる，破壊的イノベーション技術となる。実際，図 11-13B) に示すように，使用済みの耐熱 DLC コーティングを均一かつ高速に完全脱膜し，再コーティングすることで，低生産コストと光学素子の高信頼性を同時に確保できる。これにより，図 11-13A) にお

244　第11章　金型産業構造変革とイノベーション

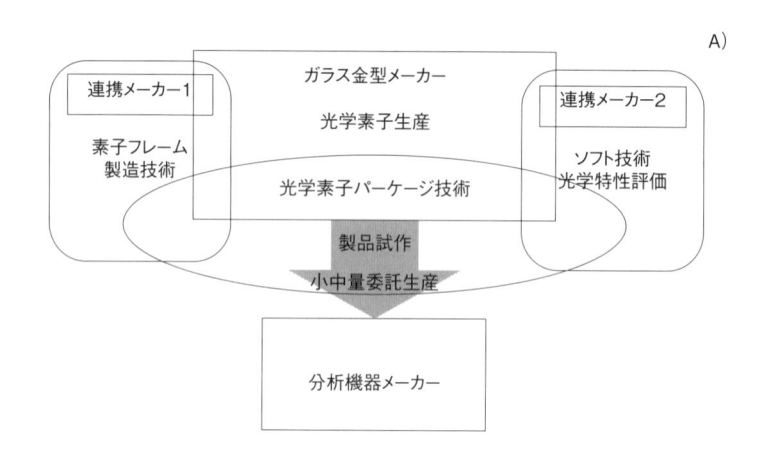

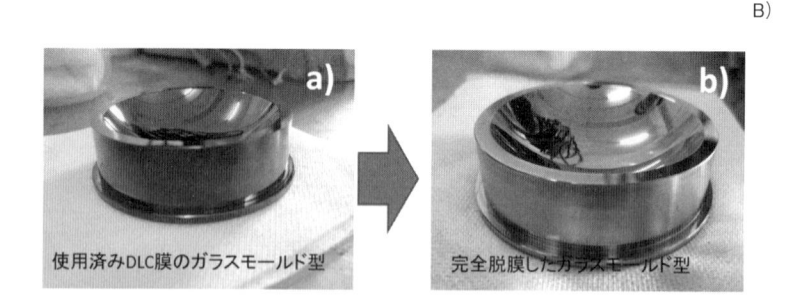

図 11-13　既存の Value-Chain 内での相互連携を深めるイノベーション技術
A) 上流から下流までの生産技術連携イノベーション，B) ガラス金型のリサイクル技術の事例

いて，ガラス光学素子のモールド成形にける上流から下流までの相互連携を進めた，新しい Value-Chain の構築が可能となる。

　最後に，アジア圏市場における 2 つの地域性を考慮した 2 か国生産技術連携について述べよう。日本で提案した破壊的イノベーション技術を育成し，地産地消の競合環境を主とする市場に向けて調整をはかるには，図 11-14A) に示すように，韓国・タイ・台湾などの地域の研究機関・企業と連携を組む必要がある。日本発技術の独自性を担保しつつ，両国にとって Win-Win の関係を自立

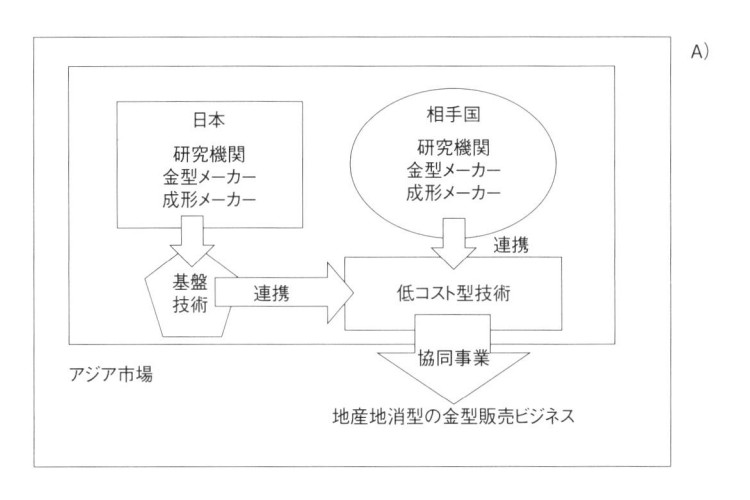

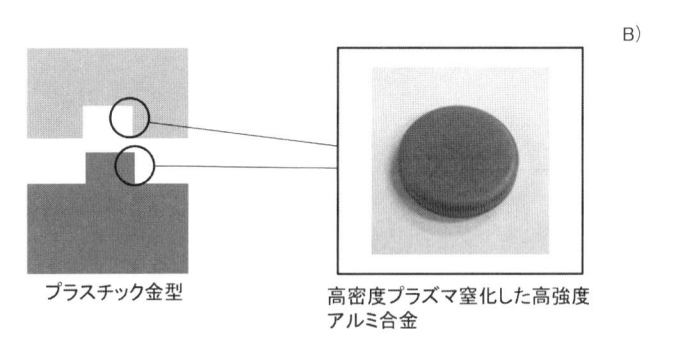

図11-14 2か国連携で進める新しいValue-Chain構築に向けてのイノベーション技術
A) 地産地消のアジア市場に向けた2か国連携, B) プラスチックモールド金型軽量化技術

させるには，型技術の基本的課題を解決する破壊的イノベーションが不可欠である。例えば，プラスチックモールド型重量を大幅に減じ，低コストと生産機能性を向上させるには，現時点のSUS420材からジュラルミン材への大転換が必要となる。後者の弱点は，低硬度・低強度であり，これを図11-14B）のように高密度プラズマ窒化プロセスで解決することで，アルミ合金の軽量性・高熱伝導性を生かしつつ，その低コスト化を促進する技術が，まさに破壊的イノベーションとなる（相澤ほか，2012）。その上で，低コスト化が求められる日常小

物製品の型として利用するアプローチは両国における新しい型需要を促進するものと考える。

5 おわりに

これまでのものづくり技術は，国内向けのものであり，我が国固有のプロトコルに合わせた消費型ものづくりであった。製品化技術としての携帯電話におけるガラパゴス化，世界をリードし続けられなかった半導体技術など，国内市場が必要とする素材・生産技術などを世界中からかき集め，製品をつくり，販売する戦術は，価値が多様化しているアジア市場では通用しない。アジア市場の中で底流する需要の予測を，複眼的な技術で捉え，低品質でも潜在需要で許容される低コストで製造・販売できる Value-Chain，あるいは低コスト化と高品位化など複数技術軸を実現する Value-Chain などを構築していくモデルを創造できなければ，「失われた20年」「低迷する日本経済」は歴史的事実として固定化され，我が国におけるものづくり基盤喪失は決定的なものとなる。

我が国が伝承すべき技術力は，単なる技能伝承ではなく，常にアジア市場に価値を提供する破壊的技術イノベーションとそれを出発点とする Value-Chain 転換である。第1は，常に低コスト化を促進する生産システム技術であり，第2はこの低コスト化の軸とともに高信頼度化・高付加価値化を進める高度化技術である。金型技術力の増進をはかる戦略的基盤技術高度化支援事業をはじめとして，我が国の生産基盤力再整備に資金投入されている。目先の事業化のみを目的とすることも重要ではあるが，アジア市場を見据えた技術革新の在り方を再考する時期がきている。

【謝辞】
本研究をまとめるにあたって，蓮見氏・福田氏（ミツエ・モールド・エンジアリング（株）），小松氏（（株）小松精機）および上田氏（大垣精工（株））の助言を得た。ここに深謝を表す。

【参考文献】

Aizawa, T. (2008). Special tooling and machining industries in Japan. Proc. 8th *Colloquium of Future Forming and Machining.* V12, S1-S15.

相澤龍彦（2010）．フロンティア型の金型技術への転換—ケース・スタディー：ガラスモールド金型技術　研究技術計画, **24**(4), 322-326.

相澤龍彦・Foo Jin Hoe・湯川　聖（2011a）．ナノカラムDLC膜の創成・評価およびその応用展開　芝浦工大研究報告理工系, **55**(2), 23-32.

相澤龍彦・杉田良雄（2011b）．高密度プラズマ技術による炭素系素材のエッチング・アッシング　芝浦工大研究報告理工系, **55**(2), 13-22.

相澤龍彦・杉田良雄（2012）．高密度プラズマ窒化技術におけるアルミ合金自動車部品の耐久性向上　メカニカル・サーフェス・テック, **8**（印刷中）.

馬場敏幸（2005）．アジアの裾野産業　白桃書房

馬場敏幸（2010）．濃淡模様のアジアの金型産業　プレス技術, **48**(10), 86-91

クリステンセン, C.／玉田俊平太［監修］・伊豆原弓［訳］（2009）．イノベーションのジレンマ—技術革新が巨大企業を滅ぼすとき　翔泳社（Christensen, C. M. (1997). *The innovator's dilemma: When new technologies cause great firms to fail.* Boston, MA: Harvard Business School Press.

上田勝弘（2011）．いつの時代も人が主役　サンメッセ

あとがき

　本書実現の立役者は法政大学・近藤章夫先生である。「馬場先生，研究技術計画学会で特集号を出しませんか？」。ふり返ると，まさしく本書のきっかけとなった一言であった。2008年，ベトナムの工業化進展度のフィールド調査も終わりに近づいた頃のことである。

　アジアの工業化が進展し，裾野産業のキャッチアップとイノベーションを様々な側面から眺めたいと考えていた私にとって，まさにうってつけの提案であった。当時，アジアの裾野産業を研究するチームを結成していたので，研究仲間の面々に声がけをして，特集号を出すことができた（『研究・技術・計画』Vol.24 No.4）。

　そうこうするうち，今度はまた近藤先生が，「これ，本にしませんか？」と，ありがたいお声がけをしてくださった。こうした経緯で，研究技術計画学会特集号の内容を土台として，発展させたのが本書である。本書は近藤先生がいらっしゃらなければ存在しなかったのである。

　私は1990年代よりアジアの工業化を研究課題としてきた。今でこそ経済学部で教鞭をとっているが，もともと生粋の理系人間であり，技術的なことが好きである。学部・修士は理学系，博士は工学系研究科で取得した。工学系が母体でないので製品製造そのものには詳しくないのだが，フィールド調査でも金属の塊やプラスチック原料がさまざまな工程を経て，製品へと変わる，その過程を見ると心が踊る。

　私がアジアの産業の発展と工業化に興味を抱いたきっかけは，アセアンの自動車産業調査に携わったことである。そこで素朴な疑問を抱いた。インドネシアのことを調べていくうち，インドネシアがアジアで最も古い自動車生産国の一つだと知った。その歴史は日本の自動車産業と同じくらい古い。一方で訪問時のインドネシアと日本の自動車産業の技術は格段の開きがあった。なぜそれが生じたのか？どのような差があったのか。そんな興味から，藤本隆宏先生や浅沼萬里先生，下川浩一先生の本を読み始めた。国の発展と工業化についての学問を学ぶため，紆余曲折の後，絵所秀紀先生の『開発の政治経済学』にたどり

あとがき　249

着いた。今でも名著だと思っている。そして科学技術政策，技術の変遷，技術学習，技術経営などについて，児玉文雄先生のもとで学ぶことになった。東京大学博士課程の恩師である。そして母校の東京大学先端科学技術研究センターに勤務しているとき，相澤龍男先生と共同で金型研究を行うようになった。法政大学で教鞭を取るようになって絵所秀紀先生が助成を得た「日本における次世代インド専門家育成事業」(SPF) と「中国・インドの企業競争力に関する国際比較分析」(科研費　基盤研究 (B) 海外) のもと，何度もインドなどにフィールド調査に出かけるようになった。河村哲二先生の「金融危機の衝撃による経済グローバル化の変容と転換の研究─米国・新興経済を中心に」(科研費　基盤研究 (A) 海外) により，多くの研究者と一緒にフィールド調査を行うようになった。

　本書はこうして近藤先生のありがたい一言がきっかけとなり，研究活動を行う過程で刺激を受けた先生方に呼びかけて結実した書である。二度に渡る近藤先生のお声がけがなければ，本書は誕生しなかった。深く感謝している。

　研究活動遂行の上で，多くの企業，政府，関連団体，教育機関などに大変お世話になった。以下の方々に深く感謝の意を表したい。

　まずは快く訪問を許可してくださった企業の方々へ。多忙を極める中，経営・生産・調達活動など様々な事柄についてインタビューさせていただき，工場現場を視察させていただいた。中でも，大垣精工社長の上田勝弘氏，並木金型会長の並木正夫氏には，金属プレス金型やプラスチック用モールド金型を理解する上で欠かせない尽力を頂いた。大垣精工社は，社外の私に，プレス金型の構造を丁寧に説明して頂き，心ゆくまで金属プレス金型のレイアウト図面を見せていただいた。さらに，金型の違いによる生産性の差を考えたいという，現場の方にとっては無意味な問いかけにも快く答えてくださった。並木会長には，プラスチック用モールド金型について快く教えてくださった。

　政府，関連団体の皆様のご協力も大変ありがたかった。講演や委員会に呼んでいただいたことがきっかけとなって始まった研究調査も少なくない。経済産業省，日本金型工業会，日本自動車工業会，JETRO の方々にはお世話になった。特に日本金型工業会の萬克巳氏には，お世話になった。研究を進めていく上で，様々な研究・教育機関での意見交換は非常に刺激を受けた。

本書執筆・編集に至る研究活動で，研究代表者としていくつかの研究助成を得た（科研費基盤Ｃ「日本・韓国の金型産業の発展要因および海外展開に関する研究」，法政大学比較経済研究所「韓国の産業競争力獲得とサポーティング産業の貢献に関する研究」，同「東日本大震災後の日韓中の国際産業競争力分析」）。これらの研究助成をもとにした研究，および研究チーム結成がなければ，本書はあり得なかった。

　末筆ではあるが，懇切なお世話をいただいたナカニシヤ出版編集部の宍倉由高氏と米谷龍幸氏，多忙にもかかわらず，快く本書執筆を引き受けてくださった執筆者のみなさまにも，深く感謝の意を表したい。

　そして最後に，何度も原稿を読んでくれた妻，力を与えてくれた子供たちに感謝したい。

2013年1月吉日

積雪の輝く白銀と，抜けるような青空を
書斎から眺めつつ

馬場敏幸

事項索引

【A-Z】
AFTA　　40（→アジア自由貿易協定）
AICO: ASEAN Industrial Cooperation Scheme　　40（→アセアン工業協力協定）
「BRICs」論　　8
CEPT: Common Effective Preferential Tariff　　40（→共通有効特恵関税）
CNC　　186
die タイプ　　204, 213, 227
EMS: electronics manufacturing service　　67
FDI: foreign direct inverstment　　58（→直接投資）
FPD　　147, 149（→薄型パネルディスプレイ）
　――産業（→産業）　　84
G コード　　198
ICT サービス産業（→産業）　　9
IMV（Innovated International Multi-purpose Vehicle）プロジェクト　　136
ITRS: International Technology Roadmap for Semiconductors　　78（→国際半導体技術ロードマップ）
KD 生産　　139
LG エレクトロニクス　　67, 224
mold タイプ　　204, 212, 227
NC 装置　　185
NIEs　　3（→アジア新興経済圏）
OBM: own brand manufacture　　65
ODM: own design manufacture　　65
OEM: orifinal equipment manufacture　　63, 65
OMA　　36（→市場秩序維持協定）
PDP　　150（→プラズマ・ディスプレイ・パネル）
STN 液晶　　158
TAT: Turn Around Time　　159
TFT 液晶　　159
Value-Chain 転換　　234

【五十音】
あ行
アーキテクチャ
　オープン・――　　108
　クローズド・――　　108
　製品――　　192
アジア経済通貨（通貨・金融）危機　　42, 57, 68, 222
アジア自由貿易協定　　40
アジア新興経済圏　　3
アジアの三角貿易構造　　103, 108（→「太平洋トライアングル」構造）
アジアの貿易構造　　115
アセアン工業協力協定　　40
圧廷　　166
暗黙知（→知）　　69
　――の外部化　　63
一貫企業（→企業）　　167
一般セグメント　　204
イノベーション　　77
　――志向　　223-225
　金型産業における継続的――　　232
　金型産業における破壊的――　　233
　技術――　　232
　サイエンス・――　　77
薄型パネルディスプレイ　　147
浦項総合製鉄　　72
エイサー（Acer）　　67
エコカー・プロジェクト　　141

オープン・アーキテクチャ（→アーキテクチャ） 108

か行

改革開放政策（→政策） 31, 38, 41, 50
外部化 71
学習
　——曲線 61
　使用による—— 197
　製造—— 61
　双方向の—— 220
　統合—— 59, 61, 64
　利用—— 61
カジノ化 42, 47
金型 116
　ガラスモールド—— 233
　高品質—— 117
　撮像管生産用—— 235
　順送—— 118
　単体パネルプレス用—— 234
　タンデム—— 118
　プラスチック用—— 119
金型技術（→技術） 231
　——力 231
金型産業（→産業） 71, 201
　——における継続的イノベーション（→イノベーション） 232
　——における破壊的イノベーション（→イノベーション） 233
　——の国際競争力 210
ガラスモールド金型（→金型） 233
下流化 232
勘・コツ・ノウハウ 69, 228
雁行形態論 8
雁の父（キロギアッパ） 63
機械への体化（→体化） 62
企業
　一貫—— 167
　製鋼圧延—— 167
　単純圧延（単圧）—— 167

技術
　金型—— 231
　精密型—— 239
　単一精密部品に特化した型—— 240
　プレス成形—— 240
技術移転
　——手段 58
　——チャンネル 59
技術イノベーション（→イノベーション） 232
技術革新 62
技術導入 57
　——契約 58
技術と市場の Value-Chain 232
技術融合 226
技能集約的 203, 226
　——産業（→産業） 71, 72
キャッチアップ 8, 57, 177
　——志向 224
　——戦略（→戦略） 220
共進化 185, 198
共通有効特恵関税 40
クラスター 161
　——の「厚み」 163
クリスタルゾーン 161
クリスタルバレー 159, 161
クローズド・アーキテクチャ（→アーキテクチャ） 108
グローバル・シティ 43, 44, 50
グローバル金融危機 33, 47-49
グローバル成長連関 33, 43, 49, 51
経験曲線 61
経験知（→知） 62
形式知（→知） 69
ケイパビリティ 138
経路依存性 197
研削盤 185
原子力供給国会合 184
現代自動車 224
『現代の二都物語』 87

現場能力　*136*
鴻海精密工業（Foxconn）　*67*
工作機械産業（→産業）　*183*
工作機械の母性原理　*183*
「後進性の優位」論　*4*
高信頼性力　*241*
行動知（→知）　*70*
鋼板類　*166*
高品質金型（→金型）　*117*
後方連関効果　*181*
高炉　*166*
国際競争力　*35, 36, 109, 140*
国際産業連関表　*104*
国際半導体技術ロードマップ　*78*

さ 行

サイエンス・イノベーション（→イノベーション）　*77*
サイエンスのグローバル化　*78*
再輸入　*114*
撮像管生産用金型（→金型）　*235*
産業
　FPD——　*84*
　ICTサービス——　*9*
　金型——　*71, 203*
　　技能集約的——　*71, 72*
　　工作機械——　*183*
　　資本集約的——　*70, 72*
　　裾野——　*99, 144*
　　電子——　*147*
　　半導体——　*84*
　　メディア——　*147*
　産業クラスター　*161*
　産業集積（→集積）　*87*
　　——の「厚み」　*96*
　産業政策（→政策）　*6, 130*
　産業リンケージ　*104*
三星電子（Samsung）　*67, 224*
市場秩序維持協定　*36*
自然災害への脆弱性　*141*

実践知（→知）　*70*
資本財の輸入　*59*
資本集約的産業（→産業）　*70, 72*
上海宝山鋼鉄総廠　*72*
集積　*43, 44, 102*
　産業——　*87*
順送金型（→金型）　*118*
順送プレス　*118*
条鋼類　*166*
使用による学習（→学習）　*197*
消費型ものづくり　*246*
上流化　*232*
シリコンバレー　*46, 87*
シンシナチ・ミラクロン　*193*
新竹科学工業園区（サイエンスパーク）
　　87
新帝国循環　*43, 47*
瀋陽機床集団　*191*
垂直統合　*178*
スイッチングコスト　*197*
裾野産業（→産業）　*99, 144*
　　——未成熟　*103*
製鋼圧廷企業（→企業）　*167*
政策
　改革開放——　*31, 38, 41, 50*
　産業——　*6, 130*
　部品国産化——　*106*
生産性　*117*
生産誘発効果　*104*
製造学習（→学習）　*61*
成長するアジア　*32*
精度セグメント　*204, 220*
制度的な厚み　*81*
製品アーキテクチャ（→アーキテクチャ）
　　192
精密型技術（→技術）　*239*
先行者利益　*155*
戦後パックス・アメリカーナ　*32-35*
銑鉄　*166*
旋盤　*185*

前方連関効果　181
戦略
　――的重要性　130
　――転換　134
キャッチアップ――　220
創発的――　141
マクロ――　242
ミクロ――　242
輸出志向工業化――　5, 32, 57, 59, 101, 103
輸出代替工業化――　103, 220
操業実践　62, 66
創造的模倣　11
創発的戦略（→戦略）　141
双方向の学習（→学習）　220
粗鋼　166

た行

体化　62
　――されない　62
　機械への――　62
第12次5ヵ年計画　50
「太平洋トライアングル」構造　33（→アジアの三角貿易構造）
　――の深化　38, 40, 42
大徳（テドク）バレー　88
タクトタイム　118
単一精密部品に特化した型技術（→技術）　240
単純圧廷（単圧）企業（→企業）　167
車体パネルプレス用金型（→金型）　234
タンデム金型（→金型）　118
タンデムプレス　118
知
　暗黙――　69
　経験――　62
　形式――　69
　行動――　70
　実践――　70
　デジタル――　70

中関村　89
調達構造　106
直接還元鉄　166
直接還元炉　166
直接投資　58
地理的近接性　161
低生産コスト力　241
「デカップリング」論　31
テクノロジーのローカル化　78
デジタル知（→知）　70
鉄鋼集約度　172
電子産業（→産業）　147
　――の立地調整　148
転炉　166
電炉　166
「同化」研究　11
統合学習（→学習）　59, 61, 64
特定の勝者による市場占有現象　95, 161
とびこえ　8
ドル不安　35

な行

ナショナル・イノベーション・システム　12
ニクソンショック　68
日本的な（型）経営・生産システム　36, 133

は行

ハイブリッド　140
波及効果　104
パナソニック　199
ハブ　78, 87
パラダイム転換　55
パワーシフト　31, 51
板管比率　173
半導体産業（→産業）　84
比較優位性　143
東アジアの奇跡　5

ファナック　190
フィナンシャライゼーション　42, 47, 48
「不均整成長」論　4
富士通　192
双子の赤字　35
部品国産化政策（→政策）　106
ブラウン管テレビ　149
プラザ合意　40, 68
プラスチックモールド金型　231
プラスチック用金型（→金型）　119
プラズマ・ディスプレイ・パネル　150
プレス金型　231
プレス成形技術（→技術）　240
分散　148
文節化　71
平炉　166
ベンチャービジネス　92
貿易特化係数　109, 110, 210, 217
貿易摩擦　33, 36, 39, 127
宝山鋼鉄　72
補完製品　200
ポスコ　72, 224

ま行

マクロ戦略（→戦略）　242
マシニングセンター　185
松下プラズマディスプレイ　152

マハラノビスの二部門成長モデル　3
ミクロ戦略（→戦略）　242
ムーアの法則　82
メディア産業（→産業）　147
モジュール化　19
モジュール型設計　192

や行

安川電機　192
輸出拠点への転換　134
輸出志向型　108
輸出志向工業化戦略（→戦略）　5, 32, 57, 59, 101, 103
輸入代替工業化戦略（→戦略）　103, 220
輸入代替　177
　──工業化　128
ユビキタス社会　147

ら行

立地共有　161
リニアモデル　152
リバース・エンジニアリング　12
利用学習（→学習）　61
レーガノミックス　33, 35, 47
労働集約　56

人名・機関名索引

【A-Z】

A
Albu, M. *14*
Alvstam, C. G. *18*
Aten, B. *173*

B
Baldwin, C. *201*
Bell, M. *14*
Bohn, R. *18*
Bresnahan, T. *78*
Brown, L. R. *49*

C
Chohen, S. S. *35*
Choi, J.-H. *15*
Choung, J.-Y. *15*
Chytry, J. *10*
Clark, K. *201*
Cohen, W. *197*
Cooke, P. *78*

D
Datta-Chaudhuri, M. K. *7*
Debresson, C. *14*
Dertouzos, M. *193*
Dicken, P. *14*
Dodgson *12*
Dosi, G. *10*

E
Epetein, G. A. *47*

G
G20 *48*
Gardner Pulications *186*
Gee, S. *12*
Gourevitch, P. *18*
Greenspan, A. *31*

H
Hart, J. A. *154*
Heller, D. A. *139*
Hershberg, E. *14*
Heston, A. *173*
Hirschman, A. *103*
Hoekman, B. *15*
Hou, C.-M. *12*
Hu, M.-C. *12*
Hwang, H.-R. *15*

I
IMF *42*
Ivarsson, I. *18*

J
Jacobsson, S. *15*
Javorcik, B. S. *15*
Johnson, C. *6*
JPC *174, 176*

K
Kim, C.-O. *15*
Kim, K. S. *7*
Kim, Y.-K. *15*
Kwon, J. *6*

L
Lee, K.-R. *15*
Lenway, S. A. *154*
Levinthal, D. *197*
Liu, W. *14*
Liu, B. J. *15*
Lundvall, B.-A. *77*

M
Marris, S. *36*
Martin, R. *81*
Mathews, J. A. *12*
Mazzoleni, R. *189, 190, 196*
Mckendrick, D. *18*
Milner, C. *7*
Min, H.-G. *15*
Mintzberg, H. *141*
Moore, G. *82*
Mowery, D. C. *12*
Murtha, T. P. *154*

N
Nabeshima, K. *14*

O
Oxley, J. E. *12*

P
Park, T.-Y. *15*
Purshothaman, R. *8*

R
Rim, M.-H. *15*
Rodrik, D. *6*
Rosenberg, D. *87*

S
Saxenian, A. *87*

Schumitz, H.　　*19*
SEAISI　　*172, 174, 176*
Stamm, A.　　*19*
Strange, S.　　*47*
Sturgeon, T.　　*17*
Summers, R.　　*173*

T
Teece, D. J.　　*10, 14*
The Deveropment Research Center of the State Council, P. R. China (DRC)　　*41*
Thompson, E. R.　　*14*

U
Ulrich, K.　　*201*

W
Waters, J. A.　　*141*
Whang, Y.-K.　　*15*
Williamson, O. E.　　*10*
Wilson, D.　　*8*
Winter, S. G.　　*10*
World Bank　　*5*
World Economic Trend　　*48*
World Steel Association (WSA)　　*165, 169, 172, 173*
Wu, W.　　*12*

Y
Yano, M.　　*195*
Yeung, H.W.-C.　　*14*
Yoon, C.-B.　　*15*

Z
Zakaria, F.　　*31*
Zysman, J.　　*35*

【五十音】
あ行
相澤龍彦（Aizawa, T.）　　*118, 232, 235, 242, 245*
アブラモビッツ（Abramovitz, M.）　　*10*
安倍　誠　　*179, 180*
天川直子　　*11*
アムスデン（Amsden, A. H.）　　*6*
アロー（Arrow, K. J.）　　*61*
家森信善　　*14*
石上悦朗　　*175, 179, 180*
石川幸一　　*67*
石倉洋子　　*81*
泉谷　渉　　*151*
伊丹敬之　　*80*
井出文紀　　*101*
伊藤正二　　*11*
伊藤元重　　*6*
井上隆一郎　　*6*
今井健一　　*11, 12, 19*
今岡日出紀　　*7*
岩崎育夫　　*11*
ウェード（Wade, R.）　　*6*
ウェーバー（Weber, A.）　　*102*
ウェストファル（Westphal, L. E.）　　*6, 7, 10*
上田勝弘　　*208, 232*
浦田秀次郎　　*6*
絵所秀紀　　*4, 5, 9*
大野幸一　　*7*
大原盛樹　　*11, 20*
小笠原敦　　*155*
奥野正寛　　*6*
奥村隆平　　*14*
小田切宏之（Odagiri, H.）　　*12, 77, 79*

オリーン（Ohlin, B.）　　*102*
折橋伸哉（Orihashi, S.）　　*127, 139*
オルテンバーグ（Altenburg, T.）　　*19*

か行
ガーシェンクロン（Gerschenkron, A.）　　*4, 6, 59*
川上桃子　　*11, 15*
川端　望　　*166, 167, 169, 172, 175, 179, 180*
河村哲二　　*33, 36, 39, 43-45, 48*
韓国金型工業協同組合　　*206-208*
キム（Kim, L.）　　*11, 12, 58*
木村福成　　*42*
姜　先姫　　*72*
清川雪彦　　*10*
清野一治　　*6*
グリーンウェイ（Greenaway, D.）　　*16*
クリステンセン（Christensen, C.）　　*233, 238*
クルーガー（Krueger, A.）　　*5*
経済産業省　　*40*
ケニー（Kenny, M.）　　*12*
ケラー（Keller, W.）　　*16*
ゲルグ（Goerg, H.）　　*16*
玄場公規　　*195, 201*
呉　暁林　　*34*
胡　錦濤　　*50*
小池賢治　　*11*
小池洋一　　*11*
江　沢民　　*50*

児玉文雄　61, 62, 64, 71, 195, 201
後藤晃　12, 77, 79
小浜裕久　6
小宮隆太郎　6
近藤章夫　148

さ行
斉藤栄司　219
財務省　109
榊原清則　162
サッギ（Saggi, K.）　6, 16
サックス（Sachs, J. D.）　6
サッセン（Sassen, S.）　44
佐藤創　11, 165, 166, 169, 172, 175, 179
佐藤幸人　11, 15, 174, 179, 180
佐藤百合　11, 175
ジェレフィ（Gereffi, G.）　17, 18
柴田友厚　195, 196, 201
シャオキン（Xiaoqiang, W.）　18
シュタインフェルト（Steinfeld, E. S.）　18
シュミッツ（Schmitz, H.）　14
徐正解　14
蒋介石　39
末廣昭　8, 11, 33
杉本孝　179, 180
鈴村興太郎　6
スミーツ（Smeets, R.）　16
スミス（Smith, A.）　102
隅谷三喜男　38, 39

セーブル（Sabel, F. C.）　102

た行
竹内弘高　69, 70
谷浦孝雄　11
多和田眞　14
タン（Thun, E.）　20
チェン（Chen, K.）　12
チャン（Chang, H.-J.）　6
チュー（Zhou, Yu）　20
中国鋼鉄工業協会　174, 176
中国唐山市　50
中馬宏之　80
全斗煥　220
涂照彦　33
戸田弘元　172
戸堂康之　10

な行
内閣府　49
中兼和津次　8
中村邦夫　152
日本経済新聞　150, 158, 199
日本工作機械工業会　186, 187
日本貿易振興機構（JETRO）　40, 52
ネルソン（Nelson, R. R.）　10, 11
野中郁次郎　69, 70
ノラン（Nolan, P.）　18

は行
ハーシュマン（Hirschman, A. O.）　4, 5
バーナード（Bernard, C. I.）　69

パク（Pack, H.）　6, 10, 14
バグワティ（Bhagwati, J. N.）　5
橋本哲一　80
服部民夫　11
馬場あゆみ　104
馬場敏幸　62, 71, 100, 101, 104, 107, 108, 204, 219, 224, 225, 231, 242
林俊昭　11
バラッサ（Balassa, B.）　5
ハンフリー（Humphrey, J.）　14, 17, 18
ピエトロベリ（Pietrobelli, C.）　14, 17
ピオリ（Piore, M. J.）　102
平川均　14, 67
フ（Hu, A.）　13, 14
福島光丘　11
藤村修三　80
藤本隆宏　79, 129, 141
ブラムバット（Brahmbhatt, M.）　13, 14
ブラント（Brandt, L.）　20
フリーマン（Freeman, C.）　12, 13
ヘクシャー（Heckscher, R.）　102
法政大学大原社会問題研究所　39
法政大学比較経済研究所　39
ポーター（Porter, M. E.）　102, 161, 204
星野妙子　11
ホブデー（Hobday, M.）

15, 20, 65
ポランニー（Polanyi, M.）　*69*
堀井健三　*11*

ま行
マーシャル（Marshall, A.）　*102*
松崎和久　*196*
松本陽一　*155*
丸川知雄　*11, 19*
水野順子　*219*
水野真彦　*82*
みずほ総合研究所　*49*
三菱UFJリサーチ＆コンサルティング　*206*
メンドーサ（Mendoza, R. U.）　*17*
毛沢東　*34*
森下洋一　*152*
文部科学省　*51, 64*

や行
安田靖　*11*
山崎朗　*80-82*
山下彰一　*14*
山田敏之　*196*
山本健児　*81*
ユスフ（Yusuf, S.）　*9, 14, 17*
ユーナル・ケセンチ（Unal-Kesenci, D.）　*18*
湯之上隆　*80*
與倉豊　*82*
横山久　*7*
横山貴子　*84*
吉海正憲　*12*

ら行
ライシュ（Reich, R. B.）　*44*
ラベロッティ（Rabellotti, R.）　*14, 17*
ラル（Lall, S.）　*6, 11, 12, 14, 16*
李周浩（Lee Ju-ho）　*65*
リカード（Ricardo, D.）　*102*
リスト（List, F.）　*12*
リトル（Little, I. M. D.）　*5*
劉志宏　*72*
ルーカス（Lucas, R. E.）　*10*
ルモワーヌ（Lemoine, F.）　*18*
レーガン（Reagan, R.）　*35*
ローゼンバーグ（Rosenberg, N.）　*61, 62, 197*
ローマー（Romer, P. M.）　*10*
ロストウ（Rostow, W. W.）　*59*
ロビンソン（Robinson, J. A.）　*6*

わ行
若杉隆平　*12*
和田木哲哉　*84*
渡辺利夫　*7*
ワッツ（Watts, D. H.）　*153*

執筆者紹介（執筆順，*は編者）

馬場敏幸* （ばば としゆき）
最終学歴：東京大学大学院先端学際工学博士課程修了　博士（学術）
現　　職：法政大学経済学部教授
担　　当：まえがき・第3章・第5章・第10章・あとがき

絵所秀紀 （えしょ ひでき）
最終学歴：法政大学大学院経済学専攻博士課程修了　経済学博士
現　　職：法政大学経済学部教授
担当：第1章

河村哲二 （かわむら てつじ）
最終学歴：東京大学大学院経済学研究科博士課程修了　経済学博士
現　　職：法政大学経済学部教授
担当：第2章

児玉文雄 （こだま ふみお）
最終学歴：東京大学大学院工学系研究科博士課程修了　工学博士
現　　職：東京大学名誉教授・芝浦工業大学名誉教授
担当：第3章

近藤章夫 （こんどう あきお）
最終学歴：東京大学総合文化研究科博士課程修了　博士（学術）
現　　職：法政大学経済学部准教授
担当：第4章・第7章

折橋伸哉（おりはし しんや）
最終学歴：東京大学大学院経済学研究科博士課程修了　博士（経済学）
現　　職：東北学院大学経営学部教授
担当：第6章

佐藤　創（さとう はじめ）
最終学歴：ロンドン大学東洋アフリカ研究学院経済学部博士課程修了
　　　　　PhD（ロンドン大学）
現　　職：日本貿易振興機構アジア経済研究所地域研究センター副主任研究員
担当：第8章

柴田友厚（しばた ともあつ）
最終学歴：東京大学大学院先端学際工学博士課程修了　博士（学術）
現　　職：東北大学大学院経済学研究科教授
担当：第9章

相澤龍彦（あいざわ たつひこ）
最終学歴：東京大学大学院工学系研究科博士課程修了　工学博士
現　　職：芝浦工業大学理工学研究科教授
担当：第11章

アジアの経済発展と産業技術
キャッチアップからイノベーションへ

2013 年 3 月 30 日　　初版第 1 刷発行

定価はカヴァーに
表示してあります

　　編　者　馬場敏幸
　　発行者　中西健夫
　　発行所　株式会社ナカニシヤ出版
　　〒606-8161　京都市左京区一乗寺木ノ本町 15 番地
　　　　　　　　　　　　Telephone　075-723-0111
　　　　　　　　　　　　Facsimile　075-723-0095
　　　　　　　Website　http://www.nakanishiya.co.jp/
　　　　　　　Email　iihon-ippai@nakanishiya.co.jp
　　　　　　　　　　　　郵便振替　01030-0-13128

印刷・製本＝ファインワークス／装幀＝白沢　正
Copyright © 2013 by T. Baba
Printed in Japan.
ISBN 978-4-7795-0749-6

本書のコピー，スキャン，デジタル化等の無断複製は著作権法上の例外を除き禁じられています。本書を代行業者等の第三者に依頼してスキャンやデジタル化することはたとえ個人や家庭内での利用であっても著作権法上認められていません。